兩晉南北朝史

梁陳興亡至晉南北朝四裔情形

呂思勉 ── 著

【梁陳興亡、周齊的政治變革、隋的統一大業】

從東方諸國到西域以及南北方異族的同化過程
記述江陵之變等關鍵事件,描繪陳朝內亂及南北朝終結
呂思勉精細描繪南北朝交鋒,透視複雜的民族關係和地緣政治!

目錄

梁陳興亡

周齊興亡

目 錄

梁陳興亡 ————————————

侯景亂梁（上）

　　侯景，朔方人，或云雁門人。（朔方，見第八章第五節。雁門，見第二章第二節。此據《梁書・景傳》。《南史》云：景懷朔鎮人。懷朔，見第十二章第三節。）少而不羈，見憚鄉里。及長，驍勇，有膂力，善騎射。（《南史》云：景右足短，弓馬非其長。案景右足短之說，他無所見，恐非其實。）以選為北鎮戍兵，（北鎮，見第八章第三節。《南史》云：為鎮功曹史。）稍立功效。尒朱榮自晉陽入，景始以私眾見榮。榮甚奇景，即委以軍事。會葛賊南逼，榮自討，命景先驅。以功擢為定州刺史，大行臺。（定州，見第十一章第二節。）自是威名遂著。齊神武入洛，景復以眾降之。仍為神武所用。（《南史》云：高歡微時，與景甚相友好。及歡誅尒朱氏，景以眾降。仍為歡用，稍至吏部尚書。）景性殘忍酷虐。馭軍嚴整，然破掠所得財寶，皆班賜將士，故咸為之用，所向多捷。總攬兵權，與神武相亞。魏以為司徒、南道行臺，（案事在大同八年（西元 542 年），即東魏興和四年。）擁眾十萬，專制河南。（《南史》云：歡使擁兵十萬，專制河南，杖任若己之半體。又云：時歡部將高昂、彭樂，皆雄勇冠時。景常輕之，言似豕突爾，勢何所至？案歡所用，戰將多而有謀略者少；又歡居晉陽，去河南較遠，勢不能不專有所任；此景之所以有大權也。）神武疾篤，謂子澄曰：「侯景狡猾多計，反覆難知，我死後，必不為汝用。」乃為書召景。景知之，慮及於禍，（《南史》云：將鎮河南，請於歡曰：「今握兵在遠，奸人易生詐偽，大王若賜以書，請異於他者。」許之。每與景書，別加微點，雖子弟弗之知。及歡疾篤，其世子澄矯書召之。景知，懼

禍，因用王偉計求降。《北齊書‧神武紀》亦云：世子為神武書召景。景先與神武約，得書書背微點乃來。書至無點，景不至。又聞神武疾，遂擁兵自固。案神武猜忌性成，從未聞以將帥為腹心，而自疏其子弟；況文襄在神武世，與政已久，神武與景有約，文襄安得不知？說殆不足信也。）太清元年（西元 547 年），（西魏大統十三年，東魏武定五年。）乃遣其行臺郎中丁和來，上表請降。（〈本紀〉事在二月。云：景求以豫章、廣、潁、洛陽、西揚、東荊、北荊、襄、東豫、南兗、西兗、齊等十三州內屬。〈景傳〉載景降表，則云與豫州刺史高成，廣州刺史郎椿，襄州刺史李密，兗州刺史邢子才，南兗州刺史石長宣，齊州刺史許季良，東豫州刺史丘元徵，洛州刺史朱渾願，揚州刺史樂恂，北荊州刺史梅季昌，北揚州刺史無神和等。《廿二史考異》云：「豫章之章字衍。洛陽之陽當作揚。廣州刺史下，奪『暴顯潁州刺史司馬世雲荊州刺史』十四字，當據《通鑑考異》補。朱渾願，當依《考異》作尒朱渾願。〈紀〉有西揚，〈傳〉作北揚；〈紀〉有東荊，〈傳〉但云荊；未審誰是。」案豫州，見第十二章第六節。廣州，見第十二章第九節。後移襄城，今河南方城縣。潁州，見第十二章第十節。洛州，見第十一章第四節。揚州，見第十二章第十節。西揚，未詳。東荊，見第十二章第四節。北荊，魏收《志》不言治所。或云治其首郡伊陽，在今河南嵩縣東北。襄州，見第十二章第十節。東豫州，見第十二章第六節。南兗州，正光中移治譙城，見第三章第三節。西兗州，治定陶，在今山東定陶縣西北。後移左城，在今定陶縣西南。齊州，見第十二章第三節。北揚州，治項城，見第三章第三節。荊州，見第十一章第四節。）景之叛也，潁州刺史司馬世雲應之。景入據潁城。誘執豫、襄、廣諸州刺史。高澄遣韓軌等討之。景以梁援未至，又請降於西魏。三月，宇文泰遣李弼援之。（《魏書》作李景和，弼字。）軌等退去。《周書‧文帝紀》云：景請留收輯河南，遂徙鎮豫州。於是遣王思政據潁川，（見第

十二章第十節。）弼引軍還。七月，景密圖附梁。太祖知其謀，追還前後所配景將士。景懼，遂叛。案景之降梁，在降西魏之先，事甚明白，安得云此時始有是謀？蓋至此乃與西魏絕耳。《周書·王悅傳》云：侯景據河南來附，太祖先遣韋法保、賀蘭願德等率眾助之。悅言於太祖，太祖納之，乃遣追法保等。而景尋叛。〈裴寬傳〉言：寬從法保向潁川。景密圖南叛，軍中頗有知者，以其事計未成，外示無貳。景往來諸軍間，侍從寡少。軍中名將，必躬自造。至於法保，尤被親附。寬謂法保曰：「侯景狡猾，必不肯入關。雖託款於公，恐未可信。若杖兵以斬之，亦一時之計也。如曰不然，便須深加嚴警。不得信其誑誘，自詒後悔。」法保納之。然不能圖景，但自固而已。蓋時西魏欲召景入關，而景不肯，遂乎彼此相圖。西魏兵力，未足取景，然其將帥嚴警有備，景亦不能圖之，故棄潁川而走豫州也。景非不侵不叛之臣，此自西魏所知。為之出師，原不過相機行事。而當時事機，並不甚順。必欲乘釁進取，勢非更出大兵不可。然此時西魏，亦甚疲敝；兼之景既不易駕馭，又須抗拒東魏及梁；利害紛紜，應付非易，故西魏始終以謹慎出之。此自不失為度德量力。而梁之貪利冒進者，乃自詒伊戚矣。

　　梁武帝既納元顥而無成，其年，（中大通元年（西元529年），魏孝莊帝永安二年。）十一月，魏巴州刺史嚴始欣以城降。（見第十一章第四節。）遣蕭玩等援之。明年，（中大通二年（西元530年），魏永安三年。）正月，始欣為魏所破斬。玩亦被殺。是歲，六月，又遣元悅還北。高歡欲迎立之而未果，事已見前。其明年，（中大通三年（西元531年），魏節閔帝普泰元年。）魏詔有司不得復稱偽梁，罷細作之條；無禁鄰國還往；蓋頗有意於與南言和矣。是年，南兗州城民王買德，逼前刺史劉世明以州降。十一月，梁使元樹入據。四年（西元532年），（魏孝武帝永熙元年。）二月，復以元法僧為東魏王。（蓋欲並建法僧與樹。）魏以樊子鵠為

東南道行臺，率徐州刺史杜德討元樹。樹城守不下。七月，子鵠使說之。樹請委城南還。子鵠許之。樹恃誓約，不為戰備。杜德襲擒之。送魏都，賜死。時梁以羊侃為兗州刺史，隨法僧還北。行次官竹，（《水經注》：睢水自睢陽東南流，歷竹圃，世人謂之梁王竹園。官收其利，因曰官竹。睢陽，見第十二章第六節。）聞樹喪師，軍亦罷。十二月，魏尒朱仲遠來奔。以為定洛將軍，封河南王，北侵。隨所克土，使自封建。亦無所成。五年（西元 533 年），（魏永熙二年。）四月，青州人耿翔，襲據膠州，（《魏志》云：治東武陵。陵字當系城字之訛。東武，漢縣，今山東諸城縣。）殺刺史裴粲，來降。六月，魏以樊子鵠為青、膠大使，督濟州刺史蔡儁討之。師達青州，翔拔城走。是月，魏建義城主蘭保，殺東徐州刺史崔祥，以下邳降。（《魏書·紀》云：東徐州城民王早、簡寶等殺刺史崔庠，據州入蕭衍。）六年（西元 534 年），（魏永熙三年。）十月，以元慶和為鎮北將軍，封魏王，率眾北侵。閏十二月，據瀨鄉。（胡三省曰：即陳國苦縣之賴鄉。案其地在今河南鹿邑縣東。）是歲，魏始分為東西。明年，為大同元年（西元 535 年），（西魏文帝大統元年，東魏孝靜帝天平二年。）東魏東南道行臺元宴擊元慶和，破走之。六月，慶和又攻南頓，（見第八章第六節。）為東魏豫州刺史堯雄所破。北梁州刺史蘭欽攻漢中，西魏梁州刺史元羅降。（《北史》在七月，《梁書》在十一月。）二年（西元 536 年），（西魏大統二年，東魏天平三年。）九月，魏以侯景節度諸軍入寇。十月，梁亦下詔北伐。侯景攻楚州，（治楚城，在今河南息縣西。）刺史桓和陷沒。景仍進兵淮上，陳慶之擊破之。十一月，詔北伐眾軍班師。十二月，與東魏通和。自此歲通使聘，直至侯景來降，而兵釁始啟。（《北史·本紀》：東魏孝靜帝武定二年（西元 544 年），二月，徐州人劉烏黑聚眾反，遣行臺慕容紹宗討平之。《北齊書·慕容紹宗傳》云：梁劉烏黑入寇徐方，《北史》作梁人劉烏黑。此特人民之叛魏，非兩國有戰事。）

　　侯景之來降也，高祖詔群臣廷議。尚書僕射謝舉及百闢等議，皆云納景非宜。高祖不從。（《梁書・景傳》。下文又云：初大同中，高祖嘗夜夢中原牧守，皆以地來降。旦見朱異，說所夢。異日：「此豈宇內方一，天道前見其徵乎？」及景歸附，高祖欣然自悅，謂與神通。乃議納之。而意猶未決。曾夜出視事，至武德閣，獨言：「我家國猶若金甌，無一傷缺。今便受地，詎是事宜？脫致紛紜，非可悔也。」異接聲而對曰：「侯景據河南十餘州，分魏土之半，輸誠送款，遠歸聖朝，若拒而不容，恐絕後來之望。此誠易見，願陛下無疑。」高祖深納異言，又信前夢，乃定議納景。〈異傳〉略同。此乃歸罪於異之辭，不足為信，觀前文敘廷議事，並無異欲納景之說可知。高祖是時，於北方降者，無所不納，何獨全於景而疑之？《南史・謝舉傳》云：侯景來降。帝詢諸群臣。舉及朝士，皆請拒之。帝從朱異言納之，以為景能立功趙、魏。舉等不敢復言。《南史》後出，但主博採，亦不足信也。）乃下詔：封景為河南王，大將軍、使持節、董督河南北諸軍事、大行臺，承制輒行，如鄧禹故事。遣北司州刺史羊鴉仁，督土州刺史桓和之，（土州，治龍巢，在今湖北隨縣東北。）仁少刺史湛海珍，（仁州，治己吾，在今河南寧陵縣南。）精兵三萬，趨縣瓠應接。七月，鴉仁入縣瓠。詔以縣瓠為豫州，壽春為南豫州。改合肥為合州，北廣陵為淮州，項城為殷州，合州為南合州。以西陽太守羊思建為殷州刺史。高澄以書喻侯景云：「若能卷甲來朝，當授豫州刺史，即使終君之世；所部文武，更不追攝；寵妻愛子，亦送相還。」景報書曰：「為君計者，莫若割地兩和，三分鼎峙。燕、衛、晉、趙，足相奉祿；齊、曹、宋、魯，悉歸大梁。」觀此，知景之意，亦僅在於河南，無意進取河北也。六月，以鄱陽王範總督漢北、征討諸軍事。（範，鄱陽忠烈王恢之子。）八月，命群帥大舉北伐。以南豫州刺史淵明為大都督。（淵明，長沙宣武王懿之子。）《南史・範傳》云：為雍州刺史。範作牧蒞人，甚得

時譽；撫循將士，盡獲歡心。於是養士馬，修城郭，聚軍糧於私邸。時盧陵王（續。）為荊州，既是都督府，又素不相能，乃啟稱範謀亂。範亦馳啟自理。武帝恕焉。時論者猶謂範欲為賊。又童謠云：「莫匆匆，且寬公。誰當作人主？草覆車邊己。」時武帝年高，諸王莫肯相服。簡文雖居儲貳，亦不自安。而與司空邵陵王綸，特相疑阻。綸時為丹陽尹，威震都下，簡文乃選精兵，以衛宮內。兄弟相貳，聲聞四方。範以名應謠言，而求為公。未幾，加開府儀同三司。範心密喜，以為謠驗。武帝若崩，諸王必亂，範既得眾，又有重名，謂可因機，以定天下。乃更收士眾，希望非常。太清元年（西元 547 年），大舉北侵，初謀元帥，帝欲用範。時朱異取急外還，聞之，遽入曰：「嗣王雄豪蓋世，得人死力，然所至殘暴非常，非吊人之材。昔陛下登北顧亭以望，謂江右有反氣，骨肉為戎首。今日之事，尤宜詳擇。」帝默然曰：「會理何如？」（南康簡王續子。）對曰：「陛下得之，臣無恨矣。」會理懦而無謀。所乘襻輿施版屋，冠以牛皮。帝聞，不悅。行至宿豫，（見第七章第四節。）貞陽侯明（《南史》避唐諱，淵明但稱明。）請行，又以代之，而以範為征北大將軍，總督漢北征討諸軍事。內相乖離如此，安冀克捷？況範與會理、淵明等，無一為將帥之才，而必用為元帥，安得不召輿屍之禍邪？〈明傳〉云：代為都督，趨彭城。《敕》曰：「侯景志清鄴、洛，以雪仇恥，其先率大軍，隨機撫定。汝等眾軍，可止於寒山，（在今江蘇銅山縣東南。）築堰引清水，以灌彭城。大水一沈，孤城自殄，慎勿妄動。」觀此，知武帝欲以掃蕩北方之責，全委諸侯景，即使克捷，景又安可制邪？〈傳〉又云：明師次呂梁，（見第九章第五節。）作寒山堰，以灌彭城。水及於堞，不沒者三版。魏遣將慕容紹宗赴援。（時魏以紹宗為東南道行臺，與高歡從父弟清河王嶽及潘樂共禦淵明。）明謀略不出，號令莫行。諸將每諮事，輒怒曰：「吾自臨機制變，勿多言。」眾乃各掠居人。明亦不能制，唯禁其一軍，無所侵略。紹

宗至，決堰水，明命諸將救之，莫肯出。魏軍轉逼，人情大駭。胡貴孫謂趙伯超曰：「不戰何待？」伯超懼不能對。貴孫乃入陳苦戰。伯超擁眾弗敢救。乃使具良馬，載愛妾自隨。貴孫遂沒。伯超子威方將赴戰，伯超使人召之，遂相與南還。明醉不能興，眾軍大敗。明見俘執。（十一月。）北人懷其不侵略，謂之義王。〈羊侃傳〉云：大舉北侵，以侃為冠軍將軍，監作寒山堰。堰立，侃勸明乘水攻彭城，不見納。既而魏援人至。侃頻言乘其遠來可擊；旦日，又勸出戰；並不從。侃乃率所領頓堰上。及眾軍敗，侃結陳徐還。觀此，知當日梁兵，真同兒戲，他時臺城被圍，援軍四集而不能救，而徒以擾民，其機已兆於此矣。淵明既敗，慕容紹宗進圍潼州。（治夏丘，今安徽泗縣。）刺史郭鳳棄城走。十二月，景圍譙城，仍下攻城父，（見第五章第三節。）拔之。遣其行臺左丞王偉、左民郎中王則詣闕獻策：求諸元子弟，立為魏主，輔以北伐。詔遣元貞為咸陽王，（貞，樹子。）須渡江，許即偽位。乘輿副御，以資給之。齊遣慕容紹宗追景。景退入渦陽。（見第十一章第三節。）相持於渦北。景軍食盡。士卒並北人，不樂南渡。其將暴顯等，各率所部，降於紹宗。景軍潰。與腹心數騎，自硤石濟淮。（硤石，見第六章第四節。）稍收散卒，得馬步八百人，奔壽春。羊鴉仁、羊思建並棄城，魏進據之。恢復河南，遂成畫餅矣。

　　侯景之去潁川也，王思政分布諸軍，據其七州、十二鎮。景既敗，東魏使高嶽、慕容紹宗、劉豐生攻之。宇文泰遣趙貴帥軍至穰，（魏荊州治，見第十一章第四節。）並督東西諸州兵，以救思政。東魏起堰，引洧水以灌城。自潁川以北，皆為陂澤，兵不得至。貴還。太清三年（西元 549 年），（西魏大統十五年，東魏武定七年。）四月，紹宗、豐生共乘樓船，以望城內。大風暴起，船飄至城下。城上人以長鉤牽船，弓弩亂發。紹宗窮急，赴水死。豐生浮向土山，復中矢而斃。陳元康勸高澄自以為功。澄從之，自將而往。六月，陷之。思政見俘。《周書·崔猷傳》

言：思政初赴景，太祖與書曰：「崔宣猷智略明贍，有應變之才。若有所疑，宜與量其可否。」思政初頓兵襄城，後欲於潁川為行臺治所，遣使人魏仲奉啟陳之，並致書於猷。猷覆書曰：「襄城控帶京、洛，實當今之要地。如有動靜，易相應接。潁川既鄰寇境，又無山川之固。賊若充斥，徑至城下。莫若頓兵襄城，為行臺治所；潁川置州，遣郭賢鎮守；則表裡膠固，人心易安。縱有不虞，豈能為患？」仲見太祖，具以啟聞。太祖即遣仲還，令依猷之策。思政重啟，求與朝廷立約：「賊若水攻，乞一周為斷；陸攻請三歲為期；限內有事，不煩赴援。過此以往，唯朝廷所裁。」太祖以思政既親其事，兼復固請，遂許之。及潁川沒，太祖深追悔焉。案潁川之敗，實敗於無援。小敵之堅，大敵之禽，若終無援師，即據襄城何益？自侯景之敗，思政即勢成孤懸，不拔之還，即宜豫籌救援之策。趙貴之兵，縱云沮於水不得至，豈出他道牽掣之師，亦不能籌畫邪？而當時絕不聞有是，是棄之也。豈思政為孝武腹心，宇文泰終不免於猜忌歟？亦可異矣。

侯景亂梁（中）

侯景之濟淮也，莫適所歸。時鄱陽王範為南豫州刺史，未至，馬頭戍主劉神茂，（馬頭，見第八章第七節。）為監州韋黯所不容，馳謂景曰：「壽陽去此不遠，城池險固。王次近郊，黯必郊迎，因而執之，可以集事。得城之後，徐以啟聞，朝廷喜王南歸，必不責也。」景執其手曰：「天教也。」及至，而黯授甲登陴。景謂神茂曰：「事不諧矣。」對曰：「黯懦而寡知，可說下也。」乃遣豫州司馬徐思玉夜入說之。黯乃開門納景。（據《南史・景傳》。《梁書・景傳》云：監州韋黯納之，其辭較略。〈蕭介傳〉云：高祖敕防主韋黯納之，則恐非其實也。）景遣於子悅馳以敗聞，自求貶削。優

詔不許。復求資給。即授南豫州刺史。光祿大夫蕭介表諫，言「景必非歲暮之臣。今既亡師失地，直是境上一匹夫。陛下愛匹夫而棄與國之好，臣竊不取也。」不聽。而以鄱陽王範為合州刺史，鎮合肥。其措置，實不免於姑息矣。

《梁書・傅岐傳》云：太清二年（西元 548 年），淵明遣使還，述魏人欲更通和好。敕有司及近臣定議。朱异言：「且得靜寇息民，於事為便。」議者並然之。岐獨曰：「高澄既新得志，其勢非弱，何事須和？此必是設間，故令貞陽遣使，令侯景自疑：當以貞陽易景。景意不安，必圖禍亂。今若許澄通好，正是墮其計中。且彭城去歲喪師，渦陽新覆敗退，今便就和，益示國家之弱。」朱异等固執。高祖遂從异議。《南史・侯景傳》云：魏人更求和親，帝召公卿謀之，張綰、朱异咸請許之。景聞，未之信，乃偽作鄴人書，求以貞陽侯換景。帝將許之。舍人傅岐曰：「侯景以窮歸義，棄之不祥。且百戰之餘，寧肯束手受縶？」謝舉、朱异曰：「景奔敗之將，一使之力耳。」帝從之。覆書曰：「貞陽朝至，侯景夕返。」景謂左右曰：「我知吳兒老公薄心腸。」案鄴人之書，似不易偽為；即能偽之，武帝覆書，亦未必輕率至是；此說殆不足信。不則景妄為此言，以激怒其眾也。然即不以淵明易景，當時與北言和，亦非所宜。傅岐之議，可謂洞燭事機。史言岐在禁省十餘年，機事密勿，亞於朱异，而武帝於此，獨不用其議，蓋偷安苟且之念，入之深矣。是歲，六月，遣使通好於北。侯景累啟絕和，及請追使。又致書朱异，辭意甚切。异但述敕旨以報之。案和議合宜與否，別是一事。國家和戰之計，要非降人所得與。若如景之所為，是國家當守小諒，為匹夫報仇也，其悖亦甚矣。既決意言和，而景有此請，使宜乘機，加以誅責，乃又優容不斷，又曷怪景之生心乎？鄱陽王及羊鴉仁累啟稱景有異志，朱异並抑不奏聞。异蓋以常理度之，謂景必不能叛也。然事有出於意計之外者，而其變化，遂非恆情所能測度矣。故曰：「日中必

彗，操刀必割」也。

是歲八月，侯景舉兵反。《南史・景傳》：景上言曰：「高澄狡猾，寧可全信？陛下納其詭語，求與通和，臣亦所竊笑也。臣行年四十有六，未聞江左有佞邪之臣，一旦入朝，乃致囂。寧堪粉骨，投命仇門？請乞江西一境，受臣控督。如其不許，即領甲臨江，上向閩越。非唯朝廷自恥，亦是三公肝食。」帝使朱異宣語答景使曰：「譬如貧家，畜十客五客，尚能得意，朕唯有一客，致有忿言，亦是朕之失也。」景又知臨賀王正德怨望朝廷，密令要結，正德許為內應，景遂發兵反。以誅朱異等為辭。攻馬頭木柵，執太守劉神茂、戍主曹璆等。武帝聞之，笑曰：「是何能為？吾以折棰笞之。」於是詔鄱陽王範為南道都督，封山侯正表（臨川靖惠王子，正德之弟。時為北徐州刺史，治鍾離，見第八章第四節。）為北道都督，柳仲禮為西道都督，裴之高（邃兄子。）為東道都督。又令邵陵王綸董督眾軍。景聞之，謀於王偉。偉曰：「莫若直掩揚都，臨賀反其內，大王攻其外，天下不足定也。兵聞拙速，不聞工遲，即今便須進路。不然，邵陵及人。」案景乃羈旅之臣，眾又寡弱，即極剽悍，安敢遽犯京師？縱使幸勝，亦將何以善其後乎？景上武帝書，雖絕悖慢，然其「表疏跋扈，言辭不遜」，（亦《南史・景傳》語。）為朝廷所優容久矣，實未可指為反跡，故武帝不以為意，及其既叛，尚以談笑處之也。然則無正德之許，景必不敢遽叛。〈正德傳〉云：正德陰養死士，常思國釁。侯景反，知其有奸心，徐思玉在北，經與正德相知，至是，景遣思玉至建業，具以事告。又與正德書曰：「今天子年尊，奸臣亂國，以景觀之，計日必敗。大王屬當儲貳，中被廢辱，天下義士，竊所憤慨，豈得顧此私情，棄茲億兆？景雖不武，實思自奮。」正德得書大喜，曰：「侯景之意，暗與人同，天讚我也。」遂許之。謂景之要結正德，在其舉兵之後，必不然矣。九月，景發壽春，聲云遊獵，偽向合肥，遂襲譙州。（南譙州，今安徽滁縣。）助防董紹先開城降之。高祖聞之，遣太子家令王質率兵三千，巡江遏防。景進攻歷陽，

（見第三章第九節。）太守莊鐵又降。帝問羊侃以討景之策。侃求以二千人急據采石，（見第三章第九節。）令邵陵王襲取壽春。使景進不得前，退失巢窟，烏合之眾，自然瓦解。議者謂景未敢便逼都城，遂寢其策。陳慶之子昕，為臨川太守，（臨川，見第七章第一節。）敕召之還。昕啟云：「采石急須重鎮，王質水軍輕弱，恐虜必濟。」乃版昕為雲騎將軍，代質，而追質為丹陽尹。時正德都督京師諸軍，屯丹陽郡，先遣大船數十艘，偽稱載荻，實擬濟景。景至江將渡，盧王質為梗，俄而質退，而陳昕尚未下渚，景遂自采石濟。馬數百匹，兵八千人。京師不之覺。景分襲姑熟，（見第四章第一節。）遂至慈湖。（見第七章第一節。）皇太子見事急，入啟帝曰：「請以事垂付，願不勞聖心。」帝曰：「此是汝事，何更問為？」太子仍停中書省指授。於是以宣城王大器都督城內諸軍事，（大器，簡文帝長子，即哀太子也。）羊侃為軍師將軍副焉。（十二月，侃卒。朱異以明年正月卒。）正德守朱雀航。景至，正德率所部與之合。石頭、白下皆棄守。景白道攻城，不克。傷損甚多。乃築長圍，以絕內外。十一月，景立正德為帝。攻陷東府城。於城東西各起土山，以臨城內。城內亦作兩山以應之。材官將軍宋嶷降賊，又為賊立計，引玄武湖水以灌城。闕前御街，盡為洪波矣。十二月，景造諸攻具，百道攻城，又不克。時梁興四十七年，在位及閭里士大夫，莫見兵甲；宿將已盡，後進少年，並出在外，城中唯羊侃、柳津、韋黯，津老疾，黯懦而無謀，軍旅指，一決於侃，（《南史·羊侃傳》。）而侃又卒，平蕩之事，自不得不期望援軍。援軍最先至者，為南徐州刺史邵陵王綸。直指鐘山，（見第四章第三節。）為賊所敗。退奔京口。已而鄱陽世子嗣（範子。）、西豫州刺史裴之高、司州刺史柳仲禮、前衡州刺史韋粲、宣猛將軍李孝欽、南陵太守陳文徹等皆至。共推仲禮為大都督。仲禮者，津子。《南史·仲禮傳》云簡文帝為雍州，津為長史。及入居儲宮，津從，仲禮留在襄陽，馬仗、軍人悉付之。稍遷司州刺史。侯景潛圖反噬，仲禮先知之，屢啟求以精兵三萬討景，朝廷不許；及

景濟江，朝野便望其至，兼畜雍、司精卒，見推總督；景素聞其名，甚憚之。《梁書‧韋粲傳》云：粲建議推仲禮為大都督。報下流眾軍。裴之高自以年位，恥居其下，累日不決。粲乃抗言於眾曰：「今者同赴國難，志在除賊。所以推柳司州者？政以久捍邊疆，先為侯景所憚；且士馬精銳，無出其前。若論位次，柳在粲下；語其年齒，亦少於粲；直以社稷之計，不得復論。今日形勢，貴在將和。若人心不同，大事去矣。裴公朝之舊齒，年德已隆，豈應復挾私情，以沮大計？粲請為諸君解釋之。」乃單舸至之高營，切讓之。於是諸將定議。仲禮方得進軍。軍次新亭。賊列陳於中興寺。相持至晚，各解歸。是夜，仲禮入粲營部分。令粲頓青塘。青塘當石頭中路，粲慮柵壘未立，賊必爭之，頗以為憚。仲禮使直將軍劉叔胤助粲。直昏霧，軍人迷失道，比及青塘，夜已過半，壘柵至曉未合。景登禪靈寺門望粲營未立，便率銳卒來攻。軍副主王長茂勸據柵待之，粲不從。令軍主鄭逸逆擊之，劉叔胤以水軍截其後。叔胤畏懦不敢進逸遂敗。賊乘勝入營。左右牽粲避賊，粲不動。猶叱子弟力戰。兵死略盡，遂見害。子尼，及三弟助、警、構，從弟昂皆戰死，親戚死者數百人。《南史‧仲禮傳》曰：韋粲見攻，仲禮方食，投箸，被練馳之。騎能屬者七十。比至，粲已敗。仲禮因與景戰於青塘，大敗之。景與仲禮交戰，各不相知。仲禮稍將及景，賊將支伯仁自後砍仲禮，中肩，馬陷於淖。賊聚稍刺之。騎將郭山石救之以免。自此壯氣外衰，不復言戰。神情敖很，凌蔑將帥。邵陵王綸亦鞭策軍門，每日必至，累刻移時，仲禮亦弗見也。綸既忿嘆，怨隙遂成。而仲禮常置酒高會，日作優倡。毒掠百姓。汙辱妃主。父津，登城謂曰「汝君父在難，不能盡心竭力，百代之後，謂汝為何？」仲禮聞之，言笑自若。晚又與臨城公大連不協。（大連，亦簡文子，時為東揚州刺史，以兵至，見下。東揚州，治會稽。）景嘗登朱雀樓與之語，遺以金環。是後開營不戰。眾軍日固請，皆悉拒焉。案謂仲禮一戰而傷，遂氣索

不敢復戰，殊不近情；謂其與侯景通，亦近溢惡：《南》、《北史》主博採，鮮別擇，所言固不盡可信也。當日者，諸軍獨力皆不足破景，欲解臺城之圍，非齊力決戰不可。然將驕卒惰，久成痼疾，不有嚴令，孰肯向前？而一時諸將，無一材望足資統率者。不得已，就兵之最強者求之，柳仲禮遂以小器出承其乏。得之既不以其道，自為眾情所不服，雖膺都督之任，依然號令不行，欲決戰，仍非獨力前進不可，此自非仲禮所樂為；諸軍亦無不如是；（如其向前，亦徒為韋粲耳，然並此亦無第二人也。）遂成相杖不戰之局矣。此正與寒山之役，齊師決堰，諸軍莫肯出戰同。故曰：觀於寒山，而知臺城之圍之不可解也。時邵陵王之兵，與臨城公大連再至南岸，亦無功。荊州刺史湘東王繹，遣世子方等、司馬吳曄、天門太守樊文皎下援。與鄱陽世子，及永安侯確，（邵陵王綸子。）前高州刺史李遷仕，前司州刺史羊鴉仁共破東府前柵，營青溪東。旋為景將宋子仙所破，文皎死之。《南史·景傳》云：是時邵陵王與柳仲禮，甚於仇敵；臨城公與永安侯，逾於水火。諸軍之情形，固如出一轍也。

時城中疾疫，死者大半。景軍亦飢，不能復戰。東城（東府城。）有積粟，其路為援軍所斷；且聞湘東王下荊州兵；彭城劉邈，乃說景乞和，全師而返。景與王偉計，遣任約至城北，拜表偽降，以河南自效。帝曰：「吾有死而已，寧有是議？且賊凶逆多詐，此言云何可信？」既而城中日蹙，簡文乃請帝許和，更思後計。帝大怒曰：「和不如死。」遲回久之，曰：「爾自圖之，無令取笑千載。」乃聽焉。景請割江右四州之地，（謂南豫州、西豫州、合州、光州。南豫州、合州皆見第一節。西豫州，今安徽懷寧縣。光州，今河南潢川縣。）並求宣城王大器出送，然後解圍濟江。仍許遣其儀同於子悅、左丞王偉入城為質。傅岐議：以宣城王嫡嗣之重，不容許之，乃請石城公大款出送。（大款，大器弟。）詔許焉。遂於西華門外設壇為盟誓。（遣尚書僕射王克，兼侍中上甲鄉侯韶，散騎常侍蕭瑳，

與於子悅、王偉等登壇共盟。武衛將軍柳津出西華門下，景出其柵門，與津遙相對，刑牲歃血。韶，長沙宣武王懿孫。）時太清三年二月也。景之渡江也，武帝召封山侯正表入援。正表率眾次廣陵，聞正德為景所推，遂託舫糧未集，盤桓不進。景以正表為南兗州刺史，封南郡王。正表既受景署，遂於歐陽立柵，（歐陽，在今江蘇儀徵縣境。）以斷援軍。又欲進攻廣陵。南兗州刺史南康王會理遣軍擊破之。正德走還鍾離，遂降魏。會理與前青、冀二州刺史湘潭侯退，（鄱陽忠烈王恢子。）西昌侯世子彧（西昌侯淵藻，長沙宣武王懿子，時為南徐州刺史。）率眾三萬，至於馬邛州。（在臺城北。）景慮其自白下而上，斷其江路，請悉勒聚南岸；又啟稱永安侯、趙威方頻隔柵詬臣，乞召入城；敕並從之。（《南史·本傳》云：確知此盟多貳，欲先遣趙威方人，確因南奔。綸聞之，逼確使入。後與景獵鍾山，引弓將射景，弦斷不得發，賊覺，殺之。）景運東城米於石頭，食遂足。湘東王繹師於武城，（在湖北黃陂縣南。）湘州刺史河東王譽次巴陵，（見第三章第九節。）前信州刺史桂陽王慥頓江津，（慥，桂陽簡王融之子。江津，見第七章第三節。）未進，亦有敕班師。景知援軍號令不一，終無勤王之效。又聞城中死疾轉多，謂必有應之者。王偉又說景曰：「王以人臣，舉兵背叛，圍守宮闕，已盈十旬，逼辱妃主，陵穢宗廟，今日持此，何處容身？願且觀其變。」景然之。乃抗表陳帝十失。請誅君側之惡臣，清國朝之秕政，然後還守藩翰。三月朔旦，城內以景違盟，舉烽鼓譟。景決石闕前水，（胡三省曰：景前決玄武湖水積於此。）百道攻城，晝夜不息，城遂陷。景矯詔遣石城公大款解外援軍。於是諸軍並散。（《南史·柳仲禮傳》：仲禮及弟敬禮、羊鴉仁、王僧辯、趙伯超，並開營降賊。僧辯者，湘東王使督舟師援臺者也，才至而宮城陷。景留敬禮、鴉仁，而遣仲禮、僧辯西上，各復本位。餞於後渚。敬禮謂仲禮曰：「景今來會，敬禮抱之，兄便可殺，雖死無恨。」仲禮壯其言，許之。及酒數行，敬禮

目仲禮，仲禮見備衛嚴，不敢動，遂不果。後景徵晉熙，敬禮與南康王會理謀襲其城，刻期將發，建安侯蕭賁告之，遂遇害。賁者，正德弟正立之子。正德為侯景所立，賁出投之。專監造攻具，以攻臺城。常為賊耳目。後賊惡其反覆，殺之。羊鴉仁出奔江西，將赴江陵，於路為人所害。唯趙伯超為賊用。）景降蕭正德為大司為。撤二宮侍衛，而使其黨防守。武帝憂憤感疾。五月，崩。（年八十六。）景密不發喪。二十餘日，乃迎皇太子即位，是為太宗簡文皇帝。正德知為賊所賣，密書與鄱陽王，期以兵入，賊遮得，矯詔殺之，時六月也。

先是景以武帝手敕召南康王會理，而使其黨董紹先據南兗州。（會理僚佐咸勸距之。會理用其典籤范子鸞計，謂處江北功業難成，不若身赴京師，圖之肘腋，遂以城輸紹先。至都，景以為司空，兼尚書令。祖皓起義，期以會理為內應，景矯詔免會理官。後景往晉熙，都下虛弱，會理與柳敬禮謀取王偉，事覺，與弟通理皆遇害。祖皓起義，見下。）又使蕭邕代西昌侯淵藻據南徐州。以仼約為南道行臺，鎮姑熟。使李賢降宣城。（見第三章第九節。）於子悅、張大黑入吳。太守袁君正迎降。子悅、大黑，肆行毒虐，吳人各立城柵拒守。景又遣侯子鑒入吳。收子悅、大黑還京誅之。戴僧逷據錢唐，東揚州刺史臨城公大連據州，吳興太守張嵊據郡，（吳興，見第三章第九節。）景使宋子仙、趙伯超、侯子鑒、劉神茂等攻破之。文成侯寧於吳西鄉起兵，亦為景黨孟振、侯子榮所破殺。景又以郭元建為北道行臺，總江北諸軍，鎮新秦。（宋郡，今江蘇六合縣。）前江都令祖皓起兵，襲殺董紹先，亦為景所破，更以侯子鑒監南兗州。鄱陽王範棄合肥，出東關，（見第十一章第四節。）請兵於魏，遣二子為質。魏人據合肥，竟不出師助範。範屯於柵口，（今安徽裕溪口，在蕪湖東北。）待援兵總集，欲俱進。江州刺史尋陽王大心聞之，遣要範西上，以溢城處之。（大心，簡文子。溢城，即溢口城，見第三章第九節。）景

出頓姑熟。範將裴之悌、夏侯威生以眾降。景以之悌為合州刺史，威生為南豫州刺史。範至溢城，以晉熙為晉州，（晉熙，晉郡，治懷寧，今安徽潛山縣。）遣子嗣為刺史。江州郡縣，輒更改易。尋陽政令所行，唯存一郡。初莊鐵降景，又奉其母奔大心。大心以鐵舊將，厚為其禮。軍旅之事，悉以委之。仍以為豫章內史。鐵據豫章反。大心令中兵參軍韋約等擊之。鐵敗績，又乞降。嗣先與鐵遊處，請援之。範從之。乃遣將侯瑱，率精甲五千救鐵。夜襲破韋約等營。於是二藩釁起，人心離貳。範居溢城，商旅不通，音使距絕。範數萬之眾，皆無復食，人多餓死。範恚，發背薨。嗣猶據晉熙。城中食盡，士乏絕。簡文帝大寶元年（西元 550 年），七月，任約、盧暉略攻晉熙。嗣中流矢，歿於陳。約進襲江州。大心遣司馬韋質拒戰，敗績。時帳下猶有勇士千餘人，咸說大心輕騎往建州，以圖後舉。（此建州置於苞信縣，在今河南商城縣西。勸往此者，蓋以便於入齊也。）而大心母陳淑容不肯行。大心乃止。遂與約和。於是景之兵鋒，直逼荊、郢矣。

侯景亂梁（下）

先是上流之地，湘東王繹刺荊州，嶽陽王詧刺雍州，武帝內弟張纘刺湘州。（纘，弘策子，出後伯父弘籍。）太清二年（西元 548 年），徵纘為領軍，俄改雍州刺史，而以河東王譽刺湘州。纘素輕少王，州府迎候及資待甚薄。譽深銜之。至州，遂託疾不見纘，仍檢校州、府庶事，留纘不遣。侯景寇京師，湘東王繹軍於武城，（見上節。）譽飭裝當下援，纘密報繹曰：「河東起兵，嶽陽聚米，將來襲江陵。」繹懼，沈米、斷纘而歸。因遣諮議周弘直至譽所，督其糧、眾。三反，譽不從。繹大怒。七月，遣世子方等討譽。方等，繹長子也。母曰徐妃，以嫉妒失寵。而繹第二子方

諸母王氏，以冶容幸嬖。王氏死，繹歸咎徐妃。方等意不自安。繹聞之，又惡方等。方等益懼。時武帝年高，欲見諸王長子，繹遣方等，方等欣然登舟。遇侯景亂，繹召之。方等啟曰：「昔申生不愛其死，方等豈顧其生？」繹省書，知無還意，乃配步騎一萬，使援臺城。賊每來攻，方等必身當矢石。及是，求徵譽。臨行，謂所親曰：「吾此段出征，必死無二。死而獲所，吾豈愛生？」及至麻溪，（在今湖南長沙縣北。）軍敗溺死。繹遣鮑泉繼之。初繹命所督諸州並發兵下，嶽陽王詧遣司馬劉方貴為前軍，出漢口。及將發，繹又使喻詧自行。詧辭頗不順。繹怒。而方貴先與詧不協，潛與繹相知，刻期襲詧。未及發，會詧以他事召方貴。方貴疑謀洩，遂據樊城拒命。（樊城，見第五章第二節。）詧遣軍攻之。時張纘棄所部，單舸赴江陵。繹乃厚資遣纘，若將述職，而密援方貴。纘次大堤，（胡三省曰：〈沈約志〉：華山郡，治大堤。《五代志》：襄陽郡漢南縣，宋置華山郡。唐並漢南入宜城。曾鞏曰：宋武帝築宜城之大堤為城。案宜城，今湖北宜城縣。）樊城已陷。詧擒方貴兄弟及黨與，並斬之。纘因進至州。詧遷延不受代，而密圖之。纘懼，請繹召之。繹乃徵纘於詧。詧留不遣。州助防杜岸兄弟紿纘曰：「嶽陽殿下，勢不仰容。不如且往西山，以避此禍。使君既得物情，遠近必當歸集。以此義舉，事無不濟。」纘深以為然。因與岸等結盟誓，又要雍州人席引等於西山聚眾。纘服婦人衣，乘青布輿，與親信十餘人出奔。引等與杜岸馳告詧。詧令中兵參軍尹正與岸等追討，並擒之。纘懼不免，因請為沙門。詧以譽危急，率眾三萬，騎千匹伐江陵以救之。大雨暴至，眾頗離心。繹與岸弟崏有舊，密要之。崏乃與兄岸，弟幼安及楊混各率其眾降。詧夜遁。初詧囚張纘於軍，至是，先殺纘而後退焉。杜岸之降也，請以五百騎襲襄陽。詧至，岸奔其兄於廣平。（晉渡江，僑置廣平郡於襄陽，宋以漢南陽郡之朝陽為實土。案朝陽，在今河南鄧縣東南。）詧遣尹正、薛暉等攻之，獲巘、岸等。並其母、妻、子女

殺之。盡誅諸杜宗族、親舊。其幼稚疏屬下蠶室。又發掘其墳墓，燒其骸骨，灰而揚之。其酷虐如此。鮑泉圍湘州，久未能拔，繹命王僧辯代之。大寶元年（西元 550 年），四月，克湘州，斬譽。詧自稱梁王，稱藩於魏。魏遣兵助戍襄陽。臺城之陷也，邵陵王綸奔禹穴，（在今浙江紹興縣。）東土皆附。南郡王大連懼，圖之。綸覺，去至尋陽。尋陽王大心欲以州讓之，綸不受。至郢州，刺史南平王恪以州讓之，（恪，南平元襄王偉之子。）綸又不受。河東王譽請救，綸欲往救之，以軍糧不繼而止。與繹書勸止之。繹不聽。綸大修器甲，將討侯景。繹聞其盛，八月，遣王僧辯帥舟師一萬逼之，綸走。於是侯景之兵鋒，繹實當之矣。

江州之陷，繹遣徐文盛率眾軍下武昌。（文盛，寧州刺史，聞國難，召募得數百人來赴。）是歲，九月，侯景率舟師上皖口。（皖水入江之口，在今安徽懷寧縣西。）十二月，繹又遣尹悅、王珣、杜幼安助文盛。任約以西臺益兵，告急於景。二年（西元 551 年），閏三月，景自率眾二萬，西上援約。至西陽，（見第四章第三節。）徐文盛不敢戰。文盛妻石氏，先在建業，至是，景載以還之。文盛深德景，遂密通訊使，都無戰心。眾咸憤怨。初郢州之平，繹以子方諸為刺史，鮑泉為長史，行府、州事。方諸與泉，不恤軍政，唯捕酒自樂。景訪知其無備，兵少，四月，遣宋子仙襲陷之，執方諸及泉。盡獲武昌軍人家口。文盛等大潰，奔歸江陵。王珣、尹悅、杜幼安並降於賊。景遂乘勝西上。繹先遣王僧辯東下代文盛，軍次巴陵，會景至，僧辯因堅壁拒之。景設長圍，築土山，晝夜攻擊，不克。軍中疾疫，死傷大半。繹遣胡僧祐、陸法和援巴陵。景遣任約以精卒數千逆擊，六月，僧祐等擊破之，禽約。王僧辯督眾軍追景，而陳霸先之兵亦來會。

陳霸先，吳興長城人。（長城，見第三章第九節。）為廣州刺史蕭映僚佐。（映，始興忠武王憺子。）討破交州叛賊李賁。映卒，以霸先為交州司

馬，與刺史楊討賁，平之。除西江督護、高要太守。（高要，漢縣，梁置郡，今廣東高要縣。）時太清元年（西元 547 年）也。二年（西元 548 年），冬，侯景寇京師，霸先將率兵赴援。廣州刺史元景仲，法僧子也，欲圖霸先。（《北史·道武七王傳》云：侯景遣誘召之，詐奉為主，景仲將應之。）霸先知其計，與成州刺史王懷明，（成州，今廣西蒼梧縣。）行臺選郎殷外臣等密議戒嚴。三年（西元 549 年），七月，集義兵於南海，馳檄以討景仲。景仲窮蹙，自縊死。霸先迎定州刺史蕭勃鎮廣州。（定州，治郁林，見第三章第九節。勃，武帝從弟吳平侯昺之子。）初衡州刺史韋粲，自解還都徵侯景，以臨賀內史歐陽頠監衡州。（衡州，治曲江，今廣東曲江縣。臨賀，見第三章第九節。）京城陷後，嶺南互相吞併。高州刺史蘭裕，攻始興內史蕭紹基，奪其郡。（高州，治高涼，在今廣東陽江縣西。始興，見第三章第八節。）裕以兄欽與有舊，遣招之。不從。裕攻之。請援於勃。勃令霸先救之，悉擒裕等。仍監始興郡。十一月，霸先遣杜僧明、胡穎將二千人頓於嶺上。（僧明，廣陵臨澤人。梁大同中，盧安興為廣州南江督護，僧明與兄天合及周文育，並為所啟，與俱行。安興死，僧明復副其於子雄。及李賁反，逐交州刺史蕭諮，諮奔廣州。臺遣子雄與高州刺史孫冏討賁。時春草已生，瘴癘方起，子雄請待秋。廣州刺史蕭映不聽。諮又促之。子雄不得已，遂行。至合浦，死者十六七。眾並憚役潰散，禁之不可，乃引其餘兵退還。蕭諮啟子雄及冏與賊交通，逗留不進。梁武帝敕於廣州賜死。子雄弟子略、子烈，並雄豪任俠，家屬在南江，天合乃與周文育等率眾結盟，奉子略為主，以攻蕭映。霸先時在高要，聞事起，率眾來討，大破之。殺天合。禽僧明及文育等，並釋之，引為主帥。案陳武生平，用降將最多，詳見《廿二史札記》，其氣度必有大過人者，僧明、文育，特其一耳。穎，吳興東遷入，為廣州西江督護。霸先與其同郡，待之甚厚。蕭諮，鄱陽王範之子。臨津，宋縣，在今江蘇高郵縣東北。合浦，

漢郡，治徐聞，今廣東海康縣。後汶治合浦，今廣東合浦縣。梁、陳間復治徐聞。東遷，晉縣，今為鎮。屬浙江吳興縣。）並結始興豪傑，同謀義舉。郡人侯安都、張偲等率千餘人來附。蕭勃聞之，遣說停霸先。霸先不聽。使間道馳往江陵，秉承軍期節度。時蔡路養南康土豪。起兵據南康，（見第七章第五節。）勃遣腹心譚世遠為曲江令，與路養相結，同遏義軍。大寶元年（西元 550 年），霸先發自始興，次大庾嶺。（在今江西大庾縣、廣東南雄縣之間。）路養出軍頓南野，（秦縣，在今江西南康縣西南。）依山水立四城以拒。霸先與戰，大破之。路養脫身竄走。霸先進頓南康。六月，修崎頭古城，（在大庾縣東。）徙居焉。高州刺史李遷仕據大皋，（在江西吉安縣南。）遣主帥杜平虜等率千人入灘石、魚梁。（灘石，指灘江十八灘，在今江西贛縣至萬安縣間。魚梁，在萬安縣南。遷仕之兵，蓋以援臺至此。）霸先命周文育擊走之。遷仕奔寧都。（吳陽都縣，晉更名，今江西寧都縣。）寧都人劉藹等資遷仕舟艦、兵仗，將襲南康。霸先遣杜僧明等率二萬人據白口，（《通鑑考異》引〈太清紀〉云：於雩都縣連營相拒，則其地當在雩都。雩都，漢縣，今江西雩都縣東北。）築城以拒之。遷仕亦立城以相對。二年（西元 551 年），三月，僧明等攻拔其城，生擒遷仕送南康。霸先斬之。湘東王繹命霸先進兵定江州，仍授江州刺史。九月，又以王僧辯刺江州，而以霸先為東揚州刺史。

　　侯景之東遷也，以丁和為郢州刺史，留宋子仙、時靈護等助和守禦。以支化仁、閭洪慶等守魯山城。（見第七章第三節。）王僧辯率巴陵諸軍，沿流討景。攻魯山，化仁降。攻郢，擒靈護。子仙行戰行走。至白楊浦，（胡三省曰：蓋去郢城未遠。）大破之，生擒子仙送江陵。鄱陽王範及其子嗣之死也，侯瑱領其眾，依於莊鐵。鐵疑之。瑱懼，詐引鐵謀事，因而刃之。據有豫章。侯景將於慶南略，至豫章，瑱窮蹙，降於慶。慶送瑱於景。景以瑱與己同姓，託為宗族，待之甚厚。留其妻子及弟為質，遣瑱隨

慶平定蠡南諸郡。（蠡南，謂彭蠡湖以南。）及是，瑱起兵襲之，慶敗走。
（景盡誅瑱妻、子及弟。）湘東王繹授瑱南兗州刺史。七月，僧辯軍次溢
城，賊行江州事范希榮棄城走。八月，晉熙人王僧振、鄭寵起兵襲城，偽
刺史夏侯威生、儀同任延遁。繹命僧辯且頓江州，須眾軍齊集。頃之，命
江州眾軍，悉同大舉。於是發江州。命侯瑱率銳卒輕舸，襲南陵、鵲頭等
戍，至即克之。（南陵，見第七章第五節。鵲頭，見第九章第二節。三年
（西元 552 年），元帝承聖元年。）二月，霸先與僧辯會於白茅洲，（在江
西德化縣北，與安徽宿松縣接界。）登壇盟誓。

　　侯景之東還也，二年（西元 551 年），八月，廢太宗為晉安王，幽於
永福省。害皇太子大器、尋陽王大心、西陽王大鈞、武寧王大威、建平王
大球、義安王大昕、綏建王大摯，（皆簡文子。）及尋陽王諸子二十人。
矯為太宗詔，禪位於豫章嗣王棟。（歡子。）遣使害南海王大臨於吳郡，
南郡王大連於姑孰，安陸王大春於會稽，新興王大壯於京門。（亦皆簡文
子。大壯，《南史》作大莊。）初景既平京邑，便有篡奪之心，以四方須
定，且未自立。既巴陵失律，江、郢喪師，猛將外殲，雄心內沮，便欲偽
僭大號，遂其奸心。其謀臣王偉云：「自古移鼎，必須廢立，」故景從之。
其太尉郭元建聞之，目秦郡馳還，諫景曰：「四方之師，所以不至者？政
為二宮萬福。若遂行弒逆，結怨海內，事幾一去，雖悔無及。」王偉固執
不從。（此據《梁書・景傳》。《南史》則云元建諫廢簡文，景意遂回，欲
復帝位，以棟為太孫，王偉固執不可。又《南史・簡文紀》云：景納帝女
溧陽公主。公主有美色，景惑之，妨於政事。王偉每以為言。景以告主，
主出惡言。偉知之，懼見讒，乃謀廢帝而後問主，苦勸行弒，以絕眾心。
此亦不根之談。偉小人，安知遠慮。知遠慮，不事景矣。）十月，景弒太
宗。十一月，遂廢棟而自立。先是張彪起義於會稽若邪山，（事在大寶元
年（西元 550 年），〈紀〉在十一月，〈景傳〉在十二月。彪，南郡王前中

兵參軍。若邪山，在今浙江紹興縣南。）攻破浙東諸縣。景遣田遷、趙伯超、謝答仁等東伐彪。是年，正月，彪遣別將寇錢唐、富春。（錢唐，見第四章第三節。富春，即富陽，晉避太后諱改，見第十章第四節。）田遷進軍與戰，破之。十月，景司空東道行臺劉神茂，儀同尹思合、劉歸義、王曄，雲麾將軍桑乾王元頠等據東陽歸順。（東陽，見第五章第六節。）仍遣元頠及別將李占、趙惠朗下據建德江口。（建德，秦縣，今浙江建德縣。）尹思合收景新安太守元義，奪其兵。（新安，見第四章第二節。）張彪攻永嘉，（見第七章第二節。）永嘉太守秦遠降。十一月，景以趙伯超為東道行臺，鎮錢唐。遣田遷、謝答仁等東征神茂。十二月，答仁等至建德，攻元頠、李占柵，大破之。執頠、占送景。明年，（大寶三年（西元552年），即元帝承聖元年。）謝答仁攻劉神茂。劉歸義、尹思合等棄城走。神茂孤危，復降。初海寧程靈洗，（吳海陽縣，晉曰海寧，在今安徽休寧縣東。）據黟、歙以拒景。（漢黝縣，宋曰黟，在今安徽黟縣東。歙縣，見第九章第六節。）景軍據有新安，新安太守西鄉侯隱奔依靈洗，靈洗奉以主盟。劉神茂建義，靈洗攻下新安，與之相應。及是，景偏帥呂子榮進攻新安，靈洗復退保黟、歙。（景敗，子榮走，靈洗復據新安，進軍建德。）二月，王僧辯軍至蕪湖。（見第三章第九節。）蕪湖城主宵遁。景遣史安和、宋長貴等率兵二千，助侯子鑒守姑熟。（見第四章第一節。）追田遷還京師。三月，景往姑熟，巡視壘柵。誡子鑒曰：「西人善水戰，不可與爭鋒。若得馬步一交，必當可破。汝但堅壁，以觀其變。」子鑒乃舍舟登岸，閉營不出。僧辯等遂停軍十餘日。賊黨大喜，告景曰：「西師懼吾之強，必欲遁走。不擊，將失之。」景覆命子鑒為水戰之備。子鑒乃率萬餘人渡洲，並引水軍俱進。僧辯逆擊，大破之。子鑒僅以身免。僧辯進軍次張公洲。（即蔡洲，見第四章第三節。）景以盧暉略守石頭，紇奚斤等守捍國城。（在今江蘇江寧縣南。）悉逼百姓及軍士家累入臺城。僧

辯焚景水柵，入淮。至禪靈寺渚。景大驚，乃緣淮立柵。自石頭迄青溪十餘里，樓雉相接。僧辯遣杜崱問計於陳霸先。霸先曰：「前柳仲禮數十萬，隔水而坐，韋粲之在青溪，竟不渡岸，賊乃登高望之，表裡俱盡。今圍石頭，須渡北岸。諸將若不能當鋒，請先往立柵。」霸先即於石頭城西橫隴築柵。眾軍次連八城，直出西北。賊恐西州路斷，（西州，見第十章第二節。）亦於東北果林築五城，以遏大路。景自率侯子鑒、于慶、史安和、主僧貴等拒守。使王偉、索超世、呂季略守臺城。景列陳挑戰，僧辯率眾軍奮擊，大破之。侯子鑒、王僧貴各棄柵走。盧暉略、紇奚斤並以城降。景既退敗，不入宮，斂其散兵，屯於闕下。遂將逃竄。王偉攬轡諫曰：「自古豈有叛太子？今宮中衛士，尚足一戰，寧可便走？棄此欲何所之？」景曰：「我在北，打賀拔勝，敗葛榮，揚名河朔，與高王一種人。今來南，渡大江，取臺城如反掌，打邵陵王於北山，破柳仲禮於南岸，皆乃所親見。今日之事，恐是天亡。乃好守城，我當復一決耳。」仰觀石闕，逶巡嘆息。久之，乃以皮囊盛二子（《通鑑》云：江東所生。）掛馬鞍，與其儀同田遷、范希榮等百餘騎東奔。王偉委臺城竄逸。侯子鑒等奔廣陵。王僧辯命眾將入據臺城，侯瑱、裴之橫率精甲五千，東入討景。景至晉陵，（見第四章第三節。）劫太守徐永，東奔吳郡。進次嘉興。（見第三章第四節。）趙伯超據錢唐拒之。景退還吳郡。達松江，而侯瑱軍奄至。景眾未陳，皆舉幡乞降。景不能制，乃與腹心數十人單舸走。推墮二子於水，自滬瀆入海。（滬瀆，見第七章第二節。）羊侃第三子鵾，隨侃臺內，城陷，竄於陽平，（宋縣，未詳今地。）景呼還，待之甚厚。及景敗，鵾密圖之，乃隨其東走。景於松江戰敗，唯餘三舸下海，欲向蒙山。（在今山東蒙陰縣。）會景倦，晝寢，鵾語海師：「此中何處有蒙山？汝但聽我處分。」遂直向京口。至胡豆洲，（此據〈羊侃傳〉。〈景傳〉作壺豆洲。在今江蘇鎮江縣北。）景覺，大驚。問岸上人，云郭元建猶在廣陵。景大喜，將依之。

鶡拔刀叱海師，使向京口。景欲投水，鶡抽刀斫之。景乃走入船中，以小刀抉船底。鶡以稍入，刺殺之。送屍於王僧辯。傳首西臺。僧辯收賊黨王偉等二十餘人，送於江陵。趙伯超降於侯瑱，亦送江陵。陳霸先出廣陵，郭元建奔齊。

　　侯景之為人也，可謂酷虐無倫。其犯建康，初至便望克定，號令甚明，不犯百姓。既攻城不下，人心離沮；又恐援軍總集，眾必潰散；乃縱兵殺掠。交屍塞路。富室豪家，恣意哀剝。子女玉帛，悉入軍營。及築土山，不限貴賤。晝夜不息，亂加毆棰。疲羸者因殺之以填山。號哭之聲，響動天地。（時百姓不敢藏隱，並出從之，旬日之間，眾盈數萬。）東府之陷，景使盧暉略率數千人持長刀夾城門，悉驅城內文武，裸身而出，賊交兵殺之。死者二千餘人。臺城之陷，悉鹵掠乘輿服玩，後宮嬪妾。初城中積屍，不暇瘞埋；又有已死而未斂，或將死而未絕者；景悉聚而燒之，臭氣聞十餘里。性殘忍，好殺戮，恆以手刃為戲。方食，斬人於前，言笑自若，口不輟飡。或先斷手足，割舌，劓鼻，經日乃殺之。於石頭立大舂碓，有犯法者搗殺之。又禁人偶語，不許大酺，有犯則刑及外族。東陽人李瞻起兵，為賊所執，送詣建業，景先出之市中，斷其手足，剖析心腹，破出肝腸。祖皓之敗，射之，箭遍體，然後車裂以徇。城中無少長皆斬之。（此據《梁書·景傳》。《南史》作埋而射之。）元頵、李占被執送京口，景截其手足，徇之，經日乃死。劉神茂降，送建康，景為大剗碓，先進其腳，寸寸斬之，至頭方止，使眾觀之以示威。每出師，戒諸將曰：「若破城邑，淨殺卻，使天下知吾威名。」故諸將以殺人為戲笑。百姓雖死，亦不從之。然景之南奔也，高澄悉命先剝景妻子面皮，以大鐵鑊盛油煎殺之。女以入宮為婢。男三歲者並下蠶室。後齊文宣夢獼猴坐御床，乃並煮景子於鑊。其子之在北者殲焉。則初非景一人如是，蓋代北之風氣然也。魏道武等，亦特此風氣中之一人耳。簡文帝時，景嘗矯詔自加宇宙大將

軍，都督六合諸軍事。及僭位，王偉請立七廟，並請七世諱，敕大常具祭祀之禮。景曰：「前世吾不復憶，唯阿爺名標；且在朔州；伊那得來噉是？」床上常設胡床及筌蹄，著靴垂腳坐。或跂戶限。或走馬敖遊，彈射鴉鳥。自為天子，王偉不許輕出，鬱快更成失志，曰：「吾不事為帝，與受擯不殊。」豈特沐猴而冠而已。

是時王師殺掠之酷，亦幾不減於景。臺城之被圍也，援兵至北岸，百姓扶老攜幼以候之，才得過淮，便競剝掠。賊黨有欲自拔者，聞之咸止。景之走，王克開臺城引裴之橫入宮，縱兵蹂掠。時都下戶口，百遺一二，大航南岸，極目無煙，老小相扶競出，才度淮，干琳、杜龕軍人掠之，甚於寇賊，號叫徹於石頭。王僧辯謂為有變，登城間故，亦不禁也。是役也，可謂江南一浩劫。臺城初被圍，男女十餘萬，貫甲者三萬，及景違盟，疾疫且盡，守埤者止二三千人，並悉羸懦。景攻臺時，食石頭常平倉，既盡，便掠居人。爾後米一升七八萬錢，人相食，有食其子者。（此據《南史·景傳》。《梁書》云：米斛數十萬，人相食者十五六。《魏書·島夷傳》云：城內大饑，人相食。米一斗八十萬。皆以人肉雜牛、馬肉而賣之。軍人共於德陽堂前立市，屠一牛得絹三千匹，賣一狗得錢二十萬。皆燻鼠、捕雀而食之。至是，雀、鼠皆盡，死者相枕。）大寶元年（西元550年），時江南大饑，江、揚彌甚。旱蝗相繫，年穀不登。百姓流亡，死者塗地。父子攜手，共入江、湖；或弟兄相要，俱緣山岳；芰實荇花，所在皆罄；草根木葉，為之凋殘；雖假命須臾，亦終死山澤。其絕粒久者，鳥面鵠形，俯伏床帷，不出戶牖，莫不衣羅綺，懷金玉，交相枕藉，待命聽終。於是千里絕煙，人跡罕見，白骨成聚，如丘壠焉。代北殘暴之風，江南淫靡之俗，合而成此大災，只可謂人類所造之惡業，人類還自受之而已矣。

江陵之變

簡文帝之崩也，四方勸進於湘東者相屬。湘東以巨寇未平，未欲即位。然簡文之立，湘東謂其制於賊臣，始終仍用太清年號，則其懷自立之心久矣。《南史・豫章王棟傳》云：棟既廢，及二弟橋、樛，並鎖於密室。景敗走，兄弟相扶出。初王僧辯之為都督，將發，諮元帝曰：「平賊之後，嗣君萬福，未審有何儀注？」帝曰：「六門之內，自極兵威。」僧辯曰「平賊之謀，臣為己任，成濟之事，請別舉人。」由是帝別敕宣猛將軍朱買臣，使行忍酷。會簡文已被害，棟等與買臣遇見，呼往船共飲，未竟，並沉於水。案王僧辯乃一熱中之士，唯思乘時以立功名，（《梁書・僧辯傳》：趙伯超降於侯瑱，送至，既出，僧辯顧坐客曰：「朝廷昔唯知有趙伯超耳，豈識王僧辯？社稷既傾，為我所復，人之興廢，亦復何常？」器小易盈，情見乎辭矣。）於逆順之際，初無所擇。故一戰而敗，即不惜屈膝於異族，以奉淵明。而何愛於簡文及豫章？況元帝為人，猜忍至極，僧辯徵陸納時，以欲待部下之集，見疑規避，幾遭誅戮，（陸納事見下。〈僧辯傳〉曰：世祖斫之，中其左髀，流血至地。僧辯悶絕，久之方蘇。即送付廷尉。並收其子姪，並皆系之。會嶽陽王軍襲江陵，人情騷擾，未知其備。世祖遣左右往獄，問計於僧辯。僧辯具陳方略。乃赦為城內都督。）此時又安敢批其逆鱗邪？故謂湘東授意僧辯，使賊嗣君，而僧辯不肯從者，必失實之辭也。然朱買臣之賊豫章，即非承湘東之旨，亦必窺其意而為之，則無疑矣。大寶三年（西元 552 年），十一月，湘東即位於江陵，是為世祖孝元皇帝。

柳仲禮之入援也，竟陵郡守孫暠，以郡降西魏。（竟陵，見第三章第九節。）宇文泰使符貴往鎮之。及臺城陷，仲禮降景，景遣西上，湘東王以為雍州刺史，使襲襄陽。仲禮方觀成敗，未發。及南陽圍急，杜岸請救，仲禮乃以別將夏侯強為司州刺史，守義陽，自帥眾如安陸。（見第三

章第九節。）使司馬康昭討孫暠，暠執符貴以降。仲禮命其將王叔孫為竟陵太守，軍副馬岫為安陸太守，置棐於安陸，而以輕兵師於漴頭，（在湖北安陸縣西北。）將侵襄陽。嶽陽王詧告急於魏，遣妃王氏及世子寮為質。宇文泰遣楊忠、長孫儉救之。陷隨郡。（見第四章第三節。）進圍安陸。大寶元年（西元 550 年），（西魏大統十六年。）正月，仲禮來援，忠逆擊，破禽之。馬岫以城降。王叔孫亦斬孫暠降。元帝遣子方略為質。並送載書，請魏以石城為限，（石城，竟陵郡治，見第三章第九節。）梁以安陸為界。忠乃旋師。（據《周書·楊忠傳》。《南史·梁本紀》：是年，正月，使少子方略質於魏。魏不受質，而約為兄弟。〈元帝諸子傳〉云：方略年數歲，至長安，即得還。）魏命詧發喪嗣位，帝命為梁王。邵陵王綸之敗也，與子確等十餘人輕舟走武昌。時綸長史韋質，司馬姜律，先在於外，聞綸敗，馳往迎之。於是復收散卒，屯於齊昌。（齊郡，在今湖北蘄春縣西北。）將引魏軍共攻南陽。任約聞之，使鐵騎二百襲綸。綸無備，又敗。走定州。（治蒙籠城，在今湖北麻城縣西。）定州刺史田龍祖迎綸。綸以龍祖荊鎮所任，懼為所執，復歸齊昌。行至汝南，（《隋志》：安陸郡吉陽，梁立汝南郡，在今湖北應山縣北。）西魏所署汝南城主李素，綸之故吏，聞綸敗，開城納之。綸乃修濬城池，收集士卒，將攻竟陵。西魏安州刺史馬岫聞之，報於西魏。（安州，安陸。）西魏遣楊忠、侯幾通率眾赴焉。二年（西元 551 年），（西魏大統十七年。）二月，忠等至於汝南。綸嬰城自守。會天寒大雪。忠等攻之，不能克，死者甚眾。後李素中流矢卒，城乃陷。忠等執綸，綸不為之屈，遂害之。（《周書·楊忠傳》云：綸與前西陵郡守羊思達，要隨、陸土豪段珍寶、夏侯珍洽合謀，送質於齊，欲來寇掠。汝南城主李素，綸故吏也，開門納焉。梁元帝密報太祖，太祖乃遣忠督眾討之。詰旦陵城，日昃而克。擒綸，數其罪而殺之。忠聞歲再舉，盡定漢東之地。）於是漢東之地，入於西魏矣。初大同元年（西元 535 年），魏梁州民皇甫圓、姜宴反正，（《周書·楊乾運傳》。）北梁州刺史蘭

欽因攻漢中,魏梁州刺史元羅降,梁遂復梁州。是歲,十月,宇文泰遣王雄出子午,(見第五章第四節。)伐上津、(在今湖北鄖西縣北,路通陝西之山陽縣。)魏興;(見第三章第六節。)達奚武出散關,伐南鄭。明年,(大寶三年(西元552年),即元帝承聖元年。西魏廢帝元年,不立年號。)春,王雄陷上津、魏興,以其地置東梁州。達奚武圍南鄭,梁梁州刺史宜豐侯循(鄱陽忠烈王恢子。《南北史》皆作修。)力屈降。八月,東梁州民叛魏,圍州城。泰復遣王雄攻之。明年,(承聖二年(西元553年),魏廢帝二年。)春,平之。遷其豪帥於雍州。(事見《周書‧泉企傳》。)於是漢中之地,亦入於西魏矣。其東方之地,則東魏於太清二年(西元548年),(東魏武定六年。)以辛術為東徐州刺史、淮南經略使。(術本為東南道行臺,與高嶽等同破侯景及淵明。)明年,(太清三年(西元549年),武定七年。)蕭正表以北徐州降魏。侯景使王顯貴守壽陽,亦降魏青、冀二州刺史明少遐,東徐州刺史湛海珍,北青州刺史王奉伯,各舉州附於魏。(《隋志》:東海郡懷仁縣,梁置南北二青州。下邳郡,梁置東徐州。案懷仁,東魏縣,在今江蘇贛榆縣西。下邳,見第三章第四節。)初北兗州刺史定襄侯祇,(南平元襄王偉子。)與湘潭侯退,及前潼州刺史郭鳳,同起兵,將赴援,至是,鳳謀以淮陰應景,(淮陰,見第四章第二節。)祇等力不能制,並奔魏。景以蕭弄璋為北兗州刺史。州民發兵拒之。景遣廂公丘子英,直將軍羊海赴援。海斬子英,率其眾降於魏。魏人遂據淮陰。鄱陽王範出東關,魏又據合肥。(事見上節。)柳仲禮使夏侯強守司州,魏又使潘樂取之。城鎮先後附魏者二十餘州。辛術遂移鎮廣陵。大寶元年(西元550年),(齊文宣帝天保元年。)齊篡東魏。明年,(大寶二年(西元551年),齊天保二年。)五月,齊合州刺史斛斯顯攻歷陽,(見第三章第九節。)陷之。江北之地盡矣。《南史‧元帝紀》云:「自侯景之難,州郡大半入魏。自巴陵以下至建康,以江為限。荊州界北盡武寧,(東晉

郡，今湖北荊門縣北。）西拒峽口。自嶺以南，復為蕭勃所據。文軌所同，千里而近。人戶著籍，不盈三萬。中興之盛，盡於是矣。」其形勢實至蹙也。

武陵王紀，以大同三年（西元 537 年）為益州刺史，至是已十六年矣。紀在蜀，南開寧州、越嶲，（寧州，見第三章第六節。越嶲，漢郡，治邛都，在今四川西昌縣東南。晉徒治會無，今四川會理縣。宋還治邛都。齊沒於獠。）西通資陵、吐谷渾；內修耕桑、鹽鐵之功；外通商賈遠方之利；故能殖其財用，器甲殷積。大寶元年（西元 550 年），六月，紀遣世子圓照領兵三萬東下，受元帝節度，元帝命且頓白帝。（見第七章第三節。）七月，元帝遣報武帝崩問。十一月，紀總戎將發，元帝又書止之曰：「蜀中斗絕，易動難安，弟可鎮之，吾自滅賊。」又別紙云：「地擬孫、劉，各安境界，情深魯、衛，書信恆通。」三年（西元 551 年），四月，紀稱帝。元帝遣萬州刺史宋籤襲圓照於白帝。（萬州，治石城，今四川達縣。）紀第二子圓正，時為西陽太守，（西陽，見第四章第三節。）召至，鎖於省內。承聖二年（西元 553 年），五月，紀東下，次西陵。（見第七章第三節。）元帝命陸法和立二城於峽口，名七勝城，鎖江以斷峽。湘州刺史王琳，本兵家，元帝居藩，琳姊妹併入後庭見幸，琳由此未弱冠得在左右。少好武，遂為將帥。琳果勁絕人，又能傾身下士。麾下萬人，多是江、淮群盜。平景之功，與杜龕俱為第一。恃寵縱暴於建業。王僧辯禁之不可，懼將為亂，啟請誅之。琳亦疑禍，令長史陸納率部曲前赴湘州，身徑上江陵。將行，謂納等曰：「吾若不返，子將安之？」咸曰：「請死相報。」泣而別。及至，帝以下吏，而以子方略為湘州刺史。時承聖元年十月也。於是陸納及其將潘烏累等反。襲陷湘州。十一月，納遣潘烏累等攻破衡州。（此衡州治衡陽，今湖南衡陽縣。）十二月，分兵襲巴陵，為湘州刺史蕭循所破。（循降魏後，宇文泰使還江陵。）營州刺史李洪鴉，（營

州，治營陽，今湖南道縣。）自零陵率眾出空靈灘，（零陵，漢郡，治零陵，在今廣西全縣北。後漢徙治泉陵，在今湖南零陵縣北。空靈灘，據〈王僧辯傳〉，〈本紀〉作空雲，在今湖南湘潭縣北。）稱助討納。朝廷未達其心，深以為慮。乃徵王僧辯兵上，就循南征。二年（西元 553 年），二月，李洪雅降賊。賊將吳藏等據車輪，（洲名，在湖南湘陰縣北。）夾岸為城，前斷水勢。士卒驍猛，皆百戰之餘。僧辯乃不戰以驕之。五月，因其無備，陷其二城。賊歸保長沙。時武陵擁眾上流，內外駭懼，元帝乃遣王琳以和解之。六月，湘州平。僧辯旋於江陵，因被詔會眾軍西討，而武陵之難已平矣。初興勢楊乾運，（興勢，晉縣，今陝西洋縣。）為方隅豪族，魏除安康郡守。（安康，見第十二章第六節。）漢中之復，乾運亦來歸。求為梁州刺史，不得，而以為潼州刺史。（此從《南史‧紀傳》。《周書‧乾運傳》云：紀稱尊號，以乾運威服巴、渝，拜梁州刺史，鎮潼州。潼州，今四川綿陽縣。）乾運兄子略，說乾運送款關中。乾運深然之。乃令略將二千人鎮劍閣。又遣其婿樂廣鎮安州。（今四川劍閣縣。）會宇文泰遣乾運孫法洛及使人牛伯友等至，略即夜送乾運，乾運乃使入關送款。氐酋楊法琛，求為黎州刺史，不得，以為沙州刺史，亦遣使通西魏。（大同元年（西元 535 年）漢中之復，法琛為北益州刺史陰平王，見《梁書‧本紀》。《通鑑》：大寶元年（西元 550 年），黎州民攻刺史張賁，賁棄城走，州民引法琛據黎州，命王、賈二姓詣紀，請法琛為刺史。紀深責之，囚其質子。使楊乾運攻之。法琛使降魏，而據劍閣以拒乾運。明年，乾運破之，焚平興。平興，法琛治所也。胡三省曰：魏以武興為東益州，梁蓋以為北益州。平興，宋縣，在今四川昭化縣西北。黎州，今四川廣元縣。沙州，胡三省曰：蓋即以平興為之。）時元帝以紀東下，請救於魏，又請伐蜀。（據《周書‧尉遲迥傳》。）宇文泰與群公會議。諸將多有異同。唯尉遲迥以為「紀既盡銳東下，蜀必空虛，王師臨之，必有征無戰。」乃令迥

督甲士一萬二千，騎萬匹伐蜀。承聖二年（西元553年），春，前軍臨劍閣。樂廣降。楊幹運又降。六月，迴至潼州，大饗將士，引之而西。紀之次西陵也，軍容甚盛。時陸納未平，蜀軍復逼，元帝甚憂。陸法和告急，旬日相繼。帝乃拔任約於獄，以為晉安王司馬，撤禁兵以配之，並遣宣猛將軍劉棻，共約西赴。六月，紀築連城，攻絕鐵鎖。元帝復於獄拔謝答仁為步兵校尉，配眾一旅上赴。紀頓兵日久，頻戰不利，師老糧盡，智力俱殫；又魏人入劍閣，成都虛弱；憂憒不知所為。先是元帝已平侯景，執所俘馘，頻遣報紀。圓照鎮巴東，留執不遣。啟紀云：「侯景未平，宜急征討。已聞荊鎮，為景所滅，疾下大軍。」紀謂為實然，故仍率眾沿江急進。於路方知侯景已平，便有悔色，召圓照責之，圓照曰：「侯景雖誅，江陵未服，宜速平蕩。」紀亦以既居尊位，宣言於眾：「敢諫者死。」蜀中將卒，日夜思歸。所署江州刺史王開業進曰：「宜還救根本，更為後圖。」（江州，治犍為，今四川彭山縣。）諸將僉以為然。圓正、劉孝勝獨言不可，（孝勝，紀長史，紀僭號，以為尚書僕射。）紀乃止。聞王琳將至，潛遣將軍侯叡，傍險出陸法和後，臨水築壘，以御琳及法和。元帝書遺紀，遣使喻意，許其還蜀，專制岷方。紀不從。既而侯叡為任約、謝答仁所破；又陸納平，諸軍並西赴；紀頻敗，知不振，遣往江陵，論和緝之計。元帝知紀必破，遂拒而不許。於是兩岸十餘城俱降。七月，陸法和揣紀師老卒惰，令將樊猛，率驍勇三千，輕舸百餘，乘流直上，出不意薄之。紀眾驚駭，不及整列，皆棄艦登岸，赴水死者以千數。獲紀及其第三子圓滿，俱殺之於峽口。法和收圓照兄弟三人。（圓照及紀第四子圓普，第五子圓肅。）《南史·圓照傳》云：次弟圓正，先見鎮在江陵，元帝使謂曰：「西軍已敗，汝父不知存亡。」意欲使其自裁，頻看知不能死，又付廷尉獄，並命絕食，於獄嚙臂啖之，十三日死。並命絕食，當兼指圓正及圓照兄弟三人言之也。紀之東下，留永豐侯撝為益州刺史，（撝，武帝弟安成康王

秀之子。）見兵不滿萬人。倉庫空竭，軍無所資。尉遲迥至，乃為城守之計。迥進軍圍之。紀至巴郡，（見第三章第六節。）聞迥來侵，遣譙淹回援，為迥分兵所破。前後戰數十合，皆不克，乃降。時八月也。案紀果有覬覦天位之心，則當臺城被圍時，宜傾蜀中之眾東下，以圖一決，其時元帝未必能阻，乃裴回不進，至景已將平，忽又稱帝，豈不進退失據？史言其東下時，黃金一斤為餅，百餅為籯，至有百籯；銀五倍之；其他錦罽繒採稱是。每戰，則懸金帛以示將士，終不賞賜。寧州刺史陳知祖請散金銀募勇士，不聽，慟哭而去。自是人有離心，莫肯為用。豈非妄庸人哉？然脣亡齒寒，蜀既亡，江陵亦益危矣。

　　時東方寇氛，亦甚熾烈。郭元建之奔齊也，陳霸先納其部曲三千人而還。王僧辯啟霸先鎮京口。承聖元年（西元 552 年），（齊天保三年。）三月，齊以其清河王嶽為南道大都督，潘樂為東南道大都督，及行臺辛術，率眾南伐。五月，術圍嚴超達於秦郡。（見上節。）霸先命徐度領兵，助其固守。齊眾七萬，填塹，起土山，穿道地，攻之甚急。霸先自率萬人解其圍。縱兵四面擊之。齊平秦王中流矢死，斬首數百級。齊人乃收兵而退。七月，廣陵僑民朱盛、張象潛結兵襲齊刺史溫仲邕，遣使來告。霸先率眾濟江以應之。會齊人來聘，求割廣陵之地，王僧辯許焉，仍報霸先，霸先乃引還。元帝承制授霸先南徐州刺史。及王僧辯徵陸納，又命霸先代鎮揚州。二年（西元 553 年），（齊天保四年。）九月，齊遣郭元建率眾二萬，大列舟艦於合肥，謀襲建業，又遣其大將邢景遠、步大汗薩、東方老等繼之。霸先馳報江陵。元帝詔王僧辯次於姑孰，即留鎮焉。十一月，僧辯遣侯瑱帥精甲三千人築壘於東關，（見第十一章第四節。）徵吳郡太守張彪，吳興太守裴之橫繼之。十二月，宿豫土民東方光（宿豫，見第七章第四節。東方光，《齊書》作東方白額。）據城歸化。江西州郡，皆起兵應之。三年（西元 554 年），（齊天保五年。）正月，霸先攻廣陵。秦州刺史

嚴超達圍涇州。（治石梁戍，在今安徽天長縣西北。）侯瑱出石梁，為其聲援。霸先遣杜僧明助東方光。三月，齊將王球攻宿豫，僧明逆擊，大破之。六月，齊遣步大汗薩救涇州。又徵其冀州刺史段韶攻宿豫。韶留兵圍守，自將步騎數千人，倍道赴涇州，破嚴超達。回赴廣陵，霸先亦引還。韶遣辯士喻東方光。光請盟。盟訖，韶執而殺之。圖江北之事，更無所成，而精兵良將，已萃於下游矣。武陵王之敗也，元帝授王琳衡州刺史，又改廣州。琳友人主書李膺，帝所任遇，琳告之曰：「琳蒙拔擢，常欲畢命以報國恩。今天下未平，遷琳嶺外，如有不虞，安得琳力？何不以琳為雍州刺史，使鎮武寧？琳自放兵作田，為國御捍也。」膺然其言，而不敢啟。王琳雖無足取，自不失為一戰將，琳去，上游彌空虛矣。

承聖三年（西元 554 年），（西魏廢帝三年。）九月，魏遣于謹、宇文護、楊忠、韋孝寬等步騎五萬入寇。其啟釁之因：《周書·于謹傳》云：帝密與齊氏通使，將謀侵軼。〈文帝紀〉則云：梁元帝遣使請據舊圖，以定疆界；又連結於齊，言辭悖慢。此皆所謂強為之辭。〈長孫儉傳〉：儉除荊州刺史，密陳攻取之謀，於是徵儉入朝，問其經略。儉對曰：「湘東即位，已涉三年，觀其形勢，不欲東下。國家既有蜀土，若更平江、漢，撫而安之，收其貢賦，以供軍國，天下不足定也。」此當是啟釁之實情。（江陵陷後，以儉元謀，賞奴婢三百口，遂令鎮江陵。）而〈于謹傳〉言嶽陽王詧「仍請王師」，或亦足以促其生心耳。十月，丙寅，虜兵至襄陽。蕭詧帥眾會之。元帝徵王僧辯及王琳，倉卒皆不得至，唯徐世譜、任約以軍次馬頭岸。（見第七章第三節。世譜，魚復人。善水戰。從陸法和討任約，隨王僧辯攻郢州，皆有功。仍隨僧辯東下，恆為軍鋒。時為衡州刺史。江陵陷後，世譜、約皆退巴陵，約後降於齊。魚復，漢縣，以魚復浦名，在今四川奉節縣東，後移治白帝。）於是樹木柵於外城，廣輪六十里。以領軍胡僧祐都督城東、城北諸軍事，左僕射王褒都督城西、城南諸軍事。虜

以十一月丙申至，悉眾圍城。戊申，胡僧祐、朱買臣等出戰，買臣敗績。辛亥，魏軍大攻。帝出枇杷門，親臨陳督戰。胡僧祐中流矢薨，軍敗。反者斬西門守卒，以納魏軍。帝見執。如蕭詧營，甚見詰辱。他日，見長孫儉，誦儉云：「埋金千斤於城內，欲以相贈，」儉乃將帝入城。（此可見魏人之貪。）帝因述詧相辱狀。謂儉曰：「向聊相誑，欲言耳，豈有天子自埋金乎？」儉乃留帝於主衣庫。十二月，辛未，魏人戕帝。（據《南史·本紀》。其下文云：梁王詧遣尚書傅準監行刑，帝謂之曰：「鄉幸為我宣行。」準捧詩流淚不能禁，進土囊而殞之。詧使以布帊纏屍，斂以蒲蓆，束以白茅，以車一乘，葬於津陽門外。蓋魏欲戕帝，而使詧行之也。詧誠可謂梟獍矣。）愍懷太子元良（帝弟四子方矩更名。）及始安王方略等皆見害。（簡文子臨川王大款、桂陽王大成亦遇害。唯汝南王大封，《南史·傳》云：魏克江陵遇害則誤。《北史·蕭大圜傳》云：元帝令大封充使，大圜副焉，其實質也。周保定二年（西元562年），大封為晉陵縣公。《南史·元帝紀》亦云：大封為俘歸長安，與傳異。大圜，亦簡文子。）于謹收府庫珍寶，及宋渾天儀，梁日晷，銅表，魏相風烏，銅蟠螭趺，大玉徑四尺、圍七尺，及諸轝輦法物以歸。虜百官及士民十餘萬人，沒為奴婢，其免者二百餘家而已。（兼據《周書·文帝紀》及〈于謹傳〉。《梁書·本紀》云：「乃選百姓男女數萬口，分為奴婢，驅入長安，小弱者皆殺之，」數字上疑奪十字。）

　元帝之亡，論者多咎其不肯遷都建業，其實亦不盡然。當時江陵、建業，皆隔江是敵，形勢之淺露正同，而江陵，元帝居之有年矣，其完富，亦非建業新遭兵燹者比，江陵不可守，豈建業獨可守乎？敬帝即位之後，齊氏大舉入犯，其兵力，曷嘗薄於西魏之師，若如元帝之所為，建業亦安有不亡者哉？（《南史·元帝紀》云：武陵之平，議者欲因其舟艦，遷都建業。宗懍、黃羅漢皆楚人，不願移。帝及胡僧祐，亦俱未欲動。僕射王

褒,左戶尚書周弘正,驟言即楚非便。宗懍及御史大夫劉懿,以為建業王氣已盡,且褚宮洲已滿百,於是乃留。及魏軍逼,朱買臣按劍進曰:「唯有斬宗懍、黃羅漢,可以謝天下。」帝曰:「曩實吾意,宗、黃何罪?」褚宮洲已滿百者?下文云:江陵先有九十九洲,古老相承,云洲滿百當出天子。桓玄之為荊州,內懷篡逆,乃遣鑿破一洲,以應百數,隨而崩散,竟無所成。宋文帝在蕃,一洲自立,俄而篡統。後遇元凶之禍,此洲還沒。太清末,枝江楊之閣浦復生一洲,群公上疏稱慶,明年而帝即位。承聖末,其洲與大岸相通,唯九十九云。此本不足信之說,不欲遷者,不過姑藉以為言,元帝亦未必真信此也。《周書・王褒傳》云:元帝以建業凋殘,方須修復,江陵殷盛,便欲安之。又其故府臣寮,皆楚人也,並願即都荊、郢。嘗召群臣議之。領軍將軍胡僧祐,吏部尚書宗懍,大府卿黃羅漢,御史中丞劉毅等曰:「建業雖是舊都,土氣已盡。且與北寇鄰接,止隔一江,若有不虞,悔無及矣。臣等又嘗聞之:荊南之地,有天子氣,今陛下龍飛纘業,其應斯乎?天時人事,徵祥如此,臣等所見,遷徙非宜。」元帝深以為然。時褒及尚書周弘正咸侍坐,乃顧謂褒等曰:「卿意以為何如?」褒性謹慎,知元帝多猜忌,弗敢公言其非,當時唯唯而已。後因清間密諫,言辭甚切。元帝頗納之。然其意好荊楚,已從僧祐等策。明日,乃於眾中謂褒曰:「卿昨日勸還建業,不為無理。」褒以宣室之言,豈宜顯之於眾,知其計之不用也,於是止不復言。謂建業凋殘,方須修復,又與寇止隔一江,皆系實情,當時梁與齊干戈日接,與西魏則固和好也。然則主不遷者,實未必專為鄉里之私。遷之利究何在,求之於史,並無切實之說。則以不遷為失計者,特事後追咎之辭,或竟出於欲遷者之附會,亦未可知也。枝江,見第七章第三節。)帝之失,首在信敵國過深。夫狡焉思啟封疆者,何國蔑有?況在巴蜀已亡,襄陽作倀,武寧而外,即為敵境之時乎?而帝信魏人之和好,將精兵良將,盡行遣往下流,剩一王琳,

又遷諸嶺外，於是江陵宿將，唯一胡僧祐，精兵蓋無一人焉，此而可恃以為安乎？（元帝敕王僧辯曰：「國家猛將，多在下流，荊、陝之眾，悉非勁勇，」此是實情。御武陵時，即須拔任約、謝答仁而用之，可見其將才之乏也。）然江陵兵力雖薄，謂當時即有必亡之勢，則又未必然，此又誤於帝之不能堅守。《周書·于謹傳》云：謹率眾出討，太祖餞於青泥谷，（見第五章第六節。）長孫儉問謹曰：「為蕭繹之計將如何？」謹曰：「耀兵漢、沔，席捲渡江，直據丹陽，（今湖北枝江縣境。）是其上策。移郭內居民，退保子城，峻其陣塈，以待援至，是其中策。若難於移動，據守羅郭，是其下策。」儉曰：「揣繹定出何策？」謹曰：「必用下策。」儉曰：「何也？」對曰：「蕭氏保據江南，綿曆數紀，屬中原多故，未遑外略；又以我有齊氏之患，必謂力不能分；且繹懦而無謀，多疑少斷，愚民難與慮始，皆戀邑居，既惡遷移，當保羅郭；所以用下策也。」夫棄城而逆走，安能必所走者之必可守？攻者不足，守者有餘，南北朝時，以重兵攻一小城而不能下者多矣。然則謹所謂上策，特史家文飾，侈其兵威之辭，所謂中策，乃上策也。《梁書·王僧辯傳》曰：世祖遣李膺徵僧辯，僧辯命侯瑱等為前軍，杜僧明等為後軍。處分既畢，乃謂膺云：「秦兵驍猛，難與爭銳，眾軍若集，吾便直指漢江，截其後路。千里饋糧，尚有飢色，況賊越數千里者乎？此孫臏克龐涓時也。」此亦良謀。魏師至凡二十八日而城敗，（《南史·本紀》。）從來下流應援，本無如是之速，即僧辯亦未料及江陵之遂破也。或咎下流應援之過遲，又非其實矣。江陵之守，若更能綿亙旬月，于謹即不為龐涓，亦必斂兵而退。謹謂梁人以我有齊患，謂力不能分，此乃當時實在情勢。觀長孫儉觀其形勢，不欲東下之語，則魏人本意，原冀元帝遷都建業，乃乘虛而取江陵，其不能用甚厚之兵力可知，一大創之，則此後不敢復至，而江陵安如泰山矣。故曰：元帝之失策，不在不遷建業，而在不能堅守江陵也。《南史·本紀》曰：魏人燒柵，朱買臣、謝答仁勸

帝乘暗潰圍，出就任約。帝素不便馳馬，曰：「事必無成，徒增辱耳。」答仁又求自將。帝以問王褒。褒曰：「答仁侯景之黨，豈是可信？成彼之勳，不如降也。」答仁又請守子城，收兵可得五千人。帝然之，即授城內大都督，以帝鼓吹給之，配以公主。既而又召王褒謀之，答仁請入不得，歐血而去。遂使皇太子、王褒出質請降。論者或又以是為帝之失計，此又不然。《周書・王褒傳》云：褒本以文雅見知，一旦總戎，深自勉厲，盡忠勤之節。被圍之後，上下猜懼，元帝唯於褒深相委信，此必非偶然。又言褒從元帝入子城，猶欲固守，然則謂元帝聽其言，致誤潰圍、守城之計，非傳者之誣，則必任約、謝答仁，有其灼然不可信者在也。元帝猜忌，自難為辯，然傳述之辭，亦多過其實。（帝多殺戮，自系實錄，然當時如此者實非帝一人，如蕭詧其忍虐，豈不更甚於帝乎？殺機既動矣，親戚相屠，既已成習矣，徒為徐偃、宋襄，豈遂有裨於大局？《南史・本紀》云：帝性好矯飾。多猜忌。於名無所假人，微有勝己者，必加毀害。帝姑義興昭長公主子王銓，兄弟八九人，有盛名，帝妒害其美，遂改寵姬王氏兄王珩名琳，以同其父名。忌劉之遴學，使人鴆之。如此者甚眾。改寵姬兄名同人父名，何以能敗其名。有學問者多矣，殺一劉之遴何益？此等皆傳者之過也。〈侯景傳〉云：王偉及呂季略、周石珍、嚴亶俱送江陵。偉尚望見全，於獄為詩贈元帝下要人，又上五百字詩於帝。帝愛其才，將舍之。朝士多忌，乃請曰：「前日偉作檄文，有異辭句。」元帝求而視之。〈檄〉云：「項羽重瞳，尚有烏江之敗；湘東一目，寧為四海所歸？」帝大怒，使以釘釘其舌於柱，剜其腸，仇家臠其肉至骨，方刑之。石珍及亶，並夷三族。其殺之之法誠酷矣，殺之之由，是否如史之所云，小難遽斷。且當時用此等酷刑者，亦非帝一人也。）觀其於任約、謝答仁，尚能釋而用之，臨難時又能擢王褒於文臣之中，則亦非全不能用人者，唯究非豁達大度之流，故其下可任之才甚少，如陳武帝，帝即用之未盡其才也。灑落君臣契，飛

騰戰伐名，杜陵所以慨想於孫吳之世歟？

江陵既亡，宇文泰命蕭詧主梁嗣，居江陵東城，資以江陵一州之地。其襄陽所統，盡入於魏。詧乃稱皇帝於其國。唯上疏則稱臣，奉正朔。仍置江陵防主，統兵居於西城，名曰助防，外示助詧備御，內實兼防詧也。江陵陷時，宿將尹德毅謂詧曰：「人主之行，與匹夫不同。魏虜貪惏，肆其殘忍，多所誅夷；俘囚士庶，並充軍實；此等戚屬，咸在江東，痛心疾首，何日能忘？悠悠之人，不可戶說，塗炭至此，咸謂殿下為之。殿下既殺人父兄，孤人子弟，人盡仇也，誰與為國？魏之精銳，盡萃於此。若殿下為設享會，固請于謹等為歡，彼無我虞，當相率而至。豫伏武士，因而斃之。分命果毅，掩其營壘，斬馘逋醜，俾無遺噍。江陵百姓，撫而安之。文武官僚，隨即銓授。魏人懾息，未敢送死。僧辯之徒，折簡可致。然後朝服濟江，入踐皇極，纘堯復禹，萬世一時。晷刻之間，大功可立。願殿下恢弘遠略，勿懷匹夫之行。」詧不從。既而闔城長幼，被虜入關，又失襄陽之地，詧乃追悔曰：「恨不用尹德毅之言。」居常怏怏，遂以憂憤，發背而死。烏乎！哀莫大於心死，梁武當攻郢不下，進退唯谷之際，尚不肯求援於異族，雖裴叔業欲入虜，亦勸止之，而詧託庇於非類，以主其祀，春秋饗祭，祝史將何辭以告？而詧亦何顏以入其父祖之廟乎？

陳武帝卻齊師

江陵既陷，建業復危，斯時之中國，幾於不國矣。梁任公曰：「曠觀中國之歷史，每至群陰交搆，蜩螗沸羹之際，則非常之才出焉，」則陳武帝其人也。

梁元帝第九子晉安王方智，為江州刺史。江陵既陷，王僧辯與陳霸先奉為梁王，太宰、承制，奉迎還建康。江陵陷之明年，（敬帝紹泰元年

（西元 555 年），齊天保六年。）二月，即位，是為敬帝。（時年十三。）
而齊即以是月，遣其上黨王渙，（神武第七子。）納貞陽侯淵明為梁主。
齊文宣與王僧辯書，屬其迎接。淵明亦頻與僧辯書。僧辯不納。三月，渙
陷譙郡。（見第十章第十節。）至東關。（見第十一章第四節。）裴之橫拒
之。營壘未周，齊軍大至，兵盡矢窮，沒於陳。案是時下流兵力，未為甚
乏，僧辯何以遣之橫孤軍迎敵，不籌應援，甚可疑也。之橫既死，僧辯遂
謀納淵明。具啟定君臣之禮。淵明覆書，許齊師不渡江。僧辯又報書，許
遣其第七子顯，顯所生劉，並弟子世珍為質。仍遣左民尚書周弘正至歷陽
奉迎，（歷陽，見第三章第九節。）因求以敬帝為太子。淵明許之。又許
眾軍不渡。僧辯遂使送質於鄴。淵明求渡衛十三千，僧辯止受散卒千人。
七月，淵明自採石濟，（採石，見第三章第九節。）入京師，即偽位。以
敬帝為皇太子。此時齊人若果有吞併江南之心，其帥必不臨江而返。齊人
當日，蓋亦如梁之納元顥，以偏師要幸而已。其兵鋒，尚不及陳慶之之銳
也。有何不可拒，而必迎立之哉？僧辯在梁世，功名不為不高，而其晚節
不終如此，小人豈知自愛哉？淵明既即偽位，大赦，唯宇文黑獺、賊詧等
不在赦例，是時之中國，則純乎一齊而已矣。

　　時陳霸先為南徐州刺史，鎮京口。九月，江、淮人報云：齊兵大舉至
壽春。王僧辯謂齊軍必出江表，遣記室參軍江旰報霸先，仍使整舟艦器
械。霸先因與薛安都謀襲之。使安都率水軍，自京口趨石頭，自率馬、
步，從江乘羅落會之。（江乘，見第三章第九節。自江乘至羅落橋，為自
京口趨建康之大路。）安都至石頭北，棄舟登岸。僧辯弗之覺也。石頭城
北接岡阜，雉堞不甚危峻，安都被甲、帶長刀，軍人捧之，投於女垣內。
眾隨而入。進逼僧辯臥室。霸先大軍亦至。僧辯正視事，與其子走出，據
南門樓，乞命拜請。霸先命縱火焚之。方共下就執。爾夜斬之。《南史·
僧辯傳》云：陳武宿有圖僧辯志，及聞命，留江旰城中，銜枚而進，知謀

者唯侯安都、周文育而已。外人但謂旰徵兵捍北。時壽春竟無齊軍,又非陳武之譎,殆天授也。然陳武亦可謂善於乘機矣。〈傳〉又云:僧辯平建業,遣陳武守京口,推以赤心,結廉、藺之分;且為第三子許娶陳武章後所生女,未婚而僧辯母亡,然情好甚密,可見陳武此舉,純出公義。抑《梁書‧僧辯傳》言:僧辯既就執,陳武謂之曰:「我有何辜,公欲與齊師致討?」此語最堪注意。陳武既不能屈膝於異族,僧辯倒行逆施,何所不至?壽春雖無齊師,安知不忽焉而有?陳武果聽其調遣而出江西,安知不為裴之橫之續邪?要之陳武之於中國,有存亡絕續之功,則不可誣矣。僧辯既伏誅,陳武乃黜淵明,復立敬帝。(封淵明為建安郡王,後復以為大傳。)《齊書‧淵明傳》云:霸先奉表朝廷,云僧辯陰謀篡逆,故誅之。方智請稱臣,永為蕃國。齊遣行臺司馬恭及梁人盟於歷陽。明年,詔徵明,霸先猶稱藩將,遣使送明,會疽發背死。明以疽發背死,不知信否,則方智請稱臣為蕃國,其說之信否,亦不可知矣。即謂為信,是時之臣齊,亦文而非實,而膺懲之師,且旋起矣。

吳興太守杜龕,崱兄岑之子,王僧辯婿也。(吳興,見第三章第九節。)僧辯以吳興為震州,以龕為刺史。霸先誅僧辯,密使兄子蒨還長城立柵以備之。(蒨,陳武帝兄始興昭烈王道談子。長城,見第三章第九節。)十月,龕與義興太守韋載同舉兵反。(據《陳書‧本紀》。〈載傳〉云:高祖誅王僧辯,乃遣周文育輕兵襲載。未至而載先覺,乃嬰城自守。案陳武生平,用降將最多,其豁達大度,實古今罕匹。載降後陳武重用之,載亦為陳武盡力。載雖久隨僧辯,似不至遣兵襲之也。義興,見第五章第六節。)時蒨收兵才數百人,戰備又少。龕遣其將杜泰領精兵五千,乘虛掩至。日夜苦攻。蒨激厲將士,身當矢石。相持數旬,泰乃退走。周文育攻韋載。載所屬縣卒,並霸先舊兵,多善用弩。載收得數十人,系以長鎖,命所親監之。約曰:「十發不兩中則死。」每發輒中,所中皆斃。文育軍稍

卻。因於城外據水立柵相持。霸先聞文育軍不利，自將征之，克其水柵，而齊寇至。

　　時徐嗣徽為秦州刺史，（秦州，即秦郡，見第三節。）其從弟嗣先，王僧辯之甥也，與嗣徽弟嗣宗、嗣產，俱逃就嗣徽。嗣徽據其城以入齊。又要南豫州刺史任約，共舉兵應杜龕、韋載。（南豫州時治宣城。）齊人資其兵食。嗣徽等以京師空虛，率精兵五千，掩至闕下。時侯安都宿衛宮省，閉門偃旗幟，示之以弱。夜令士卒，密營禦敵之具。將旦，賊騎又至。安都率甲士三百人，開東西掖門與戰，大敗之。賊乃退還石頭。霸先遣韋載族弟翽，齎書喻載以誅王僧辯之意，並奉梁敬帝敕，敕載解兵。載得書，乃以眾降。霸先厚加撫慰。即以翽監義興郡。所部將帥，並隨才任使。引載恆置左右，與之謀議。而卷甲還都。命周文育進討杜龕。十一月，己卯，齊遣兵五千，渡據姑孰。（見第四章第一節。）霸先命徐度於冶城寺立柵，南抵淮渚。（冶城，在今江蘇江寧縣西。）齊又遣其安州刺史翟子崇、楚州刺史劉仕榮、淮州刺史柳達摩（安州，治定遠，在今安徽定遠縣東。楚州，治鍾離，見第八章第四節。淮州，治淮陰，見第四章第二節。）領兵萬人，於胡墅渡。（胡墅，在今江蘇江浦縣南。）米粟三萬，馬千匹。入於石頭。（時蕭軌為大都督，至江而還。）霸先問計於韋載。載曰：「齊軍若分兵先據三吳之路，略地東境，則時事去矣。今可急於淮南即侯景故壘築城，以通東道轉輸。別令輕兵，絕其糧道，使進無所虜，退無所資，則齊將之首，旬日可致。」霸先從其計。癸未，霸先遣侯安都領水軍夜襲胡墅，燒齊船千餘艘。周鐵虎率舟師斷齊運輸。仍遣韋載於大航築城，使杜稜據守。齊人又於倉門、水南立二柵，以拒官軍。（倉門，石頭倉城門。水南，秦淮河之南。）甲辰，嗣徽等攻冶城柵。霸先領鐵騎精甲，出自西明門襲擊之。賊眾大潰。嗣徽留柳達摩等守城，自率親屬、腹心往採石迎齊援。十二月，癸丑，霸先遣侯安都領舟師襲嗣徽家口於秦

州,俘獲數百人。官軍連艦塞淮口,斷賊水路。丙辰,霸先盡命眾軍,分部甲卒,對冶城立航渡兵,攻其水南二柵。柳達摩等渡淮置陳。霸先督兵疾戰。縱火燒柵,煙塵漲天。賊潰。爭舟相排擠,死者以千數。時百姓夾淮觀戰,呼聲震天地。軍士乘勝,無不一當百。盡收其船艦。賊軍懾氣。是日,嗣徽、約等領齊水步萬餘人還據石頭。霸先遣兵往江寧,(見第九章第一節。)據要險以斷賊路。賊水步不敢進,頓江寧浦口。霸先遣侯安都領水軍襲破之。嗣徽等乘單舸脫走。盡收其軍資器械。丁巳,拔石頭南岸柵,移渡北岸,起柵以絕其汲路。又堙塞東門故城中諸井。齊所據城中無水,水一合貿米一升,米一升貿絹一匹。己未,官軍四面攻城。自辰迄酉,得其東北小城。及夜,兵不解。庚申,柳達摩使侯子欽、劉仕榮等詣霸先請和。霸先許之。乃於城門外刑牲盟約。其將士部曲,一無所問,恣其南北。辛酉,霸先出石頭南門,陳兵數萬,送齊人歸北者。

　　是月,杜龕以城降。明年,(敬帝太平元年(西元 556 年),齊天保七年。)正月,癸未,誅龕於吳興。(據《陳書·本紀》。《梁書·龕傳》云:龕聞齊兵還,乃降。案齊兵之還在辛酉,而《陳書·本紀》紀龕之誅在癸未,相距二十一日,明是龕降後得朝命乃誅之。乃《南史·龕傳》云:龕好飲酒,終日恆醉。勇而無略。部將杜泰,私通於文帝,說龕降,龕然之。其妻王氏曰:「霸先仇隙如此,何可求和?」因出私財賞募,復大敗文帝軍。後杜泰降文帝,龕尚醉不覺,文帝遣人負出項王寺前斬之。其言野矣。《梁書·龕傳》云:龕遣軍副杜泰攻陳蒨於長城,反為蒨所敗,與《陳書·文帝紀》合。又云:霸先遣將周文育討龕,龕令從弟北叟出距,又為文育所破,走義興,亦與《陳書·武帝紀》合。乃《南史·龕傳》謂其頻敗陳文帝軍,又謂其妻出私財賞募,又大敗文帝軍,是又不根之辭也。《梁書》云:龕以霸先既非貴素,兵又猥雜,在軍府日,都不以霸先經心;及為本郡,每以法繩其宗門,無所縱舍;霸先銜之切齒。《南史》略同。

然則陳武帝之誅龕，乃所以報私怨者邪？抑龕豈能用法之人乎？是皆所謂自比於逆亂，設淫辭而助之攻者也。）初僧辯之誅，弟僧智舉兵據吳郡。霸先遣黃他攻之，不能克。又使裴忌討之。忌勒部下精兵，輕行倍道，自錢唐直趨吳郡。夜至城下，鼓譟薄之。僧智疑大軍至，輕舟弃杜龕。後奔齊。僧愔，亦僧辯弟，亦奔齊。（《梁書·侯瑱傳》：瑱為江州刺史，王僧辯使僧愔率兵與瑱共討蕭勃。及高祖誅僧辯，僧愔陰欲圖瑱而奪其軍。瑱知之，盡收僧愔徒黨。僧愔奔齊。《南史·瑱傳》同。其〈僧辯傳〉則云：僧愔為譙州刺史，徵蕭勃。及聞兄死，引軍還。吳州刺史羊亮，隸僧愔下，與僧愔不平，密召侯瑱，見禽。僧愔以名義責瑱。瑱乃委罪於將羊鯤，殺之。僧愔復得奔齊。未知孰是。譙州，即譙郡，見上。吳州，治鄱陽，見第四章第三節。）初張彪攻侯子鑒，不克，仍走向剡。（漢縣，今浙江嵊縣。）及侯景平，王僧辯遇之甚厚。引為爪牙，與杜龕相似，世謂之張、杜。淵明篡立，以為東揚州刺史。（東揚州，見第二節。）是時亦起兵圍臨海，太守王懷振遣使求救。（臨海，見第四章第三節。此從《陳書·世祖紀》。《南史·彪傳》云：剡令王懷之不從，彪自征之。）陳蒨與周文育輕兵往會稽掩彪。彪將沈泰等與長史謝岐迎蒨。彪因其未定，逾城入。蒨走出。文育時頓城北香巖寺，蒨夜往赴之。因共立柵。彪來攻，不能克。還入若邪山。（見第三節。）蒨遣章昭達以千兵往，重購之。若邪村民斬彪，傳其首。於是僧辯餘孽，在肘腋間者略盡矣，而齊師又至。

太平元年（西元556年），二月，陳霸先遣侯安都、周鐵虎率舸艦備江州，仍頓梁山起柵。（梁山，見第九章第一節。）是月，齊人來聘。使侍中王廓報聘。三月，戊戌，齊遣水軍儀同蕭軌、庫狄伏連、堯難宗、東方老，侍中裴英起，東廣州刺史獨孤闢惡，洛州刺史李希光，並任約、徐嗣徽等，（據《陳書·本紀》。《南史》徐嗣徽下又有王僧愔。《梁書·敬帝紀》則但書齊大將蕭軌。《北齊書·高乾傳》云：命儀同蕭軌，率李希光、

東方老、裴英起、王敬寶。又云：五將名位相侔。英起以侍中為軍師。蕭
軌與希光，並為都督。軍中抗禮，不相服御。競說謀略，動必乖張。故
致敗亡。東廣州，見第一節。洛州，見第十一章第四節。）率眾十萬出柵
口。（見第二節。）向梁山。帳內蕩主黃叢逆擊敗之，燒其前軍船艦。齊
頓軍保蕪湖。（見第三章第九節。）霸先遣沈泰、裴忌就侯安都，其據梁
山以御之。四月，丁巳，霸先詣梁山軍巡撫。五月，甲申，齊兵發自蕪
湖。丙申，至秣陵故治。（今江寧縣南之秣陵關。）霸先遣周文育頓方山，
（在江寧東南。）徐度頓馬牧，（胡三省曰：牧馬之地。）杜稜頓大航南。
己亥，霸先率宗室、王侯，及朝臣、將帥，於大司馬門外白虎闕下刑牲告
天，以齊人背約。發言慷慨，涕泗交流，同盟皆莫能仰視。士卒觀者益
奮。辛丑，齊軍於秣陵故縣跨淮立橋柵，引渡兵馬。其夜，至方山。侯安
都、周文育、徐度等各引還京師。癸卯，齊兵自方山進及兒塘。（在方山
西北。）遊騎至臺。周文育、侯安都頓白土岡。（在方山北。）旗鼓相望，
都邑震駭。霸先潛撤精卒三千配沈泰，渡江襲齊行臺趙彥深於瓜步，（見
第八章第七節。）獲舟艦百餘艘，陳粟萬斛。即日，天子總羽林禁兵頓於
長樂寺。六月，甲辰，齊兵潛至鐘山龍尾。（鐘山，見第四章第三節。龍
尾，在鐘山東北。）丁未，進至幕府山。（在今首都北，長江南岸。）霸先
遣錢明領水軍出江乘，（見第三章第九節。）要擊齊人糧運，獲其船米。
齊軍大餒，殺馬驢而食之。庚戌，齊軍逾鐘山。霸先眾軍分頓樂遊苑東
及覆舟山北，斷其衝要。（覆舟山，見第七章第三節。樂遊苑，在覆舟山
南。）壬子，齊軍至玄武湖西北，幕府山南，將據北郊壇。（玄武湖，見
第九章第八節。）眾軍自覆舟東移，頓郊壇北，與齊人相對。其夜，大雷
震電，暴風拔木，平地水深丈餘。齊軍晝夜坐立泥中，懸鬲以爨。而臺中
及潮溝北，水退路燥，官軍每得番休。（引玄武湖水，南徑臺城，入秦淮
支流，曰潮溝。）是時食盡，調市人饋軍，皆是麥屑為飯，以荷葉裹而分

給，間以麥，兵士皆困。會陳蒨遣送米三千石，鴨千頭。霸先即炊米煮飯，誓申一戰。士及防身，計糧數臠，人人裹飯，混以鴨肉。(據《南史‧本紀》。《陳書‧孔奐傳》云：齊軍至後湖，都邑騷擾；又四方壅隔，糧運不繼，三軍取給，唯在京師；乃除奐建康令。時累歲兵荒，戶口流散，勍敵忽至，徵求無所，高祖剋日決戰，乃令奐多營麥飯，以荷葉裹之。一宿之間，得數萬裹。軍人旦食訖，棄其餘，因而決戰，遂大破賊。案時建康荒殘已甚，雖戰於我境，敵軍反飽，我眾反飢，齊師初至時，韋載重護東路，陳武運籌，每重斷敵糧道以此。此亦可見梁元不欲遷都為有由也。)甲寅，少霽，霸先命眾軍秣馬蓐食，通明攻之。乙卯，自率帳內麾下出幕府山南，吳明徹‧沈泰等眾軍，首尾齊舉，縱兵大戰。侯安都自白下引兵橫出其後。(白下，見第九章第三節。)齊師大潰。斬獲數千人。相蹂藉而死者，不可勝計。生執徐嗣徽及其弟嗣宗，斬之以徇。追奔至於臨沂。(晉縣，在今首都東北。)江乘、攝山、鐘山諸軍，相次克捷。(攝山，今江寧棲霞山。)虜蕭軌、東方老、裴英起等將帥凡四十六人。(據《陳書‧本紀》。《南史》此處多一土僧智。其〈僧辯傳〉云：僧辯既亡，僧智得就任約，約敗走，僧智肥不能行，又遇害。)其軍士得竄至江者，縛荻筏以濟，中江而溺，流屍至京口，翳水彌岸。(《北齊書‧高乾傳》云：是役將帥俱死；士卒得還者十二三；所沒器械軍資，不可勝紀。《南史》云：唯任約、王僧愔得免。〈僧辯傳〉同。)先是童謠云：「虜萬夫，入五湖，城南酒家使虜奴。」自晉、宋以後，經在魏境，江、淮以北，南人皆謂為虜。是時以賞俘貿酒者，一人裁得一醉。亦可見其荒殘之甚已。處如此困境，而能克敵衛國，陳武帝誠可謂天錫智勇，觀於此，而知人定勝天，而笑王僧辯等之徒自怯也。(裴之橫一戰而敗，遽迎淵明，僧辯何至怯弱如此？故其先已通敵與否，終有可疑，唯無明確證據耳。)丁巳，眾軍出南州，燒賊船艦。己未，斬劉歸義、徐嗣產、傅野豬於建康市。(《南史‧

049

王僧辯傳》：徐嗣徽與任約、王曄、席皋渡江。及戰敗，嗣徽墮馬，嗣宗援兄見害，嗣產為陳武軍所擒死，任約、王曄得北歸。）是日，解嚴。庚申，蕭軌、東方老、王敬寶、李希光、裴英起皆伏誅。初齊師之去石頭，求霸先子姪為質。霸先遣弟子曇朗往。（霸先母弟南康忠壯王休先之子。）《陳書·曇朗傳》云：時四方州郡，並多未賓；京都虛弱，糧運不繼；在朝文武，咸願與齊和親。高祖難之，而重違眾議。乃言於朝曰：「今在位諸賢，且欲息肩偃武，若違眾議，必謂孤惜子姪。今決遣曇朗，棄之寇庭。且齊人無信，窺窬不已，謂我浸弱，必當背盟。齊寇若來，諸君須為孤力鬥也。」高祖慮曇朗憚行，或奔竄東道，乃自率步騎往京口迎之，以曇朗還京師。仍使為質於齊。齊果背約，復遣蕭軌等隨嗣徽渡江。高祖與戰，大破之，虜蕭軌、東方老等。齊人請割地，併入馬牛以贖之。高祖不許。及軌等誅，齊人亦害曇朗於晉陽。案蕭軌等以乙卯見獲，庚申伏誅，相距僅五日，齊朝且不及聞敗報，安能遣使？割地求贖之請，其出於軍中敗將可知。二月使節猶通，三月大軍遽至，齊朝信誓如此，況於敗將？匹夫不可狃，況國乎？無怪陳武之不許也。陳武明知曇朗之不返，而決遣之，此時又不以私愛害公義，其公忠體國為何如？以視梁武帝惜一淵明，遽欲與北言和者，其度量之相越，豈可以道里計哉？明年，二月，遣徐度入東關。度至合肥燒齊船三千艘。是月，南豫州刺史沈泰奔齊，齊亦不能更為之援矣。

　　太平二年（西元 557 年），（即陳武帝永定元年。）十月，陳霸先受梁禪，是為陳高祖武皇帝。從來人君得國，無如陳武帝之正者。記曰：「禮，時為大。堯授舜，舜授禹；湯放桀武王伐紂；時也。」人君之責，在於內安外攘而已。當強敵侵陵，干戈遍地之際，豈可以十餘齡之稚子主之哉？陳武帝與宋武帝，並有外攘之功，陳武之所成就，似不如宋武之大，然此乃時勢為之，論其功績，則陳武實在宋武之上。且宋武自私之意多，陳武

則公忠體國。宋武乃一武夫，陳武則能幸莊嚴寺講經，可見其於學問非無所知；而又非如梁武帝之僅長於學問，而不宜於政事。宋武於並時儕輩，無不誅夷，陳武則多能收用降將，其度量之寬廣，蓋又有大過人者。陳武誠文武兼資，不世出之偉人哉！敬帝遜位後，旋死。《南史・劉師知傳》云：陳武帝入輔，以師知為中書舍人，掌詔誥。梁敬帝在內殿，師知常侍左右。及將加害，師知詐令帝出。帝覺，繞床走曰：「師知賣我，陳霸先反。我本不須作天子，何意見殺？」師知執帝衣，行事者加刃焉。既而報陳武帝曰：「事已了。」武帝曰：「卿乃忠於我，後莫復爾。」一武夫豈不足了敬帝，而待師知執衣；觀乃忠於我，後莫復爾之言，又似武帝初不之知者；有是理乎？師知後為宣帝所誅，此言蓋宣帝之黨造作以誣之也。敬帝之見殺，自不能謂非陳武之意，然此乃革易之際，事勢不得不然。蕭莊尚有居為奇貨者，況敬帝乎？是時情勢，兀臬已甚，使有藉其名而起者，又必九州雲擾，且至牽引外寇矣。周餘黎民，靡有孑遺，黃臺之瓜，豈堪三摘？又安能顧一人而詒憂大局乎？

陳平內亂（上）

國門之外，強敵雖除，然梁室遺孽，尚思蠢動；又是處武夫專橫，土豪割據，陳氏開創之艱難，實十倍於宋、齊、梁三朝而未有已也。

陳武帝之迎蕭勃為廣州刺史也，梁元帝力不能制，遂從之。江表定，以王琳代為廣州。琳至小桂嶺，（當在曲江縣北。）遣其將孫瑒監州。勃率部下至始興，（見第三章第九節。）以避琳兵鋒。（《陳書・歐陽傳》。）孫瑒聞江陵陷，棄州還。勃復據廣州。太平二年（西元 557 年），二月，勃舉兵自廣州度嶺，頓南康。（見第七章第五節。）初梁元帝承制，以始興為東衡州，以歐陽為刺史。勃至始興，別據一城，不往謁，閉門高壘，

亦不拒戰。勃怒，遣兵襲，盡收其貨財馬仗。尋赦之，還復其所，復與結盟。荊州陷，委質於勃。及是，勃以為前軍都督，頓豫章之苦竹灘。（在今江西豐城縣西北。）使傅泰據壋口城。（在今江西南昌縣西南。）新吳洞主餘孝頃，（據《陳書・周文育傳》。〈紀〉作南江州刺史，蓋即新吳置南江州耳。新吳，漢縣，在今江西奉新縣西。）舉兵應勃。遣其弟孝勱守郡城，自出豫章，據於石頭。（豫章，見第三章第九節。《水經注》：贛水經豫章郡北，水之西岸有石盤，謂之石頭。）勃使其子孜將兵與孝頃會。使周文育討之。於豫章立柵。官軍食盡，並欲退還。文育不許。周迪者，臨川南城人也。（臨川，見第七章第一節。南城，漢縣，今江西南城縣。）少居山谷，有膂力，能挽強弩，以弋獵為事。侯景之亂，迪宗人周續，起兵於臨川，梁始興王蕭毅，以郡讓續，迪召募鄉人從之。續所部渠帥，皆郡中豪族，稍驕橫，續頗禁之，渠帥等並怨望，乃相率殺續，推迪為主。迪乃據有臨川之地，築城於工塘。（在今江西臨川縣東南。）太平元年（西元 556 年），除臨川內史。文育討勃，迪按甲保境，以觀成敗。文育使長史陸山才說迪。迪乃大領薪水餉，以資文育。文育燒所立柵偽退。孝頃望之，大喜，因不裝置。文育由間道兼行，信宿達芊韶。（在今江西新建縣南。）芊韶上流則歐陽、蕭勃，下流則傅泰、餘孝頃，文育據其中間，築城饗士。賊徒大駭。歐陽乃退入泥溪，（在今江西新淦縣南。）作城自守。文育遣周鐵虎與陸山才襲擒之。三月，前軍丁法洪生俘傅泰。蕭孜、餘孝頃退走。蕭勃在南康，聞之，眾皆股慄，莫能自固。其將譚世遠斬勃欲降。四月，勃故主帥蘭敳襲殺世遠，敳仍為夏侯明徹所殺。（《梁本紀》云：亡命夏侯明徹，《陳書・周文育傳》云：明徹世遠軍主。）明徹持勃首以降。蕭孜、餘孝頃猶據石頭。高祖遣侯安都助文育攻之。孝頃棄軍走。孜請降。豫章平。五月，孝頃亦遣使詣丞相府乞降。文育送歐陽於高祖，高祖釋之。蕭勃死後，嶺南擾亂，乃授衡州刺史。未至嶺南，子紇，已克

定始興。及至，嶺南皆懾伏。乃進廣州，盡有越地。改授廣州刺史。

蕭勃乃一妄人，附從之者，亦皆土豪之流，出其境則無能為，未足憚也，而王琳則異是。西魏之寇江陵也，梁元帝請援於齊。齊使其清河王嶽為西南道大行臺，統潘樂等救江陵。明年，（敬帝紹泰元年（西元555年），齊天保六年。）正月，次義陽，荊州已陷。因略地，南至郢州，獲刺史陸法和。齊朝知江陵陷，詔嶽旋師。嶽留慕容儼據郢。梁使侯瑱都督眾軍攻之。儼食盡請和。瑱還鎮豫章。（據《陳書·瑱傳》。此實錄也。《北齊書·儼傳》，侈陳瑱攻擊之烈，儼守禦之堅，無一語在情理之中，真可發一大噱。儼，廆後。《梁書·侯瑱傳》作恃德，乃其字也。）及敬帝立，齊文宣以城在江表，據守非便，詔還之。於是上流之齊師亦退矣，而王琳竊發。初梁元帝徵琳赴援，除琳湘州刺史。琳師入長沙，知魏已陷江陵，立蕭詧，乃為元帝舉哀，遣別將侯平率舟師攻梁。琳屯兵長沙，傳檄諸方，為進趨之計。時長沙蕃王蕭韶（見第二節。）及上游諸將，推琳主盟。侯平雖不能渡江，頻破梁軍；又以琳兵威不接；翻更不受指麾。琳遣將討之，不克。又師老兵疲，不能進。乃遣使奉表詣齊，並獻馴象。又使獻款於魏，（《周書·權景宣傳》：梁將王琳在湘州，景宣遣之書，諭以禍福，琳遂遣長史席墅，因景宣請舉州款附。）求其妻子。亦稱臣於梁。陳武帝立敬帝，以侍中、司空徵之，琳不從命。乃大營樓艦。太平二年（西元557年），八月，遣周文育、侯安都率眾討之。時兩將俱行，不相統攝，因部下交爭，稍不平。十月，戰於沌口，（見第三章第九節。）敗績。安都、文育，並為琳所擒。（後自琳所逃歸。）琳乃移湘州軍府就郢城。又遣樊猛襲據江州。梁元帝孫永嘉王莊，（方等子。）江陵陷時，年七歲，逃匿民家。後琳迎還湘中，衛送東下。及敬帝立，出質於齊。琳乃請納莊為梁主。齊文宣遣兵援送。仍冊拜琳為梁丞相、都督中外諸軍、錄尚書事。琳乃遣兄子叔寶，率所部十州刺史赴鄴，奉莊纂梁祚於郢州。（據《北齊書·

琳傳》。〈文宣紀〉：天保九年（西元 558 年），十一月，王琳遣使請立蕭莊為梁主，仍以江州內屬，令莊居之。《通鑑考異》云：琳時在溢城，蓋始居江州，後遷郢州耳。）時永定二年（西元 558 年）（齊天保九年。）三月也。先是侯瑱據中流，兵甚強盛；又以本事王僧辯；雖外示臣節，未有入朝意。餘孝頃初為豫章太守，及瑱鎮豫章，乃於新吳縣別立城柵，與瑱相拒。瑱留軍人妻子於豫章，令從弟知後事，悉眾以攻孝頃。自夏及冬，弗能克。乃長圍守之。盡收其禾稼。與其部下侯平不協，平率所部攻，虜掠瑱軍府妓妾、金玉，歸於高祖。瑱既失根本，兵眾皆潰，輕歸豫章，豫章人拒之，乃趨溢城，投其將焦僧度。僧度勸瑱投齊。瑱以高祖有大量，必能容己，乃詣闕請罪。高祖復其爵位。（太平元年七月。）及是，詔瑱與徐度率舟師為前軍以討琳。七月，又遣吏部尚書謝哲諭琳。詔臨川王蒨西討，以舟師五萬發京師。謝哲反命，琳請還鎮湘川，詔追眾軍，緩其伐。蓋時內憂外患孔多，故高祖不欲竟其誅也。扶風郿人魯悉達，侯景之亂，糾合鄉人保新蔡，（新蔡，秦縣，晉置郡，今河南新蔡縣。梁僑置，在今安徽霍丘縣東。）力田蓄穀。時兵荒饑饉，京都及上川，餓死者十八九，有存者，皆攜老幼以歸之，悉達分給糧廩，所濟活者甚眾。仍於新蔡置頓以居之。招集晉熙等五郡，盡有其地。（晉熙，見第二節。）使其弟廣達，領兵隨王僧辯討侯景。景平，梁元帝授悉達北江州刺史。（梁北江州，在今湖北黃岡縣。）撫綏五郡，甚得民和。士卒皆樂為之用。王琳授悉達鎮北將軍，高祖亦授以江州刺史，（陳北江州，治南陵，見第九章第四節。）各送鼓吹女樂。悉達兩受之，遷延顧望，皆不就。高祖使沈泰潛師襲之，不能克。琳欲圖東下，以悉達制其中流，恐為己患，頻遣使招誘。悉達終不從。琳不得下，乃連結於齊，共為表裡。齊遣其清河王嶽助之。相持歲餘，悉達裨將梅天養懼罪，引齊軍入城。悉達勒麾下數千人，濟江而歸高祖。永定三年（西元 559 年），六月，遣臨川王蒨往皖口（皖水入江之口，

在今安徽懷寧縣西。）置城柵，使錢道戢守焉。是月，高祖崩。帝第六子昌，帝為長城侯時，嘗立為世子。（帝一至五子皆無考。）逮平侯景，鎮京口，梁元帝徵帝子姪入侍，與兄子頊俱西。（頊，始興昭烈王第二子。）荊州陷，又與頊俱遷關右。武帝即位，頻遣使請諸周，周人許之，而未即遣，及武帝崩，乃遣之，而王琳梗於中流，未得還。皇后章氏，與中書舍人蔡景歷等定議迎立蒨，是為世祖文皇帝。（詳見第八節。）時王琳輔蕭莊，次於濡須口。（即柵口，見第二節。）齊遣揚州道行臺慕容儼率眾臨江，為其聲援。十一月，琳寇大雷，（見第四章第三節。）遣侯瑱、侯安都、徐度御之。（瑱為都督。）又遣吳明徹襲溢城，為琳將任忠所敗。瑱與琳相持百餘日，未決。天嘉元年（西元 559 年），（周武成二年，齊天保十年。）二月，東關春水稍長舟艦得通。琳引合肥、巢湖之眾，舳艫相次而下，其勢甚盛。瑱率軍進虎檻洲。（見第九章第四節。）戰，琳軍稍退，卻保西岸。是時西魏遣大將史寧躡其上流，瑱聞之，知琳不能持久，收甲卻據湖浦，（《北齊書·琳傳》云：引軍入蕪湖。）以待其敝。及史寧至，圍郢州，琳恐眾潰，乃率船艦來下，去蕪湖十里而泊。明日，齊人遣兵數萬助琳。琳引眾向梁山，欲越大軍，以屯險要。（梁山，見第九章第一節。）齊行臺劉伯球，率兵萬餘人助琳水戰；慕容儼子子會，領鐵騎二千，在蕪湖西岸博望山南，為其聲勢。瑱令軍中晨炊蓐食，頓蕪湖洲尾以待之。將戰，有微風至自東南，眾軍施拍縱火。章昭達乘平虜大艦，中江而進，發拍中於賊艦。其餘冒突、青龍，各相當直。又以牛皮冒蒙衝小船，以觸賊艦，並鎔鐵灑之。琳軍大敗。其步兵在西岸者，自相蹂踐。馬騎並淖於蘆荻中，棄馬脫走以免者十二三。盡獲其舟艦、器械。並擒劉伯球、慕容子會。自餘俘馘以萬計。琳與其黨潘純陁等乘單舴艋冒陳走。（《北齊書·琳傳》云：時西南風忽至，琳謂得天道，將直取揚州。侯瑱等徐出蕪湖躡其後。比及兵交，西南風翻為瑱用。琳兵放火燧以擲船者，皆

反燒其船。琳船艦潰亂，兵士投水死者十二三，其餘皆棄船上岸，為陳軍所殺殆盡。）至湓城，猶欲收合離散，眾無附者，乃與妻妾、左右十餘人入齊。初琳命左長史袁泌，御史中丞劉仲威同典兵侍衛蕭莊。及兵敗，泌降。仲威以莊投歷陽。琳尋與莊同降鄴都。先是蕭詧遣其大將王操，略取琳之長沙、武陵、南平等郡。（永定二年（西元 558 年）。）琳亦遣其將雷文柔襲陷監利。（永定三年（西元 559 年）。武陵，漢郡，治義陵，在今湖南漵浦縣南。後漢移治臨沅，在今湖南常德縣西。南平，吳南郡，晉改曰南平。南齊治屏陵，在今湖北公安縣南。陳後移治作唐，在今湖南安鄉縣北。監利，吳縣，後梁是時為郡，今湖北監利縣。）及琳與陳相持，稱蕃乞師於詧，詧許之，師未出而琳敗。從來論琳者，或以為忠於梁室而恕之，且有稱之者。曾亦思淵明之入，中國既不國矣！拯中國於被髮左衽者誰乎？即以忠於一姓論：陳武自立之後，琳亦立蕭莊，猶可說也，當其立敬帝時，何名拒之？蕭詧者，親結虜以剚刃於琳之君之腹者也，琳顧稱臣焉；且以妻子之故而獻款於虜焉；忠臣顧如是乎？國士顧如是乎？陽託效忠一姓之名，陰行割據自私之實，唯利是視，琳之謂矣，又何取焉？

王琳之入寇也，以孫瑒為郢州刺史，總留府之任。史寧奄至，助防張世貴舉外城以應之。瑒兵不滿千人，乘城拒守，周人苦攻不能克。及聞大軍敗王琳，乘勝而進，周兵乃解。瑒於是盡有中流之地，遣使奉表詣闕。先是齊軍守魯山，（見第七章第三節。）至是，亦棄城走。詔南豫州刺史程靈洗守之。分荊、郢置武州，治武陵，以吳明徹為刺史，而以瑒為湘州刺史。瑒懷不自安，固請入朝。不忠於一姓，而忠於民族、國家；且舉可以自擅之地而奉諸朝廷；可謂君子矣。時三月也。

江陵陷後，巴、湘之地，並屬於周，周遣梁人守之。至是，陳人圍逼湘州，遏絕糧援。（《周書‧賀若敦傳》云：陳將侯瑱、侯安都等圍逼湘州，遏絕糧援，考諸《陳書‧紀傳》，實敦等先犯巴、湘，乃遣侯瑱等出討，其初圍逼湘州之師，非瑱等自行也。）周使賀若敦率步騎六千，渡江

赴救。八月，敦率馬、步一萬，奄至武陵。吳明徹不能拒，引軍還巴陵。九月，周將獨孤盛領水軍，將趣巴、湘，與敦水陸俱進。侯瑱自尋陽往御。遣徐度率眾會瑱於巴丘。（在今湖南嶽陽縣西南。）十月，瑱襲破獨孤盛於楊葉洲，（在湘江口。）盡獲其船艦。盛收兵登岸，築城以保之。十二月，周巴陵城主尉遲憲降，遣巴州刺史侯安都守之。（巴州，治巴陵。）獨孤盛收餘眾遁。明年，（天嘉二年（西元 561 年），周保定元年。）正月，周湘州城主殷亮降，湘州平。二月，以侯瑱為湘州刺史。三月，瑱薨，以徐度為之。四月，分荊州置南荊州，鎮河東，（晉僑郡，今湖北松滋縣。）以吳明徹為刺史。七月，賀若敦自拔遁歸，人畜死者十七八。（據《陳・本紀》。此實錄也。《周書・敦傳》，侈陳敦守禦之功，與《北齊書慕容儼傳》，同一可笑。其尤甚者，乃云：相持歲餘，瑱等不能制，求借船送敦度江。敦慮其或詐，拒而弗許。瑱復遣使謂敦曰：「驃騎在此既久，今欲給船相送，何為不去？」敦報云：「湘州是我國家之地，為爾侵逼，敦來之日，欲相平殄，既未得一決，所以不去。」瑱後日復遣使來，敦謂使者云：「必須我還，可舍我百里，當為汝去。」瑱等留船於江，將兵去津路百里。敦覘知非詐，徐理舟楫，勒眾而還。夫瑱死在三月，而敦之遁在七月，乃絮絮述其使命往復如此，敦豈共鬼語邪？）武陵、天門、（見第三章第九節。）南平、義陽、（東晉分南平郡置，在今湖南安鄉縣西南。）河東、宜都郡悉平。（宜都，見第三章第六節。）陳始獲以江為界矣，然東南之地，仍多未定。

陳平內亂（中）

　　王琳之叛，不徒招引齊寇，擾亂緣江也，於今閩、浙之地，牽引亦廣。時周迪欲自據南川，（胡三省曰：自南康至豫章之地，謂之南川。）

乃總召所部八郡守宰結盟，聲言入赴。朝廷恐其為變，因厚撫慰之。琳至湓城，餘孝頃舉兵應琳，琳以為南川諸郡，可傳檄而定，乃遣其將李孝欽、樊猛等南徵糧餉。猛等與餘孝頃合，眾且二萬，來趨工塘，連八城以逼迪。臨川周敷，為郡豪族。性豪俠，輕財重士，鄉黨少年任氣者咸歸之。周迪之代周續也，以素無簿閥，恐失眾心，倚敷族望，深求交結。敷未能自固，事迪甚恭。迪大馮杖之。漸有兵眾。迪據臨川之工塘，敷鎮臨川故郡。黃法者，巴山新建人。（巴山，梁郡，在今江西崇仁縣西南。新建，吳縣，亦在崇仁西南境。）侯景之亂，於鄉里合徒眾。太守賀詡下江州，法監知郡事。高祖將逾嶺入援，李遷仕作梗中途，侯景又遣於慶至豫章，法助周文育破之。梁元帝以為新淦縣令。（新淦，漢縣，在今江西清江縣北。）敬帝太平元年（西元 557 年），割江州四郡置高州，以法為刺史，鎮於巴山。蕭勃遣歐陽攻法，法與戰，破之。及是，率兵援迪。迪使周敷頓臨川故郡，截斷江口。出戰，屠八城，生擒李孝欽、樊猛、餘孝頃，送於京師。收其軍實器械山積，並虜其人馬，迪並自納之。時永定二年七月也。孝頃子公揚，弟孝勱，猶據舊柵，搧動南土。十月，高祖復遣周文育及迪、法討之。熊曇朗者，豫章南昌人。（南昌，漢縣，在今江西南昌縣東。）世為郡著姓。侯景之亂，稍聚少年，據豐城縣為柵，（吳富城縣，晉改曰豐城，在今江西豐城縣西南。）桀黠劫盜多附之。梁元帝以為巴山太守。荊州陷，曇朗兵力稍強，劫掠鄰縣，縛賣居民，山谷之中，最為巨患。侯瑱據豫章，曇朗外示服從，陰欲圖瑱。侯平之反瑱，曇朗為之謀主。瑱敗，曇朗獲瑱馬仗、子女甚多。及蕭勃逾嶺，歐陽為前軍，曇朗紿共往巴山襲黃法。又報法，期共破。約曰：「事捷，與我馬仗。」及出軍，與犄角而進，又紿曰：「餘孝頃欲相掩襲，須分留奇兵，甲仗既少，恐不能濟。」乃送甲三百領助之。及至城下，將戰，曇朗偽北，法乘之，失援，狼狽退歸，曇朗取其馬仗。時巴山陳定，亦擁兵立寨，曇朗偽以女

妻定子。又謂定曰：「周迪、餘孝頃，並不願此婚，必須以強兵來迎。」定乃遣精甲三百，並土豪二十人往迎。既至，曇朗執之，收其馬仗，並論價折贖。蓋土豪中最反覆桀黠者也。太平元年（西元 485 年），以桂州刺史資領豐城縣令。及是，亦率軍來會。眾且萬人。文育遣吳明徹為水軍，配周迪運糧。自率眾軍入象牙江，城於金口。（在今江西新建縣西南。金口，金溪口，奉新縣小溪。）公颺領五百人偽降，謀執文育。事覺，文育囚之，送於京師。以其部曲分隸眾軍。乃舍舟為步軍，進據三陂。（在金口西南。）王琳遣將曹慶，率兵二千人，以救孝勱。慶分遣主帥常眾愛與文育相拒，自率所領徑攻周迪、吳明徹軍。迪等敗績。文育退據金口。曇朗因其失利，害之。時永定二年（西元 559 年），五月也。

時令侯安都繼攻孝勱及曹慶、常眾愛等。安都自宮亭湖出松門，躡眾愛後。（宮亭湖，鄱陽湖罌子山以南。松門，山名，在新建縣北。）文育見害，安都回取大艦，值琳將周炅、周協南歸，與戰，破之。生擒炅、協。孝勱弟孝猷，率部下四千家，欲就王琳，遇炅、協敗，乃詣安都降。安都進軍禽奇洲，破曹慶、常眾愛等。焚其船艦。（〈本紀〉：侯安都敗眾愛等於左里，禽奇洲當距左里不遠。左里，見第七章第五節。）眾愛奔廬山，為村人所殺。餘眾悉平。熊曇朗既殺周文育，據豫章。將兵萬餘人襲周敷，徑至城下。敷與戰，大敗之。曇朗盡執文育所部諸將，據新淦縣，帶江為城。王琳東下，世祖征南川兵，周迪、黃法欲沿流應赴，曇朗乃據城列艦斷遏。迪等與法，因率南川兵築城圍之，絕其與琳信使。及王琳敗走，曇朗黨援離心，迪等攻陷其城，虜其男女萬餘口。曇朗走入村中，村民斬之，傳首京師。於是盡收其黨族，無少長皆棄市，時天嘉元年三月也。

留異，東陽長山人。（長山，後漢縣，今浙江金華縣。）世為郡著姓。異為鄉里雄豪，多聚惡少，陵侮貧賤，守宰皆患之。梁代為蟹浦戍主，

（蟹浦，見第十章第五節。）歷晉安、安固二縣令。（吳東安縣，晉改曰晉安，今福建南安縣。漢安陽縣，晉改曰安固，今浙江瑞安縣。）侯景之亂，還鄉里召募士卒。東陽郡丞與異有隙，異引兵誅之，及其妻子。太守沈巡援臺，讓郡於異。異使兄子超監知郡事，率兵隨巡出都。及京城陷，異隨臨城公蕭大連。大連板為司馬，委以軍事。景將宋子仙濟浙江，異奔還鄉里。尋以其眾降於子仙。大連趣東陽之信安嶺，（後漢新安縣，晉改曰信安，今浙江衢縣境。）欲之鄱陽，（見第四章第三節。）異乃為子仙鄉道，令執大連。侯景署異為東陽太守，收其妻子為質。劉神茂拒景，異外同神茂，而密契於景。及神茂敗績，為景所誅，異獨獲免。侯景平後，王僧辯使異慰勞東陽。仍糾合鄉閭，保據巖阻。其徒甚盛，州郡憚焉。元帝以為信安令。荊州陷，王僧辯以異為東陽太守。世祖平定會稽，異雖轉輸糧餽，而擁擅一郡，威福在己。太平元年（西元557年），除縉州刺史，領東陽太守。又以世祖長女豐安公主配異第三子貞臣。永定二年（西元558年），徵異為南徐州刺史。異遷延不就。世祖即位，改授縉州刺史，領東陽太守。異頻遣其長史王渧為使入朝，渧每言朝廷虛弱，異信之，雖外示臣節，恆懷兩端，與王琳潛通訊使。琳又遣使往東陽署守宰。及琳敗，世祖遣沈恪代異為郡，實以兵襲之。異出下淮抗禦。（當在今蘭溪縣。）恪與戰，敗績，退還錢唐。異乃表啟遜謝。是時眾軍方事湘、郢，乃降詔書慰喻，且羈縻之。異知朝廷終討於己，乃使兵戍下淮及建德，以備江路。（建德，見第三節。）湘州平，世祖乃下詔命侯安都討之。（天嘉二年十二月。）異本謂官軍自錢唐江而上，安都乃由會稽、諸暨步道襲之。（諸暨，見第十章第四節。）異聞兵至，大恐，棄郡奔桃支嶺，（在今浙江縉雲縣境。）立柵自固。明年，春，（〈紀〉在三月。）安都大破其柵。異與第二子忠臣奔陳寶應。異黨向文政，據有新安，（見第四章第三節。）程靈洗子文季為新安太守，隨安都討異，降之。（文政，新安人，見〈陸繕傳〉。）

熊曇朗之亡，周迪盡有其眾。王琳敗後，世祖徵迪出鎮湓城，又徵其子入朝。迪趑趄顧望，並不至。豫章太守周敷，本屬於迪，至是，與黃法率其所屬詣闕，世祖錄其破曇朗之功，並加官賞。迪聞之，甚不平，乃陰與留異相結。及王師討異，迪疑懼不自安，乃使其弟方興襲周敷。敷與戰，破之。又別使兵襲華皎於湓城。（皎時為尋陽太守，監江州事。）事覺，盡為皎所擒。天嘉三年（西元 562 年），三月，以吳明徹為江州刺史，都督眾軍，與黃法、周敷討之。明徹至臨川，攻迪，不能克，乃遣安成王頊總督討之。（此據〈迪傳〉。〈本紀〉：九月，迪請降，詔安成王頊督眾軍以招納之。）迪眾潰，妻子悉擒，脫身踰嶺依陳寶應。（〈紀〉：四年（西元 563 年），正月，臨川平。）東昌縣人修行師應迪，（東昌，吳縣，在今江西泰和縣西。）攻廬陵太守陸子隆。（廬陵，見第三章第九節。）子隆擊敗之。行師乞降。送於京師。以黃法為江州刺史，周敷為臨川太守。六年（西元 565 年），徵法為中衛將軍。

陳寶應，晉安侯官人也。（晉安，晉郡，在今福建閩侯縣東北。侯官，漢治縣，後漢改曰侯官，亦在今閩侯縣境。）世為閩中四姓。父羽，有材幹，為郡雄豪。梁代晉安數反，累殺郡將，羽初並扇惑，合成其事，後復為官軍鄉道破之，由是一郡兵權，皆自己出。侯景之亂，晉安太守賓紀侯蕭雲以郡讓羽。羽年老，但治郡事，令寶應典兵。是時東境饑饉，會稽尤甚，死者十七八，平民男女，並皆自賣，而晉安獨豐沃。寶應自海道寇臨安、永嘉及會稽、餘姚、諸暨；（後漢臨水縣，晉改曰臨安，在今浙江杭縣北。永嘉，見第七章第二節。）又數載米粟，與之貿易，多致玉帛子女；其有能致舟乘者，亦並奔歸之；由是大致資產，士眾強盛。侯景平，元帝因以羽為晉安太守。高祖輔政，羽請歸老，求傳郡於寶應。高祖許之。時東西嶺道，寇賊擁隔，寶應自會稽趨於海道貢獻。高祖受禪，授閩州刺史，領會稽太守。世祖嗣位，命宗正錄其本系，編為宗室。並遣使

條其子女，無大小，並加封爵。其寵可謂盛矣。而寶應取留異女為妻，侯安都之討異也，寶應遣助之。又以兵資周迪。留異又遣第二子忠臣隨之。天嘉四年（西元 563 年），秋，迪復越東興嶺。東興、南城、永城縣民，皆迪故人，復共應之。（東興，吳縣，在今江西黎川縣東北。永城，吳縣，在今黎川縣北。）世祖遣章昭達征迪。迪又散於山谷。（〈紀〉在十一月。）詔昭達由建安南道度嶺，（建安，見第八章第一節。）又命益州刺史領信義太守餘孝頃都督會稽、東陽、臨海、永嘉諸軍，自東道會之。（〈紀〉在十二月。時益州地已入周，陳蓋命孝頃遙領。信義，梁縣，在今江蘇崑山縣東，時蓋以為郡。）昭達逾東興嶺，頓於建安。寶應據建安之湖際，（此據〈寶應傳〉。〈昭達傳〉云：據建安、晉安二郡之界。）水陸為柵。昭達與戰，不利。因據其上流，命兵士伐木帶枝葉為筏，施拍於其上。綴以大索，相次列營，夾於兩岸。寶應數挑戰，昭達按甲不動。俄而暴雨，江水大長，昭達放筏衝突寶應水柵，水柵盡破。又出兵攻其步軍。方大合戰，餘孝頃出自海道適至，因併力乘之。寶應大潰。奔山草間，窘而就執。並其子弟二十人及留異送都，斬於建康市。異子姪及同黨無少長皆伏誅，唯貞臣以尚主獲免。（〈紀〉天嘉五年十一月。）

侯景之亂，百姓皆棄本業，群聚為盜，唯周迪所部，獨不侵擾。並分給田疇，督其工作。民下肄業，各有贏儲。政教嚴明，征斂必至。餘部乏絕者，皆仰以取給。迪性質樸，不事威儀。輕財好施。凡所周贍，豪釐必均。訥於語言，而襟懷信實。臨川人皆德之，並共藏匿，雖加誅戮，無肯言者。章昭達度嶺，與陳寶應相抗，迪復收合出東興。時宣城太守錢肅鎮東興，以城降迪。以吳州刺史陳詳為都督，討迪。（吳州，治鄱陽。）至南城，與賊相遇，戰敗，死之。迪眾復振。時周敷又從軍，至定川縣，（未詳。）與迪相對，迪給敷共盟，敷許之，為迪所害。世祖遣都督程靈洗擊破之。迪又與十餘人竄於山谷。日月轉久，相隨者亦稍苦之。復遣人潛

出臨川郡市魚鮭。足痛，舍於邑子。邑子告臨川太守駱牙。（《南史》作駱文牙。）牙執之，令取迪自效。因使心腹勇士，隨入山中。誘迪出獵，伏兵於道旁斬之。傳首京師。（〈紀〉在天嘉六年七月。）

淳于量當梁元帝時，出為桂州刺史。（桂州，今廣西桂林縣。）荊州陷，量保據桂州。王琳擁割湘、郢，累遣召量，量外雖與琳往來，而別遣使從間道歸於高祖。琳平後，頻請入朝。天嘉五年（西元564年），徵為中撫大將軍。量所部將士，多戀本土，並欲逃入山谷。世祖使湘州刺史華皎征衡州界黃洞，且以兵迎量。天康元年（西元566年），至都。至此，武人及豪右之割據者略盡矣，而以宣帝之篡，復召湘、廣之變。

陳平內亂（下）

繼嗣之爭，乃南北朝之世召禍之最烈者也，而陳氏亦以此致變。陳文帝之立，實已非正，然時武帝之子未歸，君位不可久曠；且文帝究有功於天下，為眾所服；故未全大變，至宣帝則異是矣。

文帝之被徵也，侯安都隨之還朝。〈安都傳〉云：時世祖謙讓弗敢當；太后又以衡陽王故，未肯下令；群臣猶豫不能決。安都曰：「今四方未定，何暇及遠？臨川王有功天下，須共立之。今日之事，後應者斬。」便按劍上殿，白太后出璽，又手解世祖髮，推就喪次。其情形，實與迫脅無異。昌之還也，居於安陸。（見第三章第九節。）明年，王琳平，二月，乃由魯山濟江。（魯山，見第七章第三節。）百僚表以為湘州牧，封衡陽王。詔可。三月，入境。詔令主書舍人，緣道迎接。濟江，中流船壞，以溺薨。〈安都傳〉云：昌之將入也，致書於世祖，辭甚不遜。世祖不懌，乃召安都從容言曰：「太子將至，須別求一蕃，吾將老焉。」安都對曰：「自古豈有被代天子？臣愚不敢奉詔。」因自請迎昌。昌濟漢而薨。武帝有再造華夏

之功，安都事帝亦久，而以逢迎時主之故，絕其胤嗣，亦酷矣。〈蔡景歷
傳〉云：高祖崩時，外有強寇，世祖鎮於南皖，朝無重臣，宣后呼景歷及
江大權、杜稜定議，（〈稜傳〉云：侯瑱、侯安都、徐度等並在軍中，朝廷
宿將，唯稜在都，獨典禁兵。）乃祕不發喪，疾召世祖。景歷躬共宦者及
內人，密營斂服。時既暑熱，須治梓宮，恐斤斧之聲，或聞於外，仍以蠟
為祕器。文書詔誥，依舊宣行。荀朗者，潁川潁陰人。（潁陰，漢縣，今
河南許昌縣。）侯景之亂，招率徒旅，據巢湖間，無所屬。臺城陷後，簡
文帝密詔授朗豫州刺史，令與外蕃討景。景使宋子仙、任約等頻往征之。
朗據山立寨自守，子仙不能克。時京師大饑，百姓皆於江外就食。朗更招
致部曲，解衣推食，以相振贍。眾至數萬人。侯景敗於巴陵，朗出自濡
須，（見第六節。）截景，破其後軍。王僧辯東討，朗遣其將范寶勝及弟
曉領兵二千助之。承聖二年（西元 553 年），率部曲萬餘家濟江，入宣城郡
界立頓。齊寇據石頭城，朗自宣城來赴，與侯安都等大破齊軍。時亦隨世
祖拒王琳於南皖。宣太后與景歷祕不發喪，曉在都微知之，乃謀率其家兵
襲臺。事覺，景歷殺曉，仍系其兄弟。世祖即位，並釋之。因厚撫慰朗，
令與侯安都等共拒王琳。荀曉是時，權位尚微，衡陽未歸，襲臺縱克，將
何所奉？觀世祖既還，太后猶以衡陽故不肯下詔，則曉之謀襲臺，究系自
有異志？抑承太后之旨而為之？亦殊難言之矣。朗亦魯悉達之倫，當時緣
江尚未平定，其未致召變者亦幸也。景歷之有功於世祖，蓋不讓安都，然
以其為文人，故不為世祖所忌，而安都卒不終。〈安都傳〉云：自王琳平
後，安都勳庸轉大，又自以功安社稷，漸用驕矜。數招聚文武之士，或射
御馳騁，或命以詩賦，第其高下，以差次賞賜之。齋內動至千人。部下將
帥，多不遵法度。檢問收攝，則奔歸安都。世祖性嚴察，深銜之。安都弗
之改，日益驕橫。每有表啟，封訖，有事未盡，乃開封自書之，雲又啟某
事。及侍燕酒酣，或箕踞傾倚。嘗陪樂遊禊飲，乃白帝曰：「何如作臨川

王時？」帝不應。安都再三言之。帝曰：「此雖天命，抑亦明公之力。」燕訖，又啟便借供帳水飾，將載妻妾，於御堂歡會。世祖雖許其請，甚不懌。明日，安都坐於御坐，賓客居群臣位，稱觴上壽。初重靈殿災，安都率將士帶甲入殿，帝甚惡之，自是陰為之備。又周迪之反，朝望當使安都討之，帝乃使吳明徹討迪。又頻遣臺使，案問安都部下，檢括亡叛。安都內不自安。天嘉三年（西元 562 年），冬，遣其別駕周弘實，自託於舍人蔡景歷，並問省中事。景歷錄其狀具奏之，希旨稱安都謀反。世祖慮其不受制，明年，春，乃除安都江州刺史。自京口還都，部伍入於石頭。世祖引安都燕於嘉德殿。又集其部下將帥，會於尚書朝堂。於坐收安都，因於嘉德西省。又收其將帥，盡奪馬仗而釋之。因出景歷表以示於朝。明日，於西省賜死。安都固非純臣，然史所載之罪狀，其辭多誣，則至易見矣。文帝之誅安都，可謂謀之至深，稍或不慎，其召變亦易耳。

文帝長子曰伯宗，立為太子。帝弟安成王頊，與衡陽獻王同遷關右，事已見前。永定元年（西元 557 年），遙襲封始興郡王。世祖嗣位，以本宗乏饗，徙封安成郡王，而自封其第二子伯茂為始興王，以奉昭烈王祀，滎陽毛喜，與頊俱往江陵，俱遷關右。世祖即位，喜自周還，進和好之策。朝廷乃遣周弘正等通聘。（事在天嘉元年（西元 560 年），周明帝武成二年。）周命杜杲來使。世祖遣使報聘，並賂以黔中數州之地，仍請畫界分疆。周使杲再來。陳以魯山歸周。周拜頊柱國大將軍，使杲送之還國。喜於郢州奉迎。頊之入關，妻柳氏，子叔寶、叔陵並留於穰。（魏荊州治，見第十一章第四節。）又遣喜入關，以家屬為請。仍迎之還。時天嘉三年（西元 562 年）也。頊既還，授侍中、中書監。尋授揚州刺史。天康元年（西元 566 年），授尚書令。是歲，四月，文帝崩。太子立，是為廢帝。頊與僕射到仲舉，中書舍人劉師知、陰不佞等並受遺詔輔政。師知與仲舉，恆居禁中，參決眾事。頊為揚州刺史，與左右三百人入居尚書省。師知、

仲興、不佞與尚書右丞王暹謀，矯敕頊還東府。眾人猶豫，未敢先發。不佞素以名節自立，又受委東宮，（世祖以為東宮通事舍人。）乃馳詣相府，面宣敕令。毛喜時為頊驃騎府諮議參軍，領中記室，止之曰：「今若出外，便受制於人，譬如曹爽，願作富家翁，不可得也。」頊使與吳明徹籌焉。（明徹時為丹陽尹。）明徹曰：「殿下親實周、召，德冠伊、霍，社稷至重，願留中深計，慎勿致疑。」頊乃稱疾。召師知，留之與語，使喜先入，言之於後。（世祖沈皇后。）後曰：「此非我意。」喜又言於廢帝。帝曰：「此自師知等所為。」喜出報頊，頊因囚師知，自入見後及帝，草敕請畫，以師知付廷尉。其夜，於獄中賜死。暹、不佞並付治。頊素重不佞，特赦之，免其官而已。乃以仲舉為貞毅將軍、金紫光祿大夫。仲舉子郁，尚文帝女信義長公主。宮至中書侍郎。出為宣城太守，文帝配以士馬。是年，遷為南康內史。以國哀未之任。仲舉既廢，居私宅，與郁皆不自安。右衛將軍韓子高，少為文帝親侍。及長，稍習騎射，頗有膽決，願為將帥。帝配以士卒。子高亦輕財禮士，歸之者甚眾。將士依附之者，子高盡力論進，文帝皆任使焉。郁每乘小輿，蒙婦人衣，與子高謀。前上虞令陸昉及子高軍主告言其事。頊收子高、仲舉及郁，並付廷尉，於獄賜死。〈子高傳〉言其求出為衡、廣諸鎮。〈毛喜傳〉云：子高始與仲舉通謀，其事未發，喜請高宗曰：「宜簡選人馬，配與子高；並賜鐵炭，使修器甲。」高宗驚。喜曰：「子高甚輕狷，脫其稽誅，或恣王度，宜推心安誘，使不自疑，圖之一壯士力耳。」高宗深然之，卒行其計。蓋時四方平定未久，故深慮外州之有變也。然外變卒不可免。光大元年（西元 567 年），三月，〈紀〉書南豫州刺史餘孝頃謀反伏誅。其後高祖章後廢帝之詔曰：「韓子高小豎輕佻，推心委杖，陰謀禍亂，決起蕭牆。元相雖持，但除君側。又以餘孝頃密邇京師，便相徵召。殄殛之咎，凶徒自擒。宗社之靈，襖氛自滅。」則孝頃之變，實繼子高而作，〈子高傳〉謂其死在光大元年八月者誤也。

（〈華皎傳〉云：子高誅後，皎不自安，乃有反謀，〈紀〉亦書其反於光大元年五月，疑子高之死，實在天康元年八月，〈紀〉誤後一年。）子高謀之於內而敗，孝頃謀之於近畿而亦敗而上流之變作矣。

　　華皎，晉陵暨陽人。（暨陽，見第八章第七節。）世為小吏。皎，梁代為尚書比部令史。侯景之亂，事景黨王偉。高祖南下，文帝為景所囚，皎遇之甚厚。景平，文帝為吳興太守，以皎為都錄事，軍府穀帛，多以委之。及平杜龕，仍配以人馬甲仗，猶為都錄事。稍擢為暨陽、山陰令。（山陰，見第二章第二節。）王琳東下，皎隨侯瑱拒之。琳平，鎮湓城，知江州事。時南州守宰，多鄉里酋豪，不遵朝憲，文帝令皎以法馭之。王琳奔散，將卒多附於皎。後隨吳明徹征周迪，授湘州刺史。皎起自下吏，善營產業。湘川地多所出，所得併入朝廷。又征伐川洞，多致銅鼓，並送於京師。韓子高誅後，皎內不自安，密啟求廣州，以觀時主意。瑱偽許之，而詔書未出。皎亦遣使句引周兵，又崇奉蕭巋為主。士馬甚盛。詔乃以吳明徹為湘州刺史，實欲以輕兵襲之。時光大元年五月也。是時慮皎先發，乃前遣明徹率眾三萬，乘金翅直趨郢州。又遣淳于量帥眾五萬，乘大艦以繼之。又令徐度與楊文通，別從安城步道出茶陵，（漢安成縣，晉改曰安復，今江西安福縣西。茶陵，漢縣，今湖南茶陵縣東。）巴山太守黃法𣰰，別從宜陽出醴陵，（漢宜春縣，晉避太后諱，改曰宜陽，今江西宜春縣。醴陵，漢侯國，後漢為縣，今湖南醴陵縣。）與郢州程靈洗，參謀討賊。先是蕭詧以天嘉三年（西元 562 年）死，（偽諡宣皇帝，廟號中宗。）子巋嗣。（偽諡孝明皇帝，廟號世宗。）及是，皎與巴州刺史戴僧朔，（巴州，見第六節。）並附於巋。皎遣子玄響為質，仍請兵伐陳。巋上其狀於周。周武帝命其弟衛公直督荊州總管權景宣、大將軍元定等赴之，因而南伐。巋亦遣其柱國王操，率水軍二萬，會皎於巳陵。直屯魯山，定攻圍郢州。皎於巴州之白螺，列舟艦與王師相持。（白螺，見第九章第九節。）

未決，聞徐度趨湘州，乃率兵自巴、郢因便風下戰。淳于量、吳明徹等大
敗之。權景宣統水軍，與皎俱下，一時奔北，船艦器仗，略無孑遺。皎與
戴僧朔單舸走。至巴陵，不敢登岸，徑奔江陵。時九月也。元定等無復船
渡，步趨巴陵。巴陵城邑為官軍所據，乃向湘州。至水口，不得濟，食且
盡，詣軍請降。俘獲萬餘人，馬四千餘匹，送於京師。程靈洗出軍躡定，
因進攻周沔州，克之，擒其刺史裴寬。（周沔州，在今湖北漢川縣東南。）
陸子隆督武州諸軍事，（武州，見第六節。）皎以子隆居其心腹，頻遣使
招誘，子隆不從，皎因遣兵攻之，不能克。及皎敗，子隆出兵以襲其後，
因與王師相會。尋遷荊州刺史。是時荊州新置，治於公安，（蜀漢縣，在
今湖北公安縣東北。）城池未固，子隆修建城郭，綏集夷夏，甚得民和
焉。宇文直既敗，歸罪於蕭巋柱國殷亮，巋不敢違命，遂誅之。吳明徹乘
勝攻克巋之河東郡。（見第六節。）明年，（光大二年（西元 568 年），周天
和三年。）明徹進攻江陵，引江水灌城。巋出頓紀南，以避其銳。（紀南，
見第七章第三節。）周江陵副總管高琳，與巋尚書僕射王操拒守。巋馬軍
主馬武、吉徹等擊明徹，明徹退保公安，巋乃還江陵。宣后廢廢帝詔曰：
「密詔華皎，稱兵上流，國祚憂惶，幾移醜類。乃至要招遠近，協力巴、
湘；支黨縱橫，寇擾黔、歙。（見第九章第六節，第十三章第三節。）又
別敕歐陽紇等，攻逼衡州，嶺表紛紜，殊淹弦望。」當時牽動之廣，聲勢
之盛可知，此舉敗而頊之篡勢成矣。

　　宣后廢廢帝詔又曰：「張安國蕞爾凶狡，窮為小盜，仍遣使人蔣裕，
鉤出上京，即置行臺，分選凶黨。賊皎妻呂，春徒為戮，納自奚官，藏諸
永巷，使其結引親舊，規圖戕禍。蕩主侯法喜等，太傅麾下，恆遊府朝，
啖以深利，謀興肘腋。適又蕩主孫泰等，潛相連結，大有交通，兵力殊
強，指期挺亂。皇家有慶，曆數遐長，天誘其衷，同然開發。」〈世祖沈
皇后傳〉云：后憂悶，計無所出，乃密賂宦者蔣裕，令誘建安人張安國，

（建安，見第八章第一節。）使據郡反，冀因此以圖高宗。安國事覺，並為高宗所誅。時后左右近侍，頗知其事，后恐連逮黨與，並殺之。案建安距京邑大遠，勢不相及，故《通鑑》疑其事而不取，（見《考異》。）竊疑當時欲使安國據以建義者，實非建安郡，〈后傳〉之文，非史氏言之不審，則傳寫或有佚奪也。（使據郡反一語，使據之下，容有奪文。）此次外鉤盜黨，內結武夫，實為廢帝親黨最後之一舉，其計亦敗，事乃無可為矣。光大二年（西元 568 年），十一月，以太皇太后令，廢帝為臨海郡王。（太建二年（西元 570 年），四月薨，時年十九。）頊立，是為高宗孝宣皇帝。劉師知等之矯詔出高宗也，始興王伯茂勸成之。師知等誅後，高宗恐伯茂搧動朝廷，令入居禁中，專與廢帝游處。蔣裕與韓子高等謀反，伯茂並陰頇其事。（案既入居禁中，復何能為？此語亦必誣也。）既廢帝為臨海王，其日，又下令降伯茂為溫麻侯。時六門之外有別館，以為諸王冠婚之所，名曰婚第，至是，命伯茂出居之，於路遇盜，殞於軍中。世祖第三子鄱陽王伯山，本為南徐州刺史，高宗不欲令處邊，光大元年（西元 567 年），徙為東揚州。廢帝後父王固，為侍中、金紫光祿大夫，奶媼往來禁中，頗宣密旨。事洩。比將伏誅，高宗以固本無兵權，且居處清潔，止免所居官，禁錮。〈廢帝紀〉曰：帝仁弱，無人君之器，世祖憂慮不堪繼業，既居塚嫡，廢立事重，是以依違積載。及疾將大漸，召高宗謂曰：「吾欲遵泰伯之事。」高宗初未達旨，後寤，乃拜伏涕泣固辭。其後宣太后依詔廢帝焉。〈孔奐傳〉：奐為五兵尚書，世祖不豫，臺閣眾事，並令到仲舉共奐決之。及世祖疾篤，奐與高宗及仲舉，並吏部舍人袁樞，中書舍人劉師知等，入侍醫藥。世祖嘗謂奐等曰：「今三方鼎峙，生民未乂，四海事重，宜須長君。朕欲近則晉成，遠隆殷法，卿等須遵此意。」奐流涕歔欷而對曰：「皇太子春秋鼎盛，聖德日躋，安成王介弟之尊，足為周旦，若有廢立之心，臣等愚誠，不敢聞詔。」世祖曰：「古之遺直，復見於卿。」天康

元年（西元 566 年），乃用奐為太子詹事。此等則皆高宗之黨所造作之言語也。

　　歐陽之至廣州也，王琳據有中流，自海道及東嶺，奉使不絕。時弟盛為交州刺史，次弟邃為衡州刺史，合門顯貴，名振南土。又南致銅鼓、生口，獻奉珍異，前後委積，頗有助於軍國焉。天嘉四年（西元 563 年），薨，子紇嗣。太建元年（西元 569 年），徵紇為左衛將軍。其部下多勸之反。遂舉兵攻衡州，（始興之衡州。）刺史錢道戢告變。遣章昭達討紇。（〈紀〉在十月。）昭達倍道兼行，達於始興。紇出頓洭口。（洭水、湞水合口，在今廣東英德縣西南。）多聚沙石，盛以竹籠，置於水柵之外，用遏舟艦。昭達敗之，禽紇，送於京師。（〈紀〉太建二年二月。）以沈恪為廣州刺史。四年（西元 572 年），徵還。蕭引者，思話曾孫，侯景之亂，與弟彤及宗親百餘人奔嶺表。時歐陽頠為衡州刺史，引往依焉。章昭達平番禺，始北還。太建十二年（西元 580 年），時廣州刺史馬靖，甚得嶺表人心，而兵甲精練，每年深入俚洞，又數有戰功，朝野頗生異議。高宗以引悉嶺外物情，且遣引觀靖，審其舉措，諷令送質。既至番禺，靖即悟旨，盡遣兒、弟下都為質。然至後主至德二年（西元 584 年），卒以臨池縣侯方慶為廣州刺史，（方慶，南康愍王曇朗之子。）襲靖誅之。章昭達子大寶，為豐州刺史，（胡三省曰：陳豐州治閩縣。案閩，隋縣，今福建閩侯縣。）在州貪縱。三年（西元 585 年），後主以大僕卿李暈代之。大寶襲殺暈；舉兵反。（〈紀〉在三月，〈傳〉云四月。）遣將楊通寇建安。建安內史吳慧覺據郡城距之。通累攻不克。官軍稍近，人情離異，大寶計窮，乃與通俱逃。臺軍主陳景祥追禽之。於路死。傳首，夷三族。

周齊興亡

齊簒東魏

北齊基業，雖創自神武，而其能整頓內治，則頗由於文襄。文襄者，神武長子，名澄，（文宣簒魏後，追諡為文襄皇帝，廟號世宗。）武明皇后婁氏所生也。(后為神武微時妃。《齊書》本傳云：少明悟。強族多聘之，並不肯行。及見神武於城上執役，驚曰：「此真吾夫也。」乃使婢通意。又數致私財，使以聘己。父母不得已而訂焉。蓋實姦通，非聘娶也。〈傳〉又云：神武既有澄清之志，傾產以結英豪，密謀祕策，后恆參與，此乃妄說。〈傳〉又云：神武逼於茹茹，欲取其女而未決，后曰：「國家大計，願不疑也。」及茹茹公主至，后避正室處之。《北史·彭城太妃尒朱氏傳》云：榮之女，魏孝莊后也。神武納為別室，敬重逾於婁妃。〈馮翊太妃鄭氏傳〉云：名大車。初為魏廣平王妃，遷鄴後，神武納之。寵冠後庭。神武之徵劉蠡升，文襄蒸於大車。神武還，一婢告之，二婢為證。神武杖文襄一百而幽之。武明后亦見隔絕。時彭城尒朱太妃有寵，生王子浟，神武將有廢立意。文襄求救於司馬子如。子如來朝，偽為不知者，請武明后。神武告其故。子如曰：「消難亦奸子如妾，如此事正可覆蓋。妃是王結髮婦，常以父母家財奉王；王在懷朔被杖，背無完皮，妃晝夜供給看創；后避葛賊，同走並州，貧困，然馬矢，自作靴；恩義何可忘？夫婦相宜；女配至尊，男承大業；又婁領軍勳；何宜搖動？一女子如草芥，況婢言不必信？」神武因使子如鞫之。子如見文襄，尤之曰：「男兒何意畏威自誣？」因告二婢反辭，脅告者自縊。乃啟神武曰：「果虛言。」神武大悅，召后及文襄。武明后遙見神武，一步一叩頭，文襄且拜且進，父子夫妻，相泣，

乃如初。觀此數事,神武於父子夫妻之際薄矣。北夷本不嚴嫡庶之別,所重特在貴族,婁后之家世,自遠不逮尒朱氏等,然神武不替文襄者?創業之際,長子未可輕動;抑文襄頗有吏才,政事實賴之;又婁后女配至尊,其弟昭,即子如所謂婁領軍者,亦有勳績;此正如漢高不替呂后、惠帝,為有種種牽制故也。〈后傳〉又云:文宣將受魏禪,后固執不許,帝所以中止,此又妄說。文宣欲受禪,豈其謀及於后?且后亦曷嘗能終止文宣之篡乎?其後孝昭、武成之篡,后若成之,則其地位使然,且亦二王勢力已成,非真后之能有所作為也。讀史者或以后為能通知政事,能豫政,其說實誤,故一辯之。北夷入中國,多以不知政理敗,如尒朱榮即是,齊神武雖有才,政事尚不能不藉文襄為助,況於婁后邪?)早豫軍國籌策。天平三年(西元 536 年),(梁武帝大同二年。)入輔朝政。(時年十六。)元象元年(西元 538 年),(梁大同四年。)攝吏部尚書。《北齊書‧本紀》云:魏自崔亮以後,選人常以年勞為制,文襄乃釐改前式,銓擢唯在得人。又沙汰尚書郎,妙選人地以充之。至於才名之士,咸被薦擢。假有本居顯位者,皆致之門下,以為賓客。蓋頗能於武人、勳貴之外,有所任用矣。〈紀〉又云:興和二年(西元 540 年),(梁大同六年。)加大將軍,領中書監,仍攝吏部尚書。自正光以後,天下多事,在任群官,廉潔者寡。文襄乃奏吏部郎崔暹為御史中尉,糾劾權豪,無所縱舍。於是風俗更始,私枉路絕。案〈孫騰傳〉云:騰早依附高祖,契闊艱危,勤力恭謹,深見信待。及高祖置之魏朝,寄以心腹,遂志氣驕盈,與奪由己。求納財賄,不知紀極。生官死贈,非貨不行。府藏銀器,盜為家物。親狎小人,專為聚斂。在鄴,與高嶽、高隆之、司馬子如號為四貴。非法專恣,騰為甚焉。(騰、隆之、子如皆為尚書令、僕,嶽為京畿大都督。)〈論〉曰:「高祖以晉陽戎馬之地,霸圖攸屬,治兵訓旅,遙制朝權,京臺機務,委寄深遠。孫騰等俱不能清貞守道,以治亂為懷。厚斂貨財,填彼谿壑。賴世宗入

輔，責以驕縱，厚遇崔暹，奮其霜簡。不然，則君子屬厭，豈易間焉？」〈循吏傳〉曰：「高祖以戰功諸將，出牧外藩。不識治體，無聞政術。非唯暗於前言往行，乃至始學依判、付曹。聚斂無厭，淫虐不已。雖或直繩，終無悛革。此朝廷之大失。」可見當時內外皆殘民以逞之徒矣。〈高隆之傳〉云：入為尚書右僕射。時初給民田，貴勢皆占良美，貧弱咸受瘠薄。隆之啟高祖，悉更反易，乃得均平。魏自孝昌已後，天下多難，刺史、太守，皆為當部都督。雖無兵事，皆立佐僚，所在頗為煩擾。隆之表請：自非實在邊要，見有兵馬者，悉皆斷之。自軍國多事，冒名竊官者，不可勝數。隆之奏請檢括，獲五萬餘人。而群小喧囂，隆之懼而止。夫隆之等雖貪暴，然遇有益於公，無損於私者，則小未嘗無整頓之心，此實自古暴君汙吏皆然。委寄深遠，宜若可行其志，然猶以群情弗順，有所懼憚而止，可見整頓之不易矣。文襄作輔，於崔暹之外，又任宋遊道、盧斐、畢義雲等，加以直繩。（三人皆見《北齊書·酷吏傳》。遊道初為殿中侍御史，以風節著。孝莊即位，除左兵郎中，與尚書令臨淮王彧相失，上書告之，解職。後除司州中從事。神武自大原來朝，見之曰：「此人宋遊道邪？常聞其名，今日始識其面。」遷遊道別駕。後日，神武之司州饗朝士，舉觴屬遊道曰：「飲高歡手中酒者大丈夫，卿之為人，合飲此酒。」及還晉陽，百官辭於紫陌，神武執遊道手曰：「甚知朝貴中有憎忌卿者，但用心；莫懷畏慮，當使卿位與之相似。」於是啟以遊道為中尉。文襄執請，乃以崔暹為御史中尉，以遊道為尚書左丞。文襄謂暹、遊道曰：「卿一人處南臺，一人處北省，當使天下肅然。」遊道入省，劾太師咸陽王坦，太保孫騰，司徒高隆之，司空侯景，錄尚書元弼，尚書令司馬子如，官貸金銀，催徵酬價，雖非指事贓賄，終是不避權豪。又奏駁尚書違失數百條。省中豪吏王儒之徒，並鞭斥之。始依故事，於尚書省立門名，以記出入早晚。令、僕已下皆側目。為高隆之所誣，處其死罪，朝皆分為遊道不濟，而文襄聞

其與隆之相抗之言，謂楊遵彥曰：「此真是鯁直，大剛惡人。」遵彥曰：「譬之畜狗，本取其吠，今以數吠殺之，恐將來無復吠狗。」詔付廷尉，遊道坐除名。文襄使元景康謂曰：「卿早逐我向並州，不爾，他經略殺卿。」遊道後至晉陽，以為大行臺吏部。盧斐，文襄引為相府刑獄參軍。畢義雲為尚書都官郎中。文襄令普句偽官，專以車輻考掠，所獲甚多，然大起怨謗。會為司州吏所訟，文襄以其推偽眾人怨望，並無所問，乃拘吏數人斬之，因此銳情訊鞫，威名日盛。紫陌，在鄴城西北五里。遵彥，愔字。）

神武雖間以舊恩，有所縱舍，（如尉景司馬子如是也。〈景傳〉云：景以勳戚，每有軍事，與庫狄幹常被委重，而不能忘懷財利，神武每嫌責之。轉冀州刺史，又大納賄。發夫獵，死者三百人。庫狄幹在神武坐，請作御史中尉。神武曰：「何意下求卑官？」幹曰：「欲捉尉景。」神武大笑。令優者石董桶戲之。董桶剝景衣，曰：「公剝百姓，董桶何為不剝公？」神武誡景曰：「可以無貪也？」景曰：「與爾計，生活孰多？我止人上取，爾割天子調。」神武笑不答。歷位太保、太傅。坐匿亡人見禁止。使崔暹謂文襄曰：「語阿惠：兒富貴，欲殺我邪？」神武聞之，泣詣闕曰：「臣非尉景，無以至今日。」三請，帝乃許之。於是黜為驃騎大將軍、開府、儀同三司。神武造之。景恚，臥不動，叫曰：「殺我時趣邪？」常山君謂神武曰：「老人去死近，何忍煎迫至此？」又曰：「我為爾汲水胝生。」因出其掌。神武撫景，為之屈膝。先是景有果下馬，文襄求之，景不與，曰：「土相扶為牆，人相扶為王，一馬亦不得畜而索也？」神武對景及常山君責文襄而杖之。常山君泣救之。景曰：「小兒慣去，放使作心腹，何須乾啼濕哭，不聽打邪？」常山君，景妻，神武姊也。《北史·司馬子如傳》曰：文襄輔政，以賄為崔暹劾在獄，一宿而髮盡白。辭曰：「司馬子如本從夏州策一杖投相王，王給露車一乘，犗特牛犢。犢在道死，唯犗角存，此外皆人上取得。」神武書敕文襄曰：「馬令是吾故舊，汝宜寬之。」文襄

駐馬行街，以出子如，脫其鎖。子如懼曰：「非作事邪？」於是除削官爵。神武後見之，哀其憔悴，以膝承其首，親為擇蝨。賜酒百瓶，羊五百口，粳米五百石。）然文襄能行其意者蓋多。（〈宋遊道傳〉曰：兗州刺史李子貞，在州貪暴，遊道案之。文襄以貞豫建義勳，意將含忍。遊道疑陳元康為其內助，密啟云：「子貞、元康交遊，恐其別有請屬。」文襄怒，於尚書都堂集百僚撲殺子貞。則雖豫建義之勳者，亦不必盡蒙寬宥；而親要如元康，亦時有不能庇右者矣。）〈崔暹傳〉言：暹前後表彈尚書令司馬子如，及尚書元羲，雍州刺史慕容獻。又彈太師咸陽王坦，（禧子。）並州刺史可朱渾道元罪狀極筆。並免官。其餘死黜者甚眾。高祖書與鄴下諸貴曰：「咸陽王、司馬令，並是吾對門布衣之舊。尊貴親暱，無過二人，同時獲罪，吾不能救，諸君其慎之。」高祖如京師，群官迎於紫陌，高祖握暹手而勞之曰：「往前朝廷豈無法官？而天下貪婪，莫肯糾劾。中尉盡心為國，不避豪強，遂使遠邇肅清，群公奉法。衝鋒陷陣，大有其人，常官正色，今始見之。今榮華富貴，直是中尉自取。高歡父子，無以相報。」賜暹良馬，使騎之以從。且行且語。暹下拜，馬驚走，高祖親為擁之而授轡。魏帝宴於華林園，（此鄴下之華林園。）謂高祖曰：「自頃朝貴，牧、守、令長，所在百司，多有貪暴，侵削下人。朝廷之中，有用心公平，直言彈劾，不避親戚者，王可勸酒。」高祖降階跪而言曰：「唯御史中丞崔暹一人。謹奉明旨，敢以酒勸。並臣所射賜物千匹，乞回賜之。」其所以風屬之者至矣。自是之後，諸勳貴亦頗知斂跡，（如尉景獲罪後，授青州刺史，史言其操行頗改。司馬子如起行冀州事，亦能自厲改。）不可謂非整頓之效也。（從來惡直醜正之論，無如《北齊書·杜弼傳》之甚者，不可不辭而闢之。〈傳〉曰：弼以文武在位，罕有廉潔，言之於高祖。高祖曰：「弼來，我語爾。天下濁亂，習俗已久。今督將家屬，多在關西，黑獺常相招誘，人情去留未定。江東復有一吳兒老翁蕭衍者，專事衣冠禮樂，中

原士大夫望之，以為正朔所在。我若急作法網，不相饒借，恐督將盡投黑獺，士子悉奔蕭衍，則人物流散，何以為國？爾宜少待，吾不忘之。」及將有沙苑之役，弼又請先除內賊，卻討外寇。高祖問內賊是誰？弼曰：「諸勳貴掠奪萬民者皆是。」高祖不答，因令軍人皆張弓挾矢，舉刀按矟以夾道。使弼冒出其間，曰：「必無傷也。」弼顫慄汗流。高祖然後喻之曰：「箭雖注不射，刀雖舉不擊，矟雖按不刺，爾猶頓喪魂膽，諸勳人身觸鋒刃，百死一生，縱其貪鄙，所取處大，不可同之，循常例也。」弼於時大恐，因頓顙謝曰：「愚痴無智，不識至理，今蒙開曉，始見聖達之心。」夫兵之所以可畏者，以其將殺傷人也，若明知其注而不射，舉而不擊，按而不刺，則人孰未嘗見兵？弼即畏懦，何至顫慄汗流？高歡乃一獷悍之夫，安知衣冠禮樂為何事？且果如所言，其任高澄以裁勳貴，又何為乎？稍深思之，即知此傳所云，並非實錄，而為不快於督責之治者所造作矣。《北史·文襄紀》云：少壯氣猛，嚴峻刑法。高慎西叛，侯景南翻，非直本懷很戾，兼亦有懼威略，亦此等人所造作也。其〈論〉曰：「文襄志在峻法，急於御下，於前王之德，有所未同。蓋天意人心，好生惡殺，雖吉凶報應，未皆影響，總而論之，積善多慶。然文襄之禍生所忽，蓋有由焉。」此論亦必有本，可謂怨毒之情，形於辭表矣。果如此曹之意，則欲求輔弼者，必縱其虐民而後可乎？此真所謂盜憎主人者也。又案〈陳元康傳〉云：高仲密之叛，高祖知其由崔暹故也，將殺暹，世宗匿而為之諫請，高祖曰：「我為舍其命，須與苦手。」世宗乃出暹而謂元康曰：「卿若使崔暹得杖，無想見也。」暹在廷，解衣將受罰，元康趨入，歷陛而升，且言曰：「王方以天下付大將軍，有一崔暹，不能容忍邪？」高祖從而宥焉。又云：侯景反，世宗逼於諸將，欲殺崔暹以謝之。密語元康。元康諫曰：「今四海未清，綱紀已定。若以數將在外，苟悅其心，枉殺無辜，虧廢刑典，豈直上負天神，何以下安黎庶？晁錯前事，願公慎之。」世宗乃止。〈暹傳〉

云：顯祖初嗣霸業，司馬子如挾舊怨，言暹罪重，謂宜罰之。高隆之亦言：宜寬政網，去苛察法官，黜崔暹，則得遠近人意。顯祖從之。及踐阼，譖毀之者猶不息。帝乃令都督陳山提等搜暹家。甚貧匱，唯得高祖、世宗與暹書千餘紙，多論軍國大事。帝嗟賞之。仍不免眾口。乃流暹於馬城。晝則負土供役，夜則置地牢。歲餘，奴告暹謀反，鎖赴晉陽。無實。釋而勞之。尋遷大常卿。帝謂群臣曰：「崔大常清正，天下無雙，卿等不及。」〈崔季舒傳〉云：時勳貴多不法，文襄無所縱舍，外議以季舒及崔暹等所為，甚被怨疾。及文襄遇難，文宣將赴晉陽，黃門郎陽休之勸季舒從行，曰：「一日不朝，其間容刀。」季舒性愛聲色，心在閒放，遂不請行，欲恣其行樂。司馬子如緣宿憾，及尚食典御陳山提等共列其過狀，由是季舒及暹，各鞭二百，徙北邊。天保初，文宣知其無罪，追為將作大匠。再遷侍中。俄兼尚書左僕射，儀同三司。大被恩遇。夫文宣猶知季舒、暹之無罪，況於神武及文襄？然當武夫搆變之時，暹即幾罹不測；至文宣，則竟為所脅，而暹、季舒並不免流徙、鞭責之禍，可見當時惡直醜正之徒，其勢甚可畏也。〈元康傳〉又云：世宗入輔京室，崔暹、崔季舒、崔昂等並被任使，張亮、張徽纂並高祖所待遇，然委任皆出元康之下，時人語曰：「三崔二張，不如一康。」又云：元康溺於財利，受納金帛，不可勝紀，放責交易，遍於州郡，為清論所譏。然則當時暹等雖云鋒利，而真被寵任之徒，仍有為霜簡所不及者矣。剗除貪暴，其難如此，而豈得如〈弼傳〉所云，復故縱舍之哉，馬城，漢縣，晉廢，在今察哈爾懷安縣北。

　　文襄之為中書監也，移門下機事，總歸中書。（《北齊書・崔季舒傳》。）以其中兵參軍崔季舒為中書侍郎，令監察魏主動靜。武定五年（西元547年），（梁武帝太清元年。）正月，神武死，文襄祕喪，至六月乃發。七月，魏主詔以文襄為使持節、大丞相、都督中外諸軍、錄尚書、大行臺、渤海王，而以其母弟洋為尚書令、中書監、京畿大都督。八月，文

襄朝於鄴，固辭丞相。魏主詔復前大將軍，餘如故。《魏書・孝靜帝紀》曰：文襄嘗侍飲，大舉觴曰：「臣澄勸陛下酒。」帝不悅曰：「自古無不亡之國，朕亦何用此活？」文襄怒曰：「朕朕，狗腳朕。」文襄使季舒毆帝三拳，奮衣而出。明日，使季舒勞帝，帝亦謝焉。賜絹。季舒未敢受，以啟文襄。文襄使取一段。帝束百匹以與之，曰：「亦一段耳。」帝不堪憂辱，詠謝靈運詩曰：「韓亡子房奮，秦帝魯連恥。本自江海人，忠義動君子。」常侍侍講荀濟知帝意，乃與華山王大器、（鷙子。鷙高涼王孤六世孫。）元瑾密謀，於宮內為山，而作道地向北城。至千秋門，門者覺地下響動，以告文襄。文襄勒兵入宮，曰：「陛下何意反邪！臣父子功存社稷，何負陛下邪？」將殺諸妃。帝正色曰：「王自欲反，何關於我？我尚不惜身，何況妃嬪？」文襄下床叩頭，大啼謝罪。於是酣飲，夜久乃出。居三日，幽帝於含章堂。大器、瑾等皆見烹於市。（〈荀濟傳〉云：燔殺之。見《北史・文苑傳》。）蓋時侯景尚未平，故文襄未能遽篡也。六年（西元548年），（梁太清二年。）正月，侯景敗；七年（西元549年），（梁太清三年。）六月，潁川亦平；於是篡謀轉急。七月，文襄如鄴。八月，為盜所殺。（時年二十九。）《北齊書・文襄紀》云：初梁將蘭欽子京，為東魏所虜，王命以配廚。欽請贖之，王不許。京再訴，王使監廚蒼頭薛豐洛杖之，曰：「更訴當殺爾。」京與其黨六人謀作亂。將欲受禪，與陳元康、崔季舒等屏斥左右署擬百官。京將進食，王卻之。謂諸人曰：「昨夜夢此奴斫我，宜殺卻。」京聞之，置刀於盤，冒言進食。王怒曰：「我未索食，爾何遽來？」京揮刀曰：「來將殺汝。」王自投傷足，入於床下。賊黨去床，因而見殺。（《北史》略同。案此卷《齊書》實亡，蓋後人取《北史》補之。）〈陳元康傳〉云：世宗將受魏禪，元康與楊愔、崔季舒並在世宗坐，將大遷除朝士，共品藻之。世宗家蒼頭奴蘭固成，（《北史・元康傳》云：固成，一名京。）先掌廚膳，甚被寵暱。先是世宗杖之數十。其人性躁，又恃舊恩，

遂大忿恚。與其同事阿改，（《北史》云弟阿改。）謀害世宗。阿改時事顯祖，常執刀隨從。云若聞東齋叫聲，即加刃於顯祖。是日，東魏帝初建東宮，（《魏書‧本紀》：八月，辛卯，詔立皇子長仁為皇太子。案時齊將篡而為魏立太子者，蓋欲先行廢立，後乃禪代也。）群官拜表，事罷，顯祖出東止車門，別有所之，未還而難作。固成因進食，置刀於盤下，而殺世宗。元康以身捍蔽，被刺傷重，至夜而終。楊愔狼狽走出。季舒逃匿於廁。蓋魏人陰謀，欲並澄與洋而殲之也。而洋以邂逅得脫，乃入誅京等。旋歸晉陽。明年，（梁簡文帝大寶元年（西元 550 年），魏武定八年，齊文宣天保元年。）五月，如鄴，遂廢魏主而自立。（明年，十二月，遇鴆死。）是為北齊顯祖文宣皇帝。（文宣之篡，高德政與楊愔實成之。時德政從文宣於晉陽，愔居鄴。史言婁太后及勳貴多弗順，然時篡勢已成，必無人能阻之者，德政與愔，亦乘已成之勢而成之耳，非能有所作為也。事見《北史‧文宣紀》及《齊書‧德政傳》，以其無甚關係，今略之。）

文宣淫暴

自元魏分裂以來，東西南三方，遂成鼎峙之勢，地廣兵強，實推東國，然其後齊反滅於周者，則以北齊諸主，染鮮卑之習大深，以致政散民流，不能自立也。北齊亂君，實以文宣為首。

《北史‧文宣紀》云：帝沉敏有遠量，外若不遠，內鑒甚明。文襄年長英秀，神武特所愛重，百僚承風，莫不震懼，而帝善自晦跡，言不出口，恆自貶退，言咸順從，故深見輕，雖家人亦以為不及。文襄嗣業，帝以次長見猜嫌。帝后李氏，色美，每預宴會，容貌遠過靖德皇后，文襄彌不平焉。帝每為后私營服玩，小佳，文襄即令逼取。后恚，有時未與，帝笑曰：「此物猶應可求，兄須何容忿？」文襄或愧而不取，便恭受，亦無

飾讓。每退朝還第，輒閉靜坐，雖對妻子，能竟日不言。或祖跣奔躍，后問其故，對曰：「為爾慢戲，」此蓋習勞而不肯言也。及登極之後，神明轉茂。外柔內剛，果於斷割，人莫能窺。又特明吏事，留心政術。簡靖寬和，坦於任使。故楊愔等得盡匡贊，朝政粲然。兼以法馭下，不避權貴。或有違犯，不容勳戚。內外莫不肅然。至於軍國機策，獨決懷抱，規謀宏遠，有人君大略。又以三方鼎峙，繕甲練兵。左右宿衛，置百保軍士。每臨行陳，親當矢石。鋒刃交接，唯恐前敵不多。屢犯艱厄，常致克捷。既征伐四克，威振戎夏，六七年後，以功業自矜，遂留情耽湎，肆行淫暴。或躬自鼓舞，歌謳不息，從旦通宵，以夜繼晝。或祖露形體，塗傅粉黛，散髮胡服，雜衣錦彩，拔刀張弓，遊行市肆。勳戚之第，朝夕臨幸。時乘鹿車，白象、駱駝、牛、驢，並不施鞍勒。或盛暑炎赫，日中暴身；隆冬酷寒，去衣馳走；從者不堪，帝居之自若。街坐巷宿，處處遊行。多使劉桃枝、崔季舒負之而行。或擔胡鼓而拍之。親戚貴臣，左右近習，侍從錯雜，無復差等。徵集淫嫗，悉去衣裳，分付從官，朝夕臨視。或聚棘為馬，紐草為索，逼遣乘騎，牽引來去，流血灑地，以為娛樂。凡諸殺害，多令支解，或焚之於火，或投之於河。沉酗既久，彌以狂惑。每至將醉，輒拔劍掛手，或張弓傅矢，或執持牟槊，遊行市廛。問婦人曰：「天子何如？」答曰：「顛顛痴痴，何成天子？」帝乃殺之。或馳騁衢路，散擲錢物，恣人拾取，爭競喧譁，方以為喜。三臺構木，高二十七丈，兩棟相距二百餘尺，工匠危怯，皆繫繩自防，帝登脊疾走，都無怖畏；時復雅舞，折旋中節；旁人見者，莫不寒心。又召死囚，以席為翅，從臺飛下，免其罪戮。果敢不慮者，盡皆獲全；危怯猶豫者或致損跌。沉酗既久，轉虧本性。怒大司農穆子容，使之脫衣而伏，親射之，不中，以橛貫其下竅，入腸。雖以楊愔為宰輔，使進廁籌。以其體肥，呼為楊大肚。馬鞭鞭其背，流血浹袍。以刀子剺其腹。崔季舒託俳言曰：「老小公子惡戲，」因掣刀

子而去之。又置憺於棺中，載以轀車，幾下釘者數四。曾至彭城王浟宅，謂其母尒朱曰：「憶汝辱我母婿時，何由可耐？」手自刃殺。又至故僕射崔暹第，謂暹妻李曰：「頗憶暹否？」李曰：「結髮義深，實懷追憶。」帝曰：「若憶時，自往看也。」親自斬之，棄頭牆外。嘗在晉陽，以稍戲刺都督尉子耀，應手而死。在三臺大光殿上，鋸殺都督穆嵩。又幸開府暴顯家，有都督韓哲無罪，忽眾中召斬之數段。魏安樂王元昂，后之姊婿，其妻有色，帝數幸之，欲納為昭儀，召昂令伏，以鳴鏑射一百餘下，凝血垂將一石，竟至於死。後帝自往弔，哭於喪次，逼擁其妻。仍令從官脫衣助，兼錢彩，號為信物，一日所得，將逾巨萬。后啼不食，乞讓位於姊，太后又為言，帝意乃釋。所幸薛嬪，甚被寵愛，忽意其輕與高嶽私通，無故斬首，藏之於懷。於東山宴，勸酬始合，忽探出頭投於柈上。支解其屍，弄其髀為琵琶。一坐驚怖，莫不喪膽。帝方收取，對之流淚，云「佳人難再得，甚可惜也」。載屍以出，被髮步哭而隨之。至有閭巷庸狠人無識知者，忽令召斬。鄴下系徒，罪至大辟，簡取隨駕，號為供御囚，手自刃殺，持以為戲。兼以外築長城，內營宮殿，賞賚過度，天下騷然。內外憒憒，各懷怨毒。而素嚴斷臨下，加之默識強記，百僚顛慄，不敢為非。案文宣本性，或尚較文襄為深沉，其吏才亦不讓文襄。〈文襄紀〉言其情欲奢淫，動乖制度。嘗於宮西造宅，牆院高廣，聽事宏壯，亞大極殿，神武入朝責之乃止，使其獲登大位，亦未必愈於文宣也。文宣淫暴之事，多在天保六七年後，非徒本性，實亦疾病使然，觀其冒犯寒暑，臨履危險，多為人所不堪可知，（〈本紀〉又云：至於末年，每言見諸鬼物，亦云聞異音聲，亦其有疾之一證。）即其耽於麴糵，亦未必非病狀也。特有狂易之疾者，發為何種行動，仍系習染使然，文宣雖云有疾，非染於鮮卑之俗，其淫暴，亦當不至如是其甚耳。

《北齊書·本紀》述文宣淫虐之事云：諸元宗室，咸加屠剿。永安、上

黨,並致冤酷。高隆之、高德政、杜弼、王元景、李葺之等,皆以非罪見害。案諸元被戮,見於史者,有咸陽王禧之子坦,高陽王雍之子斌,濟陰王小新成之曾孫暉業,臨淮王彧之弟孝友,昭成五世孫景皓,無上王之子彭城王韶。坦之死,以其子酒醉誹謗,妄說圖讖,坦因此配北營州,(和龍。)死於配所。斌,天保二年(西元551年)從討契丹,還至白狼河,(今大凌河。)以罪賜死,未知罪狀為何。暉業亦死於是年,以罵元韶「不及一老嫗,背負璽與人,何不打碎之?」暉業在魏宗室中,頗有學問、氣節。其在晉陽,無所交通,而撰魏藩王家世,為《辨宗錄》三十卷,蓋不勝其宗國之痛焉。孝友與之俱死。孝友,史亦稱其明於政理,蓋皆忌之也。景皓:天保時,諸元帝室親近者,多被誅戮,疏宗如景安之徒,議欲請姓高氏,景皓不肯,曰:「豈得棄本宗,逐他姓?大丈夫寧可玉碎,不能瓦全。」景安以此言白文宣,遂被誅,家屬徙彭城。元韶:齊神武以孝武帝後配之。〈傳〉云:韶性行溫裕。以高氏婿,頗膺時寵。能自謙退。臨人有惠政。好儒學,禮致才彥。愛林泉,修第宅,華而不侈。可謂曲意求全矣,然亦卒不免。〈傳〉又云:文宣剃韶鬚髯,加以粉黛,衣婦人服以自隨,曰:「我以彭城為嬪御,」譏元氏微弱,比之婦女。十年(西元559年),(天保十年。)太史奏云:「今年當除舊布新。」文宣謂韶曰:「漢光武何故中興?」韶曰:「為誅諸劉不盡。」乃誅諸元以厭之。遂以五月誅元世哲、景武等二十五家。餘十九家,並禁止之。韶幽於京畿地牢,絕食,啖衣袖而死。及七月,大誅元氏。自昭成已下,並無遺焉。或父祖為王,或身嘗貴顯,或兄弟強壯,皆斬東市。其嬰兒,投於空中,承之以矟。前後死者,凡七百二十一人。悉投屍漳水。剖魚多得爪甲,都下為之久不食魚。《北史》同。又云:世哲從弟黃頭,使與諸囚自金鳳臺各乘紙鴟以飛。黃頭獨能飛至紫陌。(見上節。)仍付御史獄,畢義雲餓殺之。〈本紀〉紀五月誅二十五家、禁止十九家,並同〈韶傳〉,而無七月大屠剿

之事。《北史》則誅二十五家、禁止十九家之下又云:「尋並誅之,男子無少長皆斬,所殺三千人,並投漳水,」與〈詔傳〉所云七百二十一人者,多寡懸殊。〈紀〉又書八月癸卯,詔諸軍民:「或有父祖改姓,冒入元氏,或假託攜認,妄稱姓元者,不問世數遠近,悉聽改復本姓,」《北史》亦同,豈〈傳〉之所云,特就二十五家、十九家言之,〈紀〉則並當時濫及者數之,故其數不同邪?棄本宗,逐他姓,而卒遭騈戮之慘,亦可哀矣。然雖如是,元氏之獲漏網者,仍非無之。景安以改姓獲免。(賜姓高氏。)景安叔父種之子豫,景安告景皓時,漫言引之,云相應和。豫占云:「爾時以衣袖掩景皓口,云兄莫妄言。」及問景皓,所列符同,亦獲免。元文遙者,昭成六世孫。文襄時為大將軍府功曹。齊受禪時為中書舍人。後被幽執,不知所由。積年,文宣自幸禁獄釋之。逐見任用,歷武成、後主之世焉。元蠻者,江陽王繼之子,孝昭元皇后之父,十年大誅元氏,孝昭為之苦請,因是追原之,賜姓步六孤氏,見《北齊書・外戚傳》。昭成之後,又有名士將者,武成時位將作大匠,見《北史・魏諸宗室傳》。即元坦家屬徙彭城,亦未聞其更行追戮也。《十七史商榷》云:「《新唐書・宰相世系表》,序元魏之後,聞於唐世者甚多,然所列者,皆是後周韓國公謙及隋兵部尚書平昌公巖之後,則知元氏唯西魏尚有存者,而東魏已絕,」其說實為非是。唯屠戮多而所存廑耳。王氏又云:「《洛陽伽藍記》第四卷云:河陰之役,諸元殲盡,王侯第宅,多題為寺,未及三十年,而元氏子孫三千人,又被高洋盡殺之;且前代之翦滅,不過陰行酖害,此則騈斬於市」云云,則誠蠻夷猾夏者百世之龜鑒矣。

永安簡平王浚,神武第三子;上黨剛肅王渙,神武第七子;其被禍俱在天保九年(西元 558 年)。(陳永定二年。)史言浚小時本與文宣有隙,後又以直諫被禍;渙之被禍,則以術士言亡高者黑衣,文宣問左右:「何物最黑?」對曰:「莫過漆,」帝以渙第七為當之;此皆非其真。史又言

浚豪爽有氣力，善騎射；渙材武絕倫，嘗率眾送蕭淵，破東關，斬裴之
橫，威名甚盛；則或其見殺之由耳。先一年，文宣在晉陽，浚時為青州刺
史，（見第十二章第六節。）渙錄尚書事。文宣徵浚，浚謝疾不至。文宣
怒，馳驛收之。又使庫直都督破六韓伯昇之鄴徵渙。渙至紫陌橋，（見第
一節。）殺伯昇以逃，馮河而渡，土人執以送帝。既至，盛以鐵籠，俱置
北城地牢下。飲食溲穢，共在一所。是年，帝親將左右，臨穴歌謳，令浚
等和之。浚等皇怖且悲，不覺聲戰。帝為悵然，因泣，將赦之。長廣王
湛，（神武第九子，即武成帝。）先與浚不睦，進曰：「猛虎安可出穴？」
帝默然。浚等聞之，呼長廣小字曰：「步落稽，皇天見汝。」左右聞者，莫
不悲傷。浚與渙皆有雄略，為諸王所傾服，帝恐為害，乃自刺渙，又使壯
士劉桃枝就籠亂刺。稍每下，浚、渙輒以手拉折之，號哭呼天。於是薪火
亂投，燒殺之。填以石土。後出，皮髮皆盡，屍色如灰。帝以浚妃陸氏配
儀同劉郁捷，渙妃李氏配馮文洛，皆帝家舊奴，令殺浚、渙，故以配焉。
又神武第十二子博陵文簡王濟，嘗從文宣巡幸，在路忽憶太后，遂逃歸，
帝怒，臨以白刃，因此驚恍。又清河王嶽，為高歸彥所搆，（歸彥，神武
族弟。）屬文宣召鄴下婦人薛氏入宮，即（〈紀〉所云薛嬪。）而嶽先嘗喚
之至宅，由其姊也，帝懸薛氏姊而鋸殺之，讓嶽，以為奸民女。嶽曰「臣
本欲取之，嫌其輕薄不用，非奸也。」帝益怒。天保六年（西元 555 年），
（梁敬帝紹泰元年。）十一月，使歸彥就宅切責之。嶽憂悸不知所為，數日
而死。時論紛然，以為遇鴆焉。案觀長廣王猛虎不可出穴之語，則知高氏
弟兄相忌，初非獨文宣一人，此當時風氣使然，無足為怪，至其殺之之慘
酷，則自由文宣有狂易之疾故也。

　　高隆之：齊受禪，進爵為王，尋以本官錄尚書事。天保五年（西元
554 年），（梁元帝承聖三年。）見殺。〈傳〉云：初世宗委任崔暹、崔季舒
等，及世宗崩，隆之啟顯祖，並欲害之，不許。顯祖以隆之舊齒，委以

政事，季舒等仍以前隙，乃譖云：「隆之每見訴訟者，輒加哀矜之意，以示非己能裁。」顯祖以其委過要名，非大臣義，禁止尚書省。隆之曾與元昶宴飲，酒酣，語昶曰：「與王交遊，當生死不相背。」人有密言之者。又帝未登庸之日，隆之意常侮帝，帝將受魏禪，大臣咸言未可，隆之又在其中，帝深銜之，因此遂大發怒，令壯士築百餘下放出。渴將飲水，人止之，隆之曰：「今日何在？」遂飲之。因從駕死於路。帝末年追忿隆之，誅其子德樞等十餘人，並投漳水。又發隆之塚，出其屍，斬截骸骨，投之漳流。高德政：受禪之日，除為侍中。天保七年（西元 556 年），遷尚書右僕射，仍兼侍中。其〈傳〉云：德政與尚書令楊愔綱紀政事，多有弘益。顯祖末年，縱酒酣醉，所為不法，德政屢進忠言，帝不悅。謂左右云：「高德政恆以精神凌逼人。」德政甚懼，乃稱疾，屏居佛寺，兼學坐禪，為退身之計。帝謂楊愔曰：「我大憂德政，其病何似？」愔以禪代之際，因德政言情切至，方召致誠款，常內忌之，由是答云：「陛下若用作冀州刺史，病即自差。」帝從之。德政見除書而起。帝大怒，召德政謂之曰：「聞爾病，我為爾針。」親以刀子刺之，血流沾地。又使曳下斬去其趾。劉桃枝捉刀不敢下。帝起臨階砌，切責桃枝口：「爾頭即墮地。」因索大刀自帶，欲下階。桃枝乃斬足之三指。帝怒不解，禁德政於門下。其夜，開城門，以氈輿送還家。旦日，德政妻出寶物滿四床，欲以寄人。帝奄至其宅，見而怒曰：「我府藏猶無此物。」詰其所從得，皆諸元賂之也。遂曳出斬之。時妻出拜，又斬之。並其子祭酒伯堅。德政死後，顯祖謂群臣曰：「高德政常言宜用漢人，除鮮卑，此即合死。又教我誅諸元，我今殺之，為諸元報仇也。」案德政之死，在天保十年八月，正大誅諸元之後，德政乘機脅取其賂，而仍不能為之救解；如文宣言，則且從而下石焉；亦可謂險矣，足見偽朝之無正士也。杜弼亦以是年夏見殺。弼時為膠州刺史。（見第十三章第一節。）其〈傳〉云：弼性質直。前在霸朝，多所匡正。及顯祖

作相,致位僚首。初聞揖讓之議,猶有諫言。顯祖嘗問弼云:「治國當用何人?」對曰:「鮮卑車馬客,會須用中國人。」顯祖以為譏我。高德政在要,不能下之,德政深以為恨,數言其短。又令主書杜永珍密啟弼:在長史日,受人請屬,大營婚嫁。顯祖內銜之。弼恃舊,仍有公事陳請。上因飲酒,遂遣就州斬之。既而悔之,驛追不及。王元景,名昕,猛六世孫。為祕書監。〈傳〉云:顯祖以昕疏誕,罵之曰:「好門戶,惡人身。」又有讒之者曰:「王元景每嗟水運不應遂絕。」帝愈怒,乃下詔徙幽州。後徵還,判祠部尚書事。帝怒臨漳令嵇曄,(臨漳,見第三章第三節。)及舍人李文師,以曄賜薛豐洛,文師賜崔士順為奴。鄭子默私誘昕曰:「自古無朝士作奴。」昕曰:「箕子為之奴,何言無也?」子默遂以昕言啟顯祖,仍曰:「王元景比陛下於殷紂。」帝後與朝臣酣飲,昕稱病不至,帝遣騎執之,見其方搖膝吟詠,遂斬於御前,投屍漳水。亦天保十年(西元 559年)也。李蒨之事,其詳無所見。案高隆之、高德政,位高權重,皆有取死之道焉,史所言致死之由,不必實也。其殺王昕、杜弼,自為淫刑,然觀高德政、杜弼,皆以譏鮮卑獲罪,文宣種族之見,亦可謂深矣,安得盡委之於狂易哉?

文宣之營三臺,〈本紀〉書其事於天保九年八月,云:先是發丁匠三十餘萬,營三臺於鄴下,因其舊基而高博之。大起宮室及遊豫園。至是,三臺成,改銅雀曰金鳳,金獸曰聖應,冰井曰崇光云。此為文宣侈靡之一端,至其起長城,則意在守禦北方,雖曰勞民,不能盡目為暴政也。

文宣亦薄有武略。唯其時關西無隙可乘;南方陳武帝崛興,力亦足以攘外,始納淵明,繼輔蕭莊,皆致失利;故其力,僅用之於北邊焉。魏世北邊大敵,本為柔然。宣武帝時,柔然衰亂,其主阿那瓌奔魏,魏人輔之還北,一時頗見馴伏。六鎮亂作,魏人始畏柔然。逮東西既分,乃競與結好。西魏文帝,以元昱之女,稱為化政公主,昱孝武時舍人。妻阿那瓌兄

弟塔寒。又自納阿那瓌女為后。加以金帛誘之。阿那瓌遂留東魏使元整，不報信命。又掠范陽、（見第四章第二節。）秀容，（見第六章第八節。）殺元整，轉謀侵害。（孝靜帝元象元年（西元 538 年），梁武帝大同四年。）神武志在綏撫。會阿那瓌女妻文帝者遇疾死，因遣相府功曹參軍張徽纂使阿那瓌，間說之云：「文帝及周文，既害孝武；又殺阿那瓌之女；妄以疏屬假公主之號，嫁彼為親。又阿那瓌渡河西討時，周文燒草，使其馬飢，不得南進。」又論「東魏正統所在。言其往者破亡歸命，魏朝保護，得存其國。若深念舊恩，以存和睦，當以懿親公主，結成姻媾；為遣兵將，伐彼叛臣。」阿那瓌乃歸誠於東魏。東魏以常山王騭妹樂安公主妻之，改封為蘭陵郡長公主。（興和二年（西元 541 年），梁大同七年。）阿那瓌以其孫女號隣和公主，妻神武第九子長廣王湛。（興和四年（西元 542 年），梁大同八年。）又以其愛女，號為公主妻神武。（武定四年（西元 546 年），梁中大同元年。）自此東魏邊塞無事。至武定末，貢獻相尋。齊受禪，亦歲時來往不絕。天保三年（西元 552 年），（梁元帝承聖元年。）阿那瓌為突厥土門所破。突厥，自其初起時，即親附西魏，西魏嘗以長樂公主妻之。（大統十七年（西元 551 年），梁簡文帝大寶二年，即文宣天保二年也。）案西魏文帝后本乙弗氏，以納蠕蠕主故，廢而殺之。（《北史‧饗后傳》云：年十六，帝納為妃。及帝即位，以大統元年（西元 535 年），冊為皇后。生男女十二人。多早夭，唯太子及武都王戊存焉。帝更納悼后，命后遜居別宮，出家為尼。悼后猶懷猜忌，復徙后居秦州，依子刺史武都王。帝雖限大計，恩好不忘。後密令養髮，有追還之意。然事祕禁，外無知者。六年（西元 540 年），春，蠕蠕舉國渡河，頗有言虜為悼后之故興此役。帝曰：「豈有百萬之眾，為一女子舉也？雖然，致此物論，朕亦何顏以見將帥邪？」乃遣中常侍曹寵齎手敕，令后自盡。年三十一。及文帝山陵畢，手書云：萬歲後欲令后配饗。公卿乃議追諡曰文皇后，祔於太

廟。案后之廢,在大統四年(西元538年),年二十九。自其十六歸帝,至此僅十有四年,而生男女十二人,足見其情好之篤。而帝竟不能庇其命,亦可哀矣。〈蠕蠕傳〉云:阿那瓌率眾度河,以廢后為言,文帝不得已,遂敕廢后自殺,與〈后妃傳〉岐異。觀下述阿那瓌以蠕蠕公主妻神武,而敕禿突佳留住,待見外孫乃歸,恐以〈蠕蠕傳〉之言為信;抑非蠕蠕有是言,當時魏朝,亦未必有欲害文后者也。然以憚於禦敵之故,而使文后死於非命,魏之軍人,亦可恥矣。)蘭陵公主之適蠕蠕也,自晉陽北邁,資用器物,神武親自經紀,咸出豐渥。蠕蠕公主之來也,(阿那瓌女妻神武者,號曰蠕蠕公主。)武明皇后亦避正室以處之。阿那瓌使其弟禿突佳來送女,仍戒曰:「待見外孫,然後返國。」神武嘗有病,不得往公主所,禿突佳怨恚,神武即自射堂輿疾就之。觀此諸事,可見當時宇文、高氏畏北狄之甚。齊既與柔然睦,而柔然為突厥所破,突厥又夙睦於西魏,固無怪文宣之欲經略之也。又宇文氏為慕容氏所破,別種竄於松漠之間者為奚、契丹,至南北朝末,亦漸強盛,能犯塞。此等雖未必大敵,然必邊塞安,乃能盡力於西南二方,文宣乘間暇之時,出兵經略,固不能謂為非計也。

文宣之用兵於北垂,事起天保三年(西元552年)。(梁承聖元年。)《北齊書·本紀》:是歲,三月,討庫莫奚於代郡,大破之。獲雜畜十餘萬,分賚將士各有差。以奚口付山東為民。二月,阿那瓌為突厥所破,自殺。其太子庵羅辰,及瓌從弟登注俟利發,注子庫提,並擁眾來奔。茹茹餘眾,立注次子鐵伐為主。九月,帝自并州幸離石。(見第三章第四節。)十月,至黃櫨嶺。(在今山西汾陽縣西北,接離石縣界。)仍起長城,北至社幹戍,(胡三省云:此長城蓋起於唐石州,北抵武州之境。案唐石州,今山西離石縣。武州,今山西五寨縣。社幹戍,《通鑑》作社平戍,胡《注》云:《齊紀》作社幹。)四百餘里。立三十六戍。四年(西元553年),(梁承聖二年。)二月,送鐵伐、登注、庫提還北。鐵伐尋為契丹所

殺。國人立登注為主,仍為其大人阿富提等所殺。國人復立庫提。九月,契丹犯塞。帝北討。十月,至平州。(見第十二章第三節。)從西道趨長塹。(胡三省曰:曹操征烏丸,出盧龍塞,塹山堙谷,五百餘里,後人因謂之長塹。案盧龍塞,在今河北遷安縣北。)詔司徒潘相樂率精騎五千,自東道趨青山。(未詳。)復詔安德王韓軌率精騎四千,東趨斷契丹走路。帝至陽師水,(胡三省曰:《唐志》:貞觀三年(西元 629 年),以契丹,室韋部落置師州及陽師縣於營州之廢陽師鎮,即此。)倍道兼行,掩襲,大破之。虜獲十餘萬口,雜畜數十萬頭。樂又於青山大破契丹別部。所虜生口,皆分置諸州。十二月,突厥復攻茹茹。茹茹舉國南奔。帝自晉陽北討突厥,迎納茹茹。乃廢庫提,立庵羅辰,置之馬邑。(見第二章第八節。)親追突厥於朔州。(見第十一章第二節。)突厥請降,許之而還。五年(西元 554 年),(梁承聖三年。)三月,庵羅辰叛。帝親討,大破之。辰父子北遁。四月,茹茹寇肆州。(見第十一章第二節。)帝自晉陽討之。至恆州(見第十一章第二節。)黃瓜堆,(在今山西山陰縣北。)虜騎散走。五月,北討茹茹,大破之。六月,茹茹率部眾東徙,將南侵。帝率輕騎於金山下邀擊之。(金山,未詳。)茹茹聞而遠遁。十二月,北巡。至達速嶺,(在今山西平魯縣西北。)覽山川險要,將起長城。六年(西元 555 年),(梁紹泰元年。)六月,親討茹茹。七月,頓白道,(見第十二章第三節。)留輜重,親率輕騎五千追茹茹,及於懷朔鎮。(見第十二章第三節。)帝躬當矢石,頻大破之。遂至沃野。(見第十二章第三節。)獲口二萬餘,牛、羊數十萬頭。是年,發夫一百八十萬人築長城,自幽州北夏口(胡三省云:蓋即居庸下口。案居庸關,在今河北昌平縣察哈爾延慶縣之間。)至恆州,九百餘里。(據〈趙郡王琛傳〉,築城時在六月。)十二月,先是自西河總秦戍(未詳。)築長城,東至於海。前後所築,東西凡三千餘里,率十里一戍,其要害置州鎮,凡二十五所。八年(西元 557 年),(陳

永定元年。）於長城內築重城，自庫洛拔而東，至於塢紇戍，（庫洛拔，《通鑑》作庫洛枝。塢紇戍，《通鑑》作塢紇戍。未詳為今何地。）凡四百餘里。（八年築城之役，亦見〈趙郡王叡傳〉。）經略北邊之事，蓋至此而粗畢，故自是不復北出，亦無復大舉矣。史所稱帝之雄武，大抵皆指此諸役言之。（〈紀〉於天保四年（西元 553 年）伐契丹之役云：「帝親逾山嶺，為士卒先，指麾奮擊。」又云：「是行也，帝露頭袒膊，晝夜不息，行千餘里，唯食肉飲水，壯氣彌厲。」五年四月之役云：「大軍已還，帝率麾下千餘騎，遇茹茹別部數萬，四面圍逼。帝神色自若，指畫形勢，虜眾披靡，遂縱兵潰圍而出。虜走，追擊之。伏屍二十里。獲庵羅辰妻子及生口三萬餘人。」前所引《北史·本紀》，謂帝每臨行陳，親當矢石云云，即栝是諸役而為言也。）當時北邊安靜，遠國來朝貢者頗多，（此數年中，奚、契丹、突厥外，尚有肅慎、地豆干亦來朝，皆見〈本紀〉。）其功績似不無足稱，然亦不過使北邊暫告安靜而已。當時之茹茹、突厥及奚、契丹，兵力皆不甚強；史於文宣武功，又不免鋪張揚厲；實亦無甚足稱也。（柔然、突厥、奚、契丹之事，參看第十六章。）

孝昭武成篡奪

北齊之事，始壞於文宣，而大壞於武成。文宣嗣子幼弱，致啟孝昭、武成二世之爭奪，自此宗室之中，猜忌覬覦，互相屠戮，奸臣因之竊柄。孝昭在兄弟中，似較修飭，然享年不永；武成荒淫，實更甚於文宣；詒謀不臧，至後主而益昏蕩。政治內素，強敵外陵，於是太寧之後，不及二十年，而齊祚迄矣。

文宣母弟四人：常山王演，（神武第六子。）襄城王淯，（神武第八子。）長廣王湛，（見上節。）博陵王濟（神武第十二子。）是也。襄城為

人，蓋無能為；博陵年幼；故唯常山、長廣二王為親逼。常山：天保五年（西元 554 年），（梁元帝承聖三年。）除並省尚書令。七年（西元 556 年），（梁敬帝太平元年。）從文宣還鄴。文宣以尚書奏事，多有異同，令與朝臣先論定得失，然後敷奏。八年（西元 557 年），（陳武帝永定元年。）轉司空，錄尚書事。九年（西元 558 年），（陳永定二年。）除大司馬，仍錄尚書。〈孝昭紀〉云：文宣溺於遊宴，帝密撰事條將諫，其友王晞以為不可，帝不從，因間極言，遂逢大怒。帝性頗嚴，尚書郎中，剖斷有失，輒加捶楚；令史奸蠹，並即考竟。文宣乃立帝於前，以刀環擬脅；召被罰者，臨以白刃，求帝之短，咸無所陳，方見解釋。後賜帝魏時宮人，醒而忘之，謂帝擅取，遂以刀環亂築，因此致困。皇太后日夜啼泣。文宣不知所為。先是禁王晞，乃舍之，令侍帝。〈晞傳〉云：文宣昏逸，常山王數諫，帝疑王假辭於晞，欲加大辟。王私謂晞曰：「博士，明日當作一條事，為欲相活，亦圖自全，宜深體勿怪。」乃於眾中杖晞二十。帝尋發怒，聞晞得杖，以故不殺，髠鉗鞭配甲坊。居三年，王又因諫爭，大被毆撻，閉口不食。太后極憂之。帝謂左右曰：「儻小兒死，奈我老母何？」於是每問王疾。謂曰：「努力強食，當以王晞還汝。」乃釋晞令往。後王承間苦諫，遂至忤旨。帝使力士反接，拔白刃注頸，罵曰：「小子何知？欲以吏才非我。是誰教汝？」催遣捶楚。亂杖挾數十。會醉臥得解，蓋常山當文宣之世，實已屢瀕於危，特以太后故得免耳。十年（西元 559 年），（陳永定三年。）十月，文宣死於晉陽。太子殷立，是為廢帝。尚書令楊愔，與左僕射平秦王歸彥，侍中燕子獻，黃門侍郎鄭子默，（名頤。）同受遺詔輔政。愔在文宣朝，稱為賢相，史稱自天保五年（西元 566 年）以後，維持匡救，實有賴焉。尚大原長公主。歸彥，文宣誅高德政，金寶財貨，悉以賜之，蓋亦頗得寵信。子獻，尚陽翟長公主。子默，文宣為大原公時，為東祭酒。與宋欽道特相友愛。欽道為文宣大將軍主簿。後令在東宮教太子習事。欽

道文法吏，不甚諳識古今，而子獻以文學見知，有疑事必詢焉。二人幸於兩宮，雖諸王大臣，莫不敬憚，蓋又與廢帝關係較深者也。並以二王威望先重，咸有猜忌之心。初在晉陽，以大行在殯，天子諒暗，議令常山王在東館。欲奏之事，皆先諮決。二旬而止。仍欲以常山王隨梓宮至鄴，留長廣王鎮晉陽。執政復生疑貳，而王又俱從至於鄴。子獻立計，欲處太皇太后於北宮，（武明后。）政歸皇太后。（文宣后李氏。）自天保八年（西元557年）以來，爵賞多濫，愔先自表解其開封王，諸叨竊恩榮者，皆從黜免，由是嬖寵失職之徒，盡歸心二叔。歸彥初雖同德，尋以疏忌之跡，盡告兩王。（〈歸彥傳〉云：濟南自晉陽之鄴，楊愔宣敕，留從駕五千兵於西中，陰備非常，至鄴數日，歸彥乃知之，由是陰怨楊、燕。楊、燕等欲去二王，問計歸彥，歸彥詐喜，請共元海量之，元海亦口許心違，馳告長廣。元海者，上洛王思宗子，思宗，神武從子也。可朱渾天和道元季弟。尚東平公主。時為領軍大將軍。）又每云：「若不誅二王，少主無自安之理。」欽道面奏帝：稱「二叔威權既重，宜速去之。」帝不許，曰：「可與令公共詳其事。」愔等議出二王為刺史，以帝仁慈，恐不可所奏，乃通啟皇太后，具述安危。宮人李昌儀者，（胡三省曰：昌儀蓋亦內職，而《北史‧后妃傳》無之，蓋太后女官之名。）高仲密之妻，坐仲密事入宮，太后以昌儀宗情，甚相暱愛，以啟示之，昌儀密啟太皇太后。愔等又議不可令二王俱出，乃奏以長廣王為大司馬、并州刺史，常山王為太師、錄尚書事。及二王拜職，於尚書省大會百僚，愔等並將同赴，子獻止之，不聽。長廣旦伏家僮數十人於錄尚書後室。仍與席上勳貴數人相知。並與數勳冑約：「行酒至愔等，我各勸雙杯。彼必致辭。我一日捉酒，二日捉酒，三日何不捉？爾輩即捉。」及宴，如之。於是愔及天和、欽道，皆被拳杖亂毆擊，頭面血流。各十人持之。子獻素多力，頭又少髮，排眾走出省門。斛律光逐而擒之。使執子獻於尚藥局。（〈孝昭紀〉云：帝戎服，與平原王

段韶、平秦王高歸彥、領軍劉洪徽入自雲龍門。於中書省前遇散騎常侍鄭子默，又執之。）二叔率高歸彥、賀拔仁、斛律金擁悟等唐突入雲龍門。見都督叱利騷，招之，不進，使騎殺之。開府成休寧拒門，歸彥喻之，乃得入。（〈孝昭紀〉：帝至東門，都督成休寧抽刃呵帝，帝令高歸彥喻之，休寧厲聲大呼不從。歸彥既為領軍，素為兵士所服，悉皆弛杖，休寧乃嘆息而罷。〈歸彥傳〉云：孝昭將入雲龍門，都督成休寧列仗拒而不納，歸彥喻之，然後得入。進而柏閣、永巷，亦如之。）送悟等於御前。長廣王及歸彥在朱華門外。太皇太后臨昭陽殿。太后及帝側立。常山王以磚叩頭，進而言曰：「臣與陛下，骨肉相連。楊遵彥等欲擅朝權，威福自己。王公以還，皆重足屏氣，共相唇齒，以成亂階。若不早圖，必為宗社之害。臣與湛等為國事重；賀拔仁、斛律金等惜獻皇帝基業；共執遵彥等領入宮。未敢刑戮。專輒之失，罪合萬死。」帝時默然。領軍劉桃枝之徒陛衛，叩刀仰視，帝不睨之。太皇太后令卻仗，不肯。又厲聲曰：「奴輩即今頭落，」乃卻。（〈孝昭紀〉：時庭中及兩廊下衛士二千餘人，皆被甲待詔。武衛娥永樂，武力絕倫，又被文宣重遇，撫刃思效。廢帝性吃訥，兼倉卒不知所言；太皇太后又為皇太后誓言帝無異志，唯去逼而已；高歸彥敕勞衛士解嚴，永樂乃納刀而泣。帝乃令歸彥引侍衛之士向華林園，以京畿軍入守門，斬娥永樂於園。與〈楊悟傳〉不同，當以〈孝昭紀〉為確，觀永樂被害，桃枝安然無患可知。〈武成紀〉帝既與孝昭謀誅諸執政，遷太傅，錄尚書事，領京畿大都督，正使之守禦門也。）乃讓帝曰：「此等懷逆，欲殺我二兒，次及我，爾何縱之？」帝猶不能言。太皇太后怒且悲。王公皆泣。太皇太后又曰：「豈可使我母子受漢老嫗斟酌？」太后拜謝。常山王叩頭不止。太皇太后謂帝曰：「何不安慰爾叔？」帝乃曰：「天子亦不敢與叔惜，豈敢惜此漢輩？但願乞兒性命，兒自下殿去，此輩任叔父處分。」遂皆斬之。長廣王以子默昔讒己，作詔書，故先拔其舌，截其手

焉。(以上據〈楊愔傳〉。)時廢帝乾明元年二月也。(即孝昭帝皇建元年(西元 560 年),陳文帝天嘉元年。)以趙彥深代總機務。彥深者,幼孤貧,司馬子如用為尚書令史。後薦諸神武,為大丞相功曹參軍,專掌機密。歷文襄、文宣之世。以溫柔謹慎稱。蓋委蛇自保之流,故能歷武成、後主之世而無患。楊愔固非端人,至彥深,則每況愈下矣。後主時,趙郡王儼作亂,(見下節。)率京畿軍士三千餘人屯千秋門。廣寧、安德二王(廣寧王孝珩,文襄第二子。安德王延宗,文襄第五子。)適從西來,欲助成其事,曰:「何不入?」中常侍劉闢疆曰:「人少。」安德王顧眾而言曰:「孝昭帝殺楊遵彥,止八十人,今乃數千,何言人少?」孝昭殺楊遵彥止八十人,未知信否,然時二王非有兵權,徒黨必不能多;勳胄特以利合,或則年少好事,豈能為之力戰?陛衛之士,自足御之,而廢帝吃訥不能發言,遂使二王幸而獲濟矣。〈廢帝紀〉云:文宣登鳳臺,召太子使手刃囚,太子惻然有難色,再三不斷其首。文宣怒,親以馬鞭撞太子三下。由是氣悸語吃,精神時復昏擾。然則教之殺人者,適所以使之見殺於人也。亦可哀矣。

　　楊愔等既死,於是以常山王演為大丞相、都督中外諸軍、錄尚書事,長廣王湛為大傳、錄尚書、京畿大都督。演尋如晉陽。有詔:軍國大政,咸諮決焉。八月,太皇太后令廢帝為濟南王。演即位於晉陽,是為孝昭皇帝。

　　孝昭之誅楊愔等,謂長廣王湛曰:「事成,以爾為皇太弟。」及踐阼,乃使湛在鄴主兵,立子百年為皇太子。湛甚不平。時留濟南於鄴,除領軍庫狄伏連為幽州刺史,以斛律豐樂(光弟,名羨。)為領軍,以分湛之權。湛留伏連,不聽豐樂視事。乃與河陽王孝瑜偽獵,謀於野,暗乃歸。(孝瑜,文襄長子。本傳云:孝瑜養於神武宮中,與武成同年相愛,將誅楊愔等,孝瑜豫其謀。及武成即位,禮遇特隆。〈孝昭紀〉云:帝以尊親

而見猜斥，乃與長廣王期獵，謀之於野，疑即與武成謀之傳誤也。）既而太史奏言：「北城有天子氣。」孝昭以為濟南應之，使平秦王歸彥之鄴，迎濟南赴並州。時高元海以散騎常侍留鄴典機密，湛先諮焉，並問自安之計。元海說梁孝王懼誅入關事。請以數騎入晉陽，先見太后求哀，後見主上，請去兵權，以死為限，求不幹朝政，必保泰山之安，此上策也。若不然，當且表云：威權大重，恐取謗眾口，請青、齊二州刺史，沉靜自居，必不招物議，此中策也。更問下策。曰：「發言即恐族誅。」逼之。答曰：「濟南世嫡，主上假太后令而奪之，（孝昭即位，武明后復為太后，文宣后降居昭信宮，稱昭信太后。）今集文武，示以此敕，執豐樂，斬歸彥，尊濟南，號令天下，以順討逆，此萬世一時也。」湛大悅，狐疑竟未能用，乃令數百騎送濟南於晉陽。既至，孝昭殺之。時皇建二年九月也。（陳天嘉二年（西元561年）。）十一月，孝昭死，徵湛人即位，是為世祖武成皇帝。

孝昭之篡也，高歸彥以司空兼尚書令。孝昭死，歸彥迎武成於鄴，進位太傅，領司徒。武成以前翻覆之跡，漸忌之。河清元年（西元562年），（陳天嘉三年。）二月，出為冀州刺史。至州，不自安，謀逆。望車駕入晉陽，乘虛入鄴。為其郎中令呂思禮所告。詔段韶襲之。城破，歸彥單騎北走，至交津，（《水經注》：白馬河入衡漳之口，在武隧縣南。武隧，漢縣，後漢曰武遂，北齊省，在今河北武強縣東北。）見獲，鎖送鄴，並子孫十五人皆棄市。明年，（河清二年（西元563年），陳天嘉四年。）高元海亦被捶馬鞭六十，出為兗州。先是已殺文宣次子太原王紹德。及是，復殺河南王孝瑜，及其弟河間王孝琬。孝琬弟延宗，亦被捶幾死。紹德之死，〈后妃傳〉謂由武成淫其母，生女，紹德慍，母慚，殺其女，（即昭信皇后也。〈傳〉云：武成踐阼，逼后淫亂，云：「若不許，我當殺爾兒。」后懼，從之。后有娠，紹德至，不得見，慍曰：「兒豈不知邪？姊姊腹大，故不見兒。」后聞之，大慚，由是生女不舉。帝橫刀詬曰：「爾殺我女，我

何不殺爾兒？」對后前築殺紹德。后大哭。帝愈怒。裸后亂擾撻之。號天不已。盛以絹囊，流血淋瀝，投諸渠水，良久乃蘇。犢車載送妙勝尼寺。后性愛佛法，因此為尼。〈南陽王綽傳〉云：綽兄弟皆呼父為兄兄，嫡母為家家，乳母為姊姊，婦為妹妹。）本傳謂系修舊怨，（〈傳〉云：武成因怒李后，罵紹德曰：「爾父打我時，竟不來救，」以刀環築殺之。）其說兩岐，蓋特以其為廢帝母弟而殺之；至孝瑜之見殺，則其故自與歸彥、元海之見忌同也。（〈孝瑜傳〉云：武成嘗使和士開與胡后對坐握槊，孝瑜諫曰：「皇后天下之母，不可與臣下接手。」帝深納之。後又言趙郡王父死非命，不可親。由是叡及士開皆側目。士開密告其奢僭。叡又言「山東唯聞河南王，不聞有陛下。」帝由是忌之。介朱御女，名摩女，本事太后，孝瑜先與之通，後因太子婚夜，孝瑜竊與之言。武成大怒。頓飲其酒三十七杯。使婁子彥載以出，酖之於車。至西華門，煩熱躁悶，投水而絕。趙郡王叡，琛子，琛，神武弟，以亂後庭，因杖而斃。武成后通和士開，可信與否，尚在疑似之間，觀下節自見，謂孝瑜因諫后與士開握槊而招怨，更不足信矣。孝琬，文襄第三子。〈傳〉云：突厥與周師入大原，武成將避之而東，孝琬叩馬諫，請委趙郡王部分之，必整齊，帝從其言。孝琬免冑將出，帝使追還。孝琬以文襄世嫡，驕矜自負。河南王之死，諸王在宮內，莫敢舉聲，唯孝琬大哭而出。又怨執政，為草人而射之。和士開與祖珽譖之云：「草人擬聖躬也。又前突厥至州，孝琬脫兜鍪抵地，云豈是老嫗？須著此？此言屬大家也。」初魏世謠言：「河南種穀河北生，白楊樹頭金雞鳴。」珽以說曰：「河南河北，河間也。金雞鳴，孝琬將建金雞而大赦。」帝頗惑之。時孝琬得佛牙，置於第內，夜有神光照室，玄都法順請以奏聞，不從。帝聞，使搜之，得鎮庫稍幡數百。帝聞之，以為反狀。訊其諸姬。有陳氏者，無寵，誣對曰：「孝琬畫作陛下形哭之。」然實是文襄像，孝琬時時對之泣。帝怒，使武衛赫連輔玄倒鞭撾之。孝琬呼阿叔。帝

怒曰:「誰是爾叔?敢喚我作叔?」孝琬曰:「神武皇帝嫡孫,文襄皇帝嫡
子,魏孝靜皇帝外孫,何為不得喚作叔也?」帝愈怒,折其兩脛而死。案
文襄第二子廣寧王孝珩,第四子蘭陵王長恭,一名孝瓘,武成世皆無患;
第五子安德王延宗,雖被撾幾死,亦獲保全;而孝琬獨見殺者?蓋由其以
文襄世嫡自負,故為武成所忌也。〈延宗傳〉云:河間死,延宗哭之淚赤。
又為草人以像武成,鞭而訊之,曰:「何故殺我兄?」奴告之。武成覆臥
延宗於地,馬鞭撾之二百,幾死。)其明年,(河清三年(西元 564 年),
陳天嘉五年。)遂殺孝昭太子樂陵王百年。(〈百年傳〉云:河清三年(西
元 564 年),五月,白虹圍日再重,又橫貫而不達;赤星見,帝以盆水承
星影而蓋之,一夜盆自破;欲以百年厭之。會博陵人賈德冑教百年書,百
年嘗作數敕字,德冑封以奏。帝乃發怒,使召百年。百年被召,自知不
免,割帶玦留與妃斛律氏。見帝於玄都苑涼風堂。使百年書敕字,驗與德
冑所奏相似。遣左右亂捶擊之。又令人曳百年繞堂,且走且打,所過處血
皆遍地。氣息將盡,曰:「乞命,願與阿叔作奴?」遂斬之。棄諸池,池
水盡赤。於後園親看埋之。妃把玦哀號,不肯食,月餘亦死。玦猶在手,
拳不可開。時年十四。其父光自擘之,乃開。)〈孝昭紀〉云:初帝與濟
南約不相害。及興駕在晉陽,武成鎮鄴,望氣者云鄴城有天子氣,帝嘗恐
濟南復興,乃密行鴆毒。濟南不從,乃扼而殺之。後頗愧悔。初苦內熱,
頻進湯散。時有尚書令史,姓趙,於鄴城見文宣從楊愔、燕子獻等西行,
言相與復仇。帝在晉陽,與毛夫人亦見焉。遂漸危篤。備禳厭之事。諸屬
方出屋梁,騎棟上,歌呼自若,了無懼容。時有天狗下,乃於其所講武以
厭之。有兔驚馬,帝墜而絕肋。太后視疾,問濟南所在者三。帝不對。太
后怒曰:「殺之邪?不用吾言,死其宜矣。」臨終之際,唯扶服床枕,叩
頭求哀。遣使詔追長廣王入纂大統,手書云:「宜將吾妻子,置一好處,
勿學前人也。」(〈百年傳〉亦云:帝臨崩,遺詔傳位於武成,並有手書,

其末曰：「百年無罪，汝可以樂處置之，勿學前人。」）說雖荒誕，謂孝昭殺濟南而悔，及其臨死屬武成之語則或真，亦可哀矣。(〈廢帝紀〉云：初文宣命邢邵制帝名殷，字正道，帝從而尤之曰：「殷家弟及，正字一止，吾身後兒不得也。」邵懼，請改焉。文宣不許，曰：「天也。」因謂孝昭帝曰：「奪時但奪，慎勿殺也。」與史紀孝昭屬武成之語頗相類，此則殊不足信。大抵帝王必有所私暱之人，喪敗之後，私暱為之不平，又感激私恩，乃造作此等言語，以見其能前知，流俗無識，則亦相與傳之云爾。其實富貴中人，大多神識昏瞀，不能懸鑒未來，亦且不暇豫慮後事也。）是歲，又殺神武第四子平陽靖翼王淹。(〈淹傳〉云：河清三年（西元 564 年），薨於晉陽，或云以鴆終。）神武第五子彭城景思王浟，車駕臨幸常留鄴，是歲，二月，群盜田子禮等謀劫浟為主，不從，遇害。

　　因宗室之間，猜忌甚深，遂有傳位太子之舉。武成后胡氏，生子緯，以河清元年（西元 562 年），立為太子。次子曰東平王儼。〈祖珽傳〉云：皇后愛少子，願以為嗣。武成以後主體正居長，難於移易。珽私於和士開曰：「君之寵幸，振古無二，宮車一日晚駕，欲何以克終？」士開因求策焉。珽曰：「宜說主上云：襄、宣、昭帝子俱不得立，今宜命皇太子早踐大位，以定君臣之分。若事成，中宮、少主皆德君，此萬全計也。君此且微說，令主上粗解，珽當自外論之。」士開許諾。因有彗星出，太史奏云除舊布新之徵，珽於是上書，帝從之。河清四年（西元 565 年），（即後主天統元年，陳天嘉六年。）四月，傳位於緯，是為後主。時年十歲。案武成時年二十有九，何至慮及其將死？則〈珽傳〉之言，不足信也。帝蓋亦自有此意？其不肯廢長立幼亦以此？然君臣之位，又豈可以虛名定哉？

武成後主荒淫

　　神武諸子，孝昭才性，似為最優。〈本紀〉云：帝聰敏有識度。深沉能斷，不可窺測。自居臺省，留心政術。閑明簿領，吏所不逮。及正位宸居，彌所刻厲。輕徭薄賦，勤恤人隱。內無私寵，外收人物。日昃臨朝，務知人之善惡。每訪問左右，冀獲直言。曾問舍人裴澤在外議論得失。澤率爾對曰：「陛下聰明至公，自可遠侔古昔，而有識之士，咸言傷細，帝王之度，頗為未弘。」帝笑曰：「誠如卿言。朕初臨萬幾，慮不周悉，故致爾耳。此事安可久行？恐後又嫌疏漏。」澤因被寵遇。其樂聞過如此。雄斷有謀。於時國富兵強，將雪神武遺恨，意在頓駕平陽，為進取之策，（參看下節。）遠圖不遂，惜哉！說雖過情，然其視文襄、文宣為優，則必不誣矣。至武成而大壞。

　　〈恩幸傳〉云：高祖、世宗，情存庶政，文武任寄，多楨幹之臣，唯郭秀小人，有累明德。（秀事高祖，為尚書右丞。）天保五年（西元 554 年）之後，雖罔悛作狂，所幸之徒，唯左右驅馳，內外褻狎，其朝廷之事，一不與聞。太寧之後，奸佞寖繁，盛業鴻基，以茲顛覆。〈後主紀〉云：「武成愛狎庸豎，委以朝權；帷薄之間，淫佚過度；滅亡之兆，其在斯乎？後主以中庸之姿，懷易染之性。永言先訓，教匪義方。始自褓襁，至於傳位，隔以正人，閉其善道。養德所履，異乎春誦夏弦。過庭所聞，莫非不軌不物。輔之以中宮奶媼，屬之以麗色淫聲。縱轟紲之娛，恣朋淫之好。語曰：從惡若崩，蓋言其易。」然則後主之荒淫，亦不翅武成為之也。武成誠亡齊之罪魁矣。武成、後主之世，嬖倖極多，其亂政最甚者，實為和士開、穆提婆、高阿那肱、韓長鸞等數人。士開：初為武成開府參軍，甚相親狎。文宣知其輕薄，責以戲狎過度，徙長城。後武成復請為京畿士曹參軍。及踐阼，累除侍中，又除右僕射。武成寢疾，士開入侍醫藥。武成謂其有伊、霍之才，殷勤屬以後事。臨崩，握士開之手曰：「勿負我也。」

仍絕於其手。（士開雖小人，然不能謂其無才。《齊書‧佞幸傳》謂其說世祖云：「自古帝王，盡為灰燼，堯、舜、桀、紂，竟復何異？陛下宜及少壯，恣意作樂，縱橫行之，即是一日快活敵千年；國事分付大臣，何慮不辦？無為自勤苦也。」世祖大悅。又謂壽陽陷沒，後主使於黎陽臨河築城戍，曰：「急時且守此，作龜茲國子。更可憐人生如寄，唯當行樂，何因愁為？」此乃其時士大夫見解如此，乃傅會為此說耳。自古荒淫之人，皆唯溺其事，安論其理邪？）武成好握槊，士開善於此戲，以此得幸。〈胡后傳〉又謂士開每與后握槊，因此與后姦通云。（案觀下文所述，后之見禁，實以趙王儼之故，則史所敘后淫亂之跡，不必盡信。）穆提婆，本姓駱，後其母陸令萱佞媚穆昭儀，養之為女，（見下。）乃改姓穆氏。令萱以配入掖庭。後主襁褓之中，令其鞠養，謂之乾阿奶。遂大為胡后所暱愛。令萱奸巧多機辯，取媚百端。宮掖之中，獨擅威福。天統初，奏引提婆，入侍後主。朝夕左右，大被親狎。高阿那肱：父市貴，從高祖起義，那肱為庫典，從征討，以功勤，擢為武衛將軍。妙於騎射，便辟善事人。每宴射之次，大為世祖所愛重。又諂悅和士開，尤相褻狎，士開每為之言，彌見親待。韓鳳，字長鸞。有膂力，善騎射。稍遷都督。後主居東宮，世祖簡都督二十人，送令侍衛，鳳在其數，數喚共戲云。此外又有宦官、（神武時，宦者唯內驅使，不被恩遇。歷天保、皇建之朝，亦不至寵幸，但漸有職任。武成時，有至儀同、食幹者，而鄧長顒任參宰相，幹豫朝權。又有陳得信，亦參時宰。與長顒並開府、封王。後主朝，多授開府，罕止儀同，亦有加光祿大夫，金章紫綬者。多帶侍中、中常侍，此二職乃至數十人。史稱其「敗政虐民，古今未有。」「‧戲之賞，動逾巨萬；丘山之積，貪惏無厭」焉。）蒼頭，（高祖時有陳山提、蓋豐樂、劉桃枝等。天保、太寧之朝，漸以貴盛。至武平時，皆以開府封王。其不及武平者，則追贈王爵。又有何海及子洪珍皆為王，尤為親要。洪珍侮弄權勢，鬻獄賣官。）

胡小兒，（史醜多之徒胡小兒等數十，成能舞工歌，亦至儀同、開府，封
王。眼鼻深險，排突朝貴，尤為人士之所疾惡。）及以音樂、（沈過兒，官
至開府、儀同。王長通，年十四五，便假節通州刺史。）使鬼等見幸者，
（時又有開府薛榮宗，常自云能使鬼。及周兵之逼，言於後主曰：「臣已發
遣斛律明月，將大兵在前去。」帝信之。經古塚，榮宗謂舍人元行恭：「是
誰塚？」行恭戲之曰：「林宗塚。」復問：「林宗是誰？」行恭曰：「郭元貞
父。」榮宗前奏曰：「臣向見郭林宗從塚出，著大帽吉莫靴，捶馬鞭，問臣：
我阿貞來否？」是時群妄多類此。以上據《北齊書》及《北史・佞幸傳》。）
皆盛於武成之朝，而詒諸後主者也。武成傳位元子，名號雖殊，政猶己
出，及其身，朝局尚無人變動，至武成死而波瀾迭作矣。

武成死於天統四年十二月。（陳廢帝光大二年（西元 568 年）。時年
三十二。）黃門侍郎胡長粲，（武成皇后從兄。）領軍婁定遠，（昭子。）
錄尚書趙彥深，左僕射和士開、高文遙，（即元文遙賜姓。）領軍綦連猛、
高阿那肱，右僕射唐邕同知朝政，時人號為八貴。武成之死也，和士開祕
喪三日不發。黃門侍郎馮子琮，其妻，胡皇后之妹也。〈子琮傳〉云：子
琮素知和士開忌趙郡王叡及婁定遠，恐其矯遺詔，出叡外仕，（叡時為太
尉，錄尚書事。）奪定遠禁衛之權，乃謂士開曰：「但令在內貴臣，一無改
易，王公已下，必無異望。」乃發喪。文遙以子琮太后妹夫，恐其獎成太
后干政，說趙郡王及士開出之，拜鄭州刺史。（鄭州，治潁陰，見第十三
章第八節。）至州未幾，太后為齊安王納子琮長女為妃，（齊安王廓，武
成第四子。）子琮因請假赴鄴，遂授吏部尚書，俄遷右僕射，乃攝選。觀
此，知武成甫死，太后與趙郡王，業已互相齮矣。明年，（天統五年（西
元 569 年），陳宣帝太建元年。）正月，殺定州刺史博陵王濟。濟，神武
第十二子也。其傳云：天統五年（西元 569 年），在州語人云，「計次第亦
應到我。」後主聞之，陰使人殺之。案是時神武第十子任城王浩尚存，濟

101

安得作此語？濟之死，必別有其故可知矣。至二月而趙郡王之變作。〈和士開傳〉云：叡與婁定遠等謀出士開，引諸貴人，共為計策。（《北史》云：仍引任城、馮翊二王及段韶、安吐根，共為計策。馮翊王潤，神武第十四子也。安吐根，安息胡人。曾祖入魏，家於酒泉。吐根，魏末充使蠕蠕。天平初，蠕蠕使至晉陽。吐根密啟本蕃情狀，神武得為之備。神武以其忠款，厚加賞賚。其後與蠕蠕和親，結成婚媾，皆吐根為行人也。在其本蕃，為人所譖，投奔神武。）屬太后觴朝貴於前殿，叡面陳士開罪失。太后曰：「先帝在時，王等何不道？今日欲欺孤寡邪？但飲酒，勿多言。」叡辭色愈厲。或曰：（《北史》作「安吐根繼進曰。」）「不出士開，朝野不定。」叡等或投冠於地，或拂衣而起，言辭咆勃，無所不至。明日，叡等共詣雲龍門，令文遙入奏。太后不聽。段韶呼胡長粲傳言：「太后曰：梓宮在殯，事大匆促，欲王等更思量。」趙郡王等遂並拜謝，更無餘言。（《北史》云：長粲覆命，太后謂曰：「成妹母子家計者，兄之力也。」厚賜叡等而罷之。）太后及後主召見問士開。士開曰：「先帝群官之中，待臣最重。陛下諒闇始爾，大臣皆有覬覦心。若出臣，正是翦陛下羽翼。宜謂叡等曰：令士開為州，待過山陵，然後發遣。（《北史》作「宜謂叡等云：文遙與臣，同是任用，豈得一去一留？並可以為州，且依舊出納，待過山陵，然後發遣。」）叡等謂臣真出，必心喜之。」後主及太后然之，告叡等如士開旨。以士開為兗州刺史。（《北史》多文遙為西兗州刺史句。）山陵畢，叡等促士開就路。士開載美女、珠簾，及餘諸寶玩，詣定遠謝。定遠喜，謂士開曰：「欲得還入不？」士開曰：「在內久，常不自安，今得出，實稱本意，不願更入，但乞王保護，長作大州刺史。今日遠出，願得一辭覲二宮。」定遠許之。士開由是得見太后及後主。進說曰：「觀朝貴意，勢欲以陛下為乾明，（濟南年號。）臣出之後，必有大變。」因慟哭。帝及太后皆泣。問計將安出？士開曰：「臣已得入，復何所慮？正須數行詔書

耳。」於是詔出定遠為青州刺史；責叡以不臣之罪，召入而殺之。(〈叡傳〉
云：入見太后，出至永巷，遇兵被執，送華林園，於雀離佛院令劉桃枝
拉而殺之。時年三十六。)復除士開侍中、尚書、右僕射。定遠歸士開所
遣，加以餘珍賂之。武平元年(西元570年)，(陳宣帝太建二年。)封淮
陽王。除尚書令，錄尚書事，復本官，悉得如故。觀此傳所言，叡不臣之
跡，較然甚明。段韶、婁定遠，特劫於勢無可如何，初非與之為黨，亦顯
而易見。士開藉定遠之力乃得入見，可見叡之跋扈。當日者，與謂齊之社
稷，與叡共安危，毋寧謂太后、後主，與士開同利害，曷怪武成臨終，殷
勤託付哉？〈叡傳〉所言，叡之邪止，適與此傳反，其不足信亦明矣。

文遙、宗漢既出，唐邕專典外兵，(參看第八節。)綦連猛、高阿那
肱別總武仕，唯胡長粲常在左右，兼宣詔令。從幸晉陽，後主富於春秋，
庶事皆歸長粲。胡長仁者，武成皇后長兄也。言於後，發其陰私，請出為
州，後主不得已，從焉。長仁初以內戚，歷位尚書左僕射，尚書令。武成
崩，參豫朝政。封隴東郡王。左丞酈孝裕，郎中陸仁惠、盧元亮，厚相結
託，人號為三佞。孝裕勸其求進。和士開深疾之。於是奏除孝裕為章武郡
守，(章武，見第八章第五節。)元亮為淮南郡守，(淮南郡，治壽春。)
仁惠為幽州長史。孝裕又說長仁曰：「王陽臥疾，和士開必來，因而殺
之，入見太后，不過百日失官，便代其處。」士開知其謀，更徙孝裕為北
營州建德郡守。(建德，後魏郡，未詳今地。)長仁每幹執事，求為領軍。
將相文武，抑而不許，以本官攝選。長仁意猶未盡。天統五年(西元569
年)，(陳太建元年。)從駕自並還鄴。夜發滏口，(見第十二章第四節。)
帝以夜漏尚早，停於路旁。長仁後來，謂是從行諸貴，遂遣門客程牙馳騎
呼問。帝遣中尚食陳德信問是何人。牙不答而走。帝命左右追射之。既而
捉獲。令壯士撲之，決馬鞭二百。牙一宿便死。士開因此，遂令德信列長
仁倚親驕豪，無畏憚。(據《北史‧長仁傳》。《北齊書》云：「後長仁倚親

驕豪，無畏憚」，則以德信之彈文為事實矣。）由是除齊州刺史。（齊州，見第十二章第三節。）及辭，於昭陽列仗引見，長仁不敢發語，唯泣涕橫流。到任，啟求暫歸，所司不為奏。怨憤，謀令人刺士開。其弟告之。士開密與祖孝徵（珽字。）議之。孝徵引漢文帝殺薄昭故事，於是敕遣張固、劉桃枝馳驛詣齊州，責長仁謀害宰輔，遂賜死。案長仁親太后兄，而其死也，太后不能庇，恐其罪狀，亦不止於欲謀殺士開矣。〈祖珽傳〉：珽以言禪事，拜祕書監，加儀同三司，大被親寵。既見重二宮，因志於宰相。先與黃門侍郎劉逖友善，乃疏趙彥深、和士開罪狀，令逖奏之。逖懼不敢通，其事頗洩。彥深等先詣帝自陳。（武成。）帝大怒，鞭二百，配甲坊。尋徙於光州。（見第十二章第三節。）為深坑置諸內，桎梏不離其身。夜中以蕪青子燭燻眼，因此失明。武成崩，後主憶之，就除海州刺史。（東魏改青州為海州。治龍沮，見第九章第五節。）是時陸令萱外幹朝政，其子穆提婆愛幸，珽乃遺陸媼弟悉達書。和士開亦以珽能決大事，欲以為謀主，故棄除舊怨，虛心待之。與陸媼言於帝。珽由是入為銀青光祿大夫、祕書監，加開府儀同三司。蓋時士開勢亦甚危，故明知珽之傾險，而亦欲引以自助也，然卒不免於趙郡王之禍。

趙郡王儼，在武成時，已拜開府、侍中、中書監、京畿大都督、領軍大將軍，領御史中丞，遷大司徒、尚書令、大將軍、錄尚書事、大司馬。帝幸並州，儼常居守。〈傳〉云：帝每稱曰：「此黠兒也，當有所成，」以後主為劣，有廢立意。（此與〈和士開傳〉謂胡后欲立儼，而武成以後主體正居長，難於移易者又不同，足見史說多不盡信。）和士開、駱提婆忌之。武平二年（西元 571 年），（陳太建三年。）出儼居北宮，五日一朝，不得復每日見太后。（每日，《北史》作無時。）四月，詔除太保，餘官悉解。猶帶中丞，督京畿。以北城有武庫，欲移儼於外，然後奪其兵權。治書侍御史王子宜，與儼左右開府高舍洛，中常侍劉闢彊說儼曰：「殿下被

疏，正由士開間構。何可出北宮，入百姓叢中也？」儼謂侍中馮子琮曰：
「士開罪重，兒欲殺之。」子琮心欲廢帝而立儼，因贊成其事。儼乃令子宜
表彈士開罪，請付禁推。子琮雜以他文書奏之。後主不審省而可之。儼誑
領軍庫狄伏連曰：「奉敕令領軍收士開。」伏連以諮子琮，且請覆奏。子琮
曰：「琅邪王受敕，何須重奏？」伏連信之。伏五十人於神虎門外，詰旦，
執士開送御史。儼使馮永洛就臺斬之。儼徒本意，唯殺士開，及是，因逼
儼曰：「事既然，不可中止。」儼遂率京畿軍士三千餘人，屯千秋門。後
主急召斛律光。光入見後主於永巷。帝率宿衛者步騎四百授甲將出戰。光
曰：「小兒輩弄兵，與交手即亂。至尊宜自至千秋門，琅邪必不敢動。」皮
景和亦以為然。（景和時為領軍將軍。）後主從之。光步道使人走山口：「人
家來。」儼徒骇散。帝駐馬橋上呼之。儼猶立不進。光就謂曰：「天子弟殺
一漢，何所苦？」執其手，強引以前。帝拔儼帶刀環亂築辮頭，良久，乃
釋之。收伏連及高舍洛、王子宜、劉闢疆、都督翟顯貴於後園，帝親射之
而後斬。皆支解，暴之都街下。文武職吏，盡欲殺之。光以皆勳貴子弟，
恐人心不安；趙彥深亦云：《春秋》責帥；於是罪之各有差。自是太后處儼
於宮內，食必自嘗之。陸令萱說帝；何洪珍與和士開素善，亦請殺之；未
決，以食輿密迎祖珽問之。珽稱周公誅管叔，季友酖慶父，帝納其言。以
儼之晉陽。九月下旬，帝啟太后曰：「明日欲與仁威出獵，（仁威，儼字。）
須早出早還。」是夜四更，帝召儼，使劉桃枝殺之。時年十四。有遺腹四
男，皆幽死。《北史‧馮子琮傳》云：和士開居要日久，子琮舊所附託，
中雖阻異，其後還相彌縫。時內外除授，多由士開奏擬，子琮既恃內戚，
兼帶選曹，自擅權寵，頗生間隙。時陸媼勢震天下，太后與之結為姊妹，
而和士開於太后有醜聲，子琮欲陰殺陸媼及士開，因廢帝而立琅邪王儼。
以謀告儼，儼許之。乃矯詔殺士開。及儼見執，言子琮教己。太后怒，又
使執子琮，遣右衛大將軍侯呂芬就內省以弓弦絞殺之。此與〈儼傳〉謂儼

徒本意唯欲殺士開者絕異。〈胡后傳〉言：后自武成崩後，數出詣佛寺，又與沙門曇獻通。乃置百僧於內殿，託以聽講，日夜與曇獻寢處。以獻為昭玄統。帝聞太后不謹而未之信。後朝太后，見二少尼，悅而召之，乃男子也。於是曇獻事亦發。皆伏法。帝自晉陽奉太后還鄴，至紫陌，（見第一節。）卒遇大風雪，舍人魏僧伽明風角，奏言即時當有暴逆事。帝詐云鄴中有急，彎弓纏稍，馳入南城。令鄧長顒幽太后北宮。仍有敕：內外諸親，一不得與太后想見。久之，帝迎復太后。太后初聞使者至，大驚，慮有不測。每太后設食，帝亦不敢嘗。周使元偉來聘，作〈述行賦〉，敘鄭莊公克段而遷姜氏，文雖不工，當時深以為愧。然則馮子琮之死，究出太后意？抑其逆謀竟與太后相連？又不可知矣。要之，和士開雖小人，然當時傾側冒利之徒，其不知利害，罔顧大局，恐尚皆出士開下也。（〈封隆之傳〉：隆之弟子孝琰，為通直散騎常侍，以本官兼尚書左丞，其所彈射，多承意旨。有僧尼以他事訴競者，辭引曇獻，上令有司推劾，孝琰案致極法，由是正授左丞，仍令奏門下事。）

趙王既死，南陽王綽遂見殺。〈綽傳〉云：綽實武成長子，以五月五日辰時生，至午時，後主乃生，武成以綽母李夫人非正嫡，故貶為第二，其見忌宜矣。（綽時為定州刺史。〈綽傳〉言其好微行，遊獵無度，恣情強暴，云學文宣伯為人。後主聞之，詔鎖赴行在所。至而宥之。問在州何者最樂？對曰：「多取蠍，將蛆混看極樂。」後主即夜索蠍一斗。比曉，得三二升。置諸浴斛，使人裸臥斛中，號叫宛轉。帝與綽臨觀，喜噱不已。謂綽曰：「如此樂事，何不早馳驛奏聞？」綽由是大為後主寵，拜大將軍，朝夕同戲。韓長鸞聞之，除綽齊州刺史。將發，長鸞令綽親信誣告其反。奏云：「此犯國法，不可赦。」後主不忍顯戮，使寵胡何猥薩後園與綽相撲，搤殺之。其說非實，顯而易見。）武成第四子齊安王廓，〈傳〉云：性長者，無過行，其為人蓋無足忌，故免於患。第五子北平王貞，武成行

幸，總管留臺事積年。阿那肱承旨，令馮士幹劾繫於獄，奪其留後之權。第六子高平王仁英，第七子淮南王仁光，位清都尹。次河西王仁幾，次樂平王仁邕，次潁川王仁儉，次安樂王仁雅，次丹陽王仁直，次東海王仁謙。皆養於北宮。琅邪死後，諸王守禁彌切。武平末年，仁邕以下，始得出外。供給儉薄，取充而已。

　　趙王儼之變，所以戡定甚易，蓋頗有賴於斛律光，然未幾，光亦遭族誅之慘，立亂朝者，誠無以自全哉！光父金，先世本朔州敕勒部人。高祖侯倍利，道武時率戶內附。父那瓌，為領民酋長。金初從破六韓拔陵，後詣雲州降。（後魏正光中，改朔州為雲州。）稍南出，為杜洛周所破，與兄平脫身歸尒朱榮。後從神武為將。金老壽。光，神武時久刺晉州，後移朔州，乾明後刺並州。弟羨，字豐樂，久刺幽州。《北齊書・光傳》，侈陳光之功績，幾於為齊之長城，其實所爭者不過汾州、宜陽間之小戍，且亦無大克捷，讀第六節自見，〈光傳〉蓋阿私斛律氏者之所為，不足信也。光之所以見忌者，徒以仍世貴顯，男尚公主，女為皇后，又兄弟並膺邊任故耳。武平二年（西元 571 年），（陳太建六年。）周人圍宜陽，光赴之，還軍未至鄴，敕令便放兵散。光以為軍人多有功勳，未得慰勞，乃密通表請使宣旨，軍仍且進。朝廷發使遲留，軍還將至紫陌，光仍駐營待使。帝心甚惡之。急令舍人追光入趓見，然後宣勞散兵。拜光左丞相。光忿祖珽。穆提婆求娶光庶女，不許。帝賜提婆晉陽之田，光言於朝曰：「此田神武以來，常種禾飼馬數千匹，以擬寇難，今賜提婆，無乃闕軍務也？」由是祖、穆積怨。周將韋孝寬忌光，乃作謠言，令間諜漏其文於鄴。祖珽因續之，令小兒歌之於路。提婆聞之，以告其母。遂相與協謀，以謠言啟帝，曰：「斛律累世大將；明月聲震關西；（明月，光字。）豐樂威行突厥；女為皇后，男尚公主，謠言甚可畏也。」帝以問韓長鸞，長鸞以為不可，事寢。祖珽又見帝請間。唯何洪珍在側。帝曰：「前得公啟，即欲施行，長

鸞以為無此理。」斑未對,洪珍進日:「若本無意則可,既有此意,而不決行,萬一洩露,如何?」帝日:「洪珍言是也。」猶豫未決。會丞相府佐封士讓密啟云:「光前西討還,敕令放兵散,光令軍逼帝京,將行不軌,事不果而止。家藏弩甲,奴僮千數;每遣使豐樂、武都處,(武都,光長子,見下。)陰謀往來,若不早圖,恐事不可測。」啟雲軍逼帝京,會帝所疑臆。謂何洪珍云:「人心亦大聖,我前疑其欲反,果然。」帝性至怯實,恐即變發,令洪珍馳召祖斑告之。又恐追光不從命。斑因云:「正爾召之,恐終不肯入。宜遣使賜其一駿馬,云明日將往東山遊觀,王可乘此馬同行。光必來奉謝,因引入執之。」帝如其言。頃之,引入涼風堂,劉桃枝自後拉而殺之。於是下詔稱光謀反,今已伏法,其餘家口,並不須問。尋而發詔盡滅其族。敕使中領軍賀拔伏恩等十餘人驛捕羨。遣領軍大將軍鮮於桃枝、洛州行臺僕射獨孤永業便發定州騎卒續進,仍以永業代羨。伏恩等至,羨出見,遂執之,死於長史聽事。光四子:長武都,梁、兗二州刺史,遣使於州斬之。次須達,先卒。次世雄,次恆伽,並賜死。少子鐘,年數歲,獲免。羨之死,及其五子世達、世遷、世辨、世酋、伏護,餘年十五以下者宥之。案光雖再世為將,兄弟又並握兵,然自乾明以來,中朝政變迭乘,光皆若不聞者;亦不聞有人與之相結,光女為樂陵王妃,死狀甚慘,光亦無怨懟意;其不足忌可知,而後主畏忌之如是,可見其度量之不廣矣。

　　斛律光以武平三年(西元 572 年)(陳太建四年。)七月死,八月,其女為皇后者遂廢。拜右昭儀胡氏為皇后,長仁女也。十月,又拜弘德夫人穆氏為左皇后。十二月,廢胡后為庶人。明年,(武平四年(西元 573 年),陳太建五年。)二月,拜穆氏為皇后。〈后妃傳〉云:穆氏名邪利,本斛律后從婢也。母名欽霄,本穆子倫婢也,轉入侍中宋欽道家,奸私而生后,莫知氏族。或云后即欽道女子也。欽道伏誅,因此入宮。有幸於後

主。陸大姬知其寵，養以為女。（〈佞幸傳〉云：穆后立，令萱號曰太姬，此即齊朝母氏之位號也，則此時尚未有太姬之號。）武平元年（西元 570年），六月，生皇子恆。廬皇后斛律氏懷恨，先令母養之，立為皇太子。陸以國姓之重，穆、陸相對，又奏賜姓穆氏。斛律后廢，陸媼欲以穆夫人代之，太不許。祖孝徵請立胡昭儀。其後陸媼於太后前作色而言曰：「何物親姪女？作如此語言。」太后問有何言？曰：「不可道。」固問之，乃曰：「語大家云：太后多行非法，不可以訓。」太后大怒，喚后出，立剃其髮，送令還家。案太后見幽，不知此時已迎復不？即已迎復，與後主猜忌甚深，安能立剃后髮，即送回家？其不足信可知。（《北史·穆提婆傳》曰：令萱，自太后已下，皆受其指麾。斛律皇后之廢也，太后欲以胡昭儀正位後宮，力不能遂，乃卑辭厚禮，以求令萱，說較〈后妃傳〉為近理。）〈祖珽傳〉云：和士開死後，仍說陸媼出趙彥深，以珽為侍中。在晉陽，通密啟請誅琅邪王。其計既行，漸被任遇。太后之被幽也，珽欲以陸媼為太后，撰魏太后故事，為太姬言之。太姬亦稱珽為國師、國寶。由是拜尚書左僕射。斛律光甚惡之。常謂諸將云：「邊境訊息，處分兵馬，趙令萱與吾等參論之，盲人掌機密以來，全不共我輩語，止恐誤他國家事。」珽頗聞其言，因其女皇后無寵，以謠言聞上。令其妻兄鄭道蓋奏之。珽又附陸媼，求為領軍。後主許之。詔須覆奏，取侍中斛律孝卿署名。孝卿密告高元海。元海語侯呂芬、穆提婆云：「孝徵漢兒，兩眼又不見物，豈合作領軍也？」明旦，面奏具陳珽不合之狀。並書珽與廣寧王孝珩交結，無大臣體。珽亦求面見。帝令引入。珽自分疏。並云：「與元海素相嫌，必是元海譖臣。」帝弱顏，不能諱，曰：「然。」珽列元海共司農卿尹子華、太府少卿李叔元、平準令張叔略等結朋樹黨。遂除子華仁州刺史，（仁州，梁置，後入魏。治赤崁城，在今安徽靈璧縣東南。）叔元襄城太守，（襄城，見第三章第四節。）叔略南營州錄事參軍。（魏孝昌中，營州陷，永

109

熙二年（西元 533 年），置南營州，治英雄城，在今河北徐水縣西南。）陸
媼又唱和之，復除元海鄭州刺史。珽自是專主機衡，總知騎兵外兵事。委
任之重，群臣莫比。〈元海傳〉云：河清二年（西元 563 年），元海為和士
開所譖，被棰馬鞭六十，出為兗州刺史。元海後妻，陸太姬甥也，故尋
被追任使。武平中，與祖珽共執朝政。元海多以太姬密語告珽。珽求領
軍，元海不可，珽乃以其所告報太姬。太姬怒，出元海為鄭州刺史。〈珽
傳〉又云：自和士開執事以來，政體隳壞，珽推崇高望，官人稱職，內外
稱美。復欲增損政務，沙汰人物。始奏罷京畿府，並於領軍。（案此事在
武平二年十月，正琅邪王儼死後，蓋因儼以此作亂故也。）事連百姓，皆
歸郡縣。宿衛、都督等，號位從舊。官名、文武章服，並依故事。又欲黜
諸閹豎及群小輩，推誠延士，為致治之方。陸媼、穆提婆議頗同異。珽乃
諷御史中丞麗伯律，令劾主書王子沖納賄，知其事連穆提婆，欲使臧罪相
及，望因此坐，並及陸媼。猶恐後主溺於近習，欲因後黨為援，請以皇后
兄胡君瑜為侍中、中領軍，又徵君瑜兄梁州刺史君璧，欲以為御史中丞。
陸媼聞而懷怒，百方排毀。即出君瑜為金紫光祿大夫，解中領軍，君璧還
鎮梁州。皇后之廢，頗亦由此。王子沖釋而不問。珽日益以疏。又諸宦者
更共譖毀之。後主問諸太姬。閔默不對。三問。乃下床曰：「老婢合死。
本見和士開道孝徵多才博學，言為善人，故舉之。比來看之，極是罪過。
人實難知，老婢合死。」後主令韓長鸞檢案，得其詐出敕受賜十餘事。以
前與其重誓，不殺，遂解珽侍中、僕射，出為北徐州刺史。珽求見後主。
韓長鸞積嫌於珽，遣人推出柏閣。珽固求見面，坐不肯行。長鸞乃令軍士
曳牽而出，立珽於朝堂，大加誚責。上道後，令追還，解其開府、儀同、
郡公，直為刺史。觀此，知胡、穆之興替，實祖珽與陸令萱、穆提婆母
子之爭耳。祖珽小人，安得忽有整頓政事之想？蓋居機衡之地者，無論如
何邪曲，其所為，終必有為群小所不便之處，故韓長鸞及諸閹宦，群起而

攻之，此乃勢所不免，而非珽之能出身犯難也。珽雖無行，究系士人，珽敗，穆提婆遂為尚書左僕射；高阿那肱錄尚書，後且進位丞相；韓長鸞為領軍大將軍；共處衡軸，朝局益不可問矣。（段韶之弟孝言，為東部尚書，抽擢之徒，非賄則舊。祖珽執政，將廢趙彥深，引為助。又託韓長鸞，共構祖珽之短。及珽出，除尚書右僕射，仍掌選舉。恣情用舍，請謁大行。富商大賈，多被銓擢。所用人士，咸是傾險放縱之流。尋遷左僕射，特進，侍中如故。）

　　是時干師來討，江、淮失陷，（見第七節。）於是蘭陵王長恭見殺，（武平四年五月。）蓋忌之也。無幾，又有崔季舒等見殺之事。（十月。）季舒時待詔文林館，監撰《御覽》。（〈後主紀〉：武平三年（西元 572 年），二月，敕撰《玄洲苑御覽》，後改名《聖壽堂御覽》。八月，《聖壽堂御覽》，成敕付史。後改名《修文殿御覽》。）季舒素好圖籍，暮年轉更精勤，實已無意於政事。祖珽受委，奏季舒總監內作。珽被出，韓長鸞以為珽黨，亦欲出之。屬後主將適晉陽，季舒與張雕虎議，（張雕虎從〈本紀〉。本傳作張雕，《北史》作張雕武，皆避唐諱也。）以為壽春被圍，大軍出拒，信使往還，須稟節度；兼道路小人，或相驚恐，云人駕向並，畏避南寇；若不啟諫，必動人情。遂與從駕文官，連名進諫。時貴臣趙彥深、唐邕、段孝言等，初亦同心，臨時疑貳。季舒與爭，未決。長鸞遂奏云：「漢兒文官，連名總署，聲云諫止向並，其實未必不反，宜加誅戮。」帝即召已署表官人集含章殿。以季舒、張雕虎（侍中。）、劉逖、封孝琰（皆散騎常侍。）、裴澤、郭遵等（皆黃門侍郎。）為首，並斬之殿庭。長鸞令棄其屍於漳水。自外同署，將加鞭撻，趙彥深執諫獲免。季舒等家屬男女徙北邊，妻、女、子婦配奚官，小男下蠶室，沒入貲產。張雕虎者，見《齊書‧儒林傳》中。嘗入授後主經書。後主甚重之，以為侍讀，與張景仁並被尊遇。其〈傳〉云：胡人何洪珍，有寵於後主，欲得通婚朝士，以景仁在內，

官位稍高，遂為其兄子娶景仁第二息子瑜之女。因此表裡，恩遇日隆。雕以景仁宗室，自託於洪珍。傾心相禮，情好日密。公私之事，雕嘗為其指南。時穆提婆、韓長鸞與洪珍同侍帷幄，知雕為洪珍謀主，甚忌惡之。洪珍又奏雕兼國史。尋除侍中，加開府，奏度支事。大被委任，言多見從。特敕奏事不趨，呼為博士。雕自以出於微賤，致位大臣，屬精在公，有匡躬之節。論議抑揚，無所迴避。宮掖不急之費，大存減省。左右縱恣之徒，必加禁約。數譏切寵要，獻替帷扆。上亦深倚杖之。方委以朝政。雕便以澄清為己任，意氣甚高。長鸞等慮其干政不已，陰圖之。劉逖見〈文苑傳〉，云：初逖與祖珽，以文義相待，結雷、陳之契。又為弟俊聘珽之女。珽之將免趙彥深等也，先以造逖，仍付密契，令其奏聞。彥深等頗知之，先自申理。珽由此疑逖告其所為。及珽被出，逖遂遣弟離婚，其輕交易絕如此。然則季舒等之見殺，其中又有趙彥深、祖珽之爭焉，真匪夷所思矣。張雕虎亦非正士，而為韓長鸞所疾，其故，正與祖珽之見疾同，要而言之，則不容有政治耳。

武平五年（西元 574 年），（陳太建六年。）二月，南安王思好反。思好本浩氏子，上洛王思宗（元海之父。）養以為弟。累遷朔州刺史，甚得邊朔人心。〈傳〉云：後主時，斛骨光弁奉使至州，思好迎之甚謹，光弁倨敖，思好唧恨，遂反。帝聞之，使唐邕、莫多婁敬顯、劉桃枝、中領軍庫狄士連馳之晉陽，帝敕兵續進。思好兵敗，投水死。其麾下二千人，桃枝圍之，且殺且招，終不降以至盡。此豈似徒有憾於斛骨光弁者耶？北齊是時，即無外患，內亂亦必作，然外患既迫，內亂且欲起而不及矣。

〈後主本紀〉總述當時荒淫之狀云：帝言語澀吶，無志度。不喜見朝士。自非寵私暱狎，未嘗交語。性懦不堪，人視者即有忿責。其奏事者，雖三公、令、錄，莫得仰視，皆略陳大旨，驚走而出。每災異、寇盜、水旱，亦不貶損，唯諸處設齋，以此為修德。雅信巫覡，解禱無方。盛為無

愁之曲，帝自彈胡琵琶而唱之，侍和之者以百數。人間謂之無愁天子。嘗出見群屬，盡殺之。或剝人面皮而視之。任陸令萱、和士開、高阿那肱、穆提婆、韓長鸞等宰制天下，陳德信、鄧長顒、何洪珍參預機權。各引親黨，超居非次。官由財進，獄以賂成。其所以亂政害人，難以備載。諸官奴婢、閹人、商人、胡戶、雜戶、歌舞人、見鬼人濫得富貴者將萬數，庶姓封王者百數，不復可紀。開府千餘，儀同無數，領軍一時二十。連判文書，各作依字，不具姓名，莫知誰也。諸貴寵祖禰追贈官，歲一進，位極乃止，宮掖婢皆封郡君。宮女寶衣玉食者，五百餘人。一裙直萬匹，鏡臺直千金。競為變巧，朝衣夕弊。（〈穆后傳〉云：武成時，為胡后造真珠裙袴，所費不可稱計，被火所燒。後主既立穆皇后，復為營之。屬周武遭太后喪，詔侍中薛孤、康買等為弔使，又遣商胡齎錦綵三萬匹，與弔使同往，欲市真珠，為皇后造七寶車。周人不與交易。然而竟造焉。顏之推〈觀我生賦注〉云：「武成奢侈，後宮御者數百人，食於水陸貢獻珍異，至乃厭飽。禪衣悉羅纈錦繡珍玉織成，五百一段。爾後宮掖遂為舊事。」故曰：後主之侈靡，其原實自武成開之也。）承武成之奢麗，以為帝王當然。乃更增益宮苑。造偃武修文臺。其嬪嬙諸宮中，起鏡殿、寶殿、玳瑁殿。丹青雕刻，妙極當時。又於晉陽起十二院，壯麗逾於鄴下。所愛不恆，數毀而又復。夜則以火照作，寒則以湯為泥，百工困窮，無時休息。鑿晉陽西山為大佛像，一夜然油萬盆，光照宮內。又為胡昭儀起大慈寺。未成，改為穆皇后大寶林寺。窮極工巧。運石填泉，勞費億計。人牛死者，不可勝紀。（〈文襄六王傳〉云：初文襄於鄴東起山池遊觀，時俗眩之。孝瑜遂於第作水堂、龍舟，植幡稍於舟上。數集諸弟，宴射為樂。武成幸其第，見而悅之，故盛興後園之玩。於是貴賤慕，處處興造。則後主之侈於宮室，亦自武成啟之也。）御馬則藉以氈罽，食物有十餘種。將合牝牡，則設青廬、具牢饌而親觀之。狗則飼以粱肉。馬及鷹、犬，乃有儀同、郡

君之號。犬於馬上設褥以抱之。鬥雞亦號開府。犬、馬、雞、鷹，多食縣
幹。鷹之入養者，稍割犬肉以飼之，至數日乃死。又於華林園立貧窮村
舍，帝自弊衣為乞食兒。又為窮兒之市，躬自交易。嘗築西鄙諸城，使人
衣黑衣為羌兵鼓譟陵之，親率內參臨拒。或實彎弓射人。自晉陽東巡，單
馬馳騖，衣解髮散而歸。又好不急之務。曾一夜索蠍，及旦得三升。特愛
非時之物，取求火急，皆須朝徵夕辦。當勢者因之，貸一而責十焉。賦斂
日重，徭役日繁。人力既殫，帑藏空竭，乃賜諸佞幸賣官。或得郡兩三，
或得縣六七。各分州郡。下逮鄉官，亦多降中者。故有敕用州主簿，敕用
郡功曹。於是州縣職司，多出富商大賈。競為貪縱，人不聊生。爰自鄴
都，及諸州郡，所在徵稅，百端俱起。凡此諸役，皆漸於武成，至帝而增
廣焉。然未嘗有帷薄淫穢，唯此事頗優於武成云。案後主雖荒淫，不甚暴
虐，謂其盡殺群屬，剝人面皮，似近於誣。一夜索蠍，與〈南陽王傳〉所
言，似即一事，其說之不足信，前已辨之矣。後主受病之根，在於承武成
而以為帝王當然一語，故曰詒謀之不臧也。

周篡西魏

從來北狄入中國者，其能否有成，恆視其能否通知中國之情形。以
此言之，則尒朱榮不如高歡，高歡又不如宇文泰。歡之任其子澄以繩抑
勳貴，特因諸勳貴縱恣大甚，綱紀蕩然，不得不如是耳，非真能留意政
事也，而泰則頗知治體。泰之平侯莫陳悅也，周惠達歸之。（惠達初從賀
拔嶽。）泰任以後事。營造戎仗，儲積食糧，簡閱士馬，時甚賴焉。趙青
雀之叛，輔魏太子出渭橋以御之者，即惠達也。（時惠達輔魏太子居守，
總留臺事。）史稱自關右草創，禮樂闕然，惠達與禮官損益舊章，儀軌稍
備，其人蓋亦粗知治制。為大行臺僕射，薦行臺郎中蘇綽於泰。泰與語，

悅之。即拜大行臺左丞，參典機密。後又授大行臺度支尚書，領著作，兼司農卿。輔泰凡十二年。（自大統元年（西元 535 年）至十二年（西元 546 年），即自梁大同元年至中大同元年。）史稱綽之見泰，指陳帝王之道，兼述申、韓之要。指陳帝王之道，不過門面語，兼述申、韓之要，則實為當時求治之方，蓋為治本不能廢督責，而當文武官吏，競為貪虐之亂世為尤要也。綽始制文案程式，朱出墨入；及計帳、戶籍之法。又減官員，置二長。並置屯田，以資軍國。又為六條詔書，奏施行之。（一治心身，二敦教化，三盡地利，四擢賢良，五恤獄訟，六均賦役。）牧、守、令長，非通六條及計帳者，不得居官。飭吏治以恤民生，可謂得為治之要矣。泰於綽，實能推心委任。凡所薦達，皆至大官。泰或出遊，常豫署空紙以授綽，須有處分，隨事施行，及還，啟之而已。泰又欲放《周官》改官制，命綽專掌其事。未幾而綽卒，令盧辯成之。辯亦累世以儒學名者也。泰又立府兵之制，以整軍戎。建國之規模粗備。

西魏文帝，以大統十七年（西元 551 年）死。（梁簡文帝大寶二年。）太子欽立，是為廢帝。廢帝二年（西元 553 年），（梁元帝承聖二年，廢帝不建年號。）尚書元烈謀殺宇文泰，事洩而死。廢帝仍欲謀泰。時泰諸子皆幼；猶子章武公導、中山公護，復東西作鎮，故唯託意諸婿，以為心膂。李遠子基，李弼子暉，于謹子翼，俱為武衛將軍，分掌禁旅，故密謀遂洩。（據《周書·李遠傳》。案泰長子毓，即明帝，當魏恭帝元年，年已二十一，不為甚幼，蓋其人本無能為，故泰不得不以後事屬宇文護也。）泰使尉遲綱典禁旅，密為之備。綱者，迥之弟。其父俟兜，娶泰姊昌樂長公主。迥與綱少孤，依託舅氏。明年，泰廢帝，立齊王廓，（寶炬第四子。）是為恭帝。仍以綱為中領軍，總宿衛。是年，泰死，梁敬帝之太平元年（西元 556 年）也。泰長子寧都郡公毓，其妻，獨孤信之女也。次子曰宋獻公震，前卒。第三子略陽郡公覺，母魏孝武帝妹，立為世子。（《周

書‧李遠傳》云：太祖嫡嗣未建，明帝居長，已有成德，孝閔處嫡，年尚幼沖，乃召群公謂之曰：「孤欲立嫡，恐大司馬有疑。」大司馬即獨孤信，明帝敬後父也眾皆默，未有言者。遠曰：「夫立子以嫡不以長，《禮經》明義，略陽公為世子，公何所疑？若以信為嫌，請即斬信。」便拔刀而起。太祖亦起曰：「何事至此？」信又自陳說。遠乃止。於是群公並從遠議。出外，拜謝信曰：「臨大事不得不爾。」信亦謝遠曰：「今日賴公，決此大議。」案信在諸將中不為特異，太祖何至憚之？疑傳之非其實也。）泰長兄邵惠公顥，與衛可孤戰死。次兄曰杞簡公連，與其父俱死定州。三兄曰莒莊公洛生，為尒朱榮所殺。（參看第十二章第九節。）顥長子什肥，連子光寶，洛生子菩提，皆為齊神武所害。顥次子導，夙從泰征伐，死魏恭帝元年（西元 537 年）。導弟護，泰初以諸子並幼，委以家務，故泰死，宇文氏之實權集於護。《周書‧于謹傳》曰：「太祖崩，孝閔帝尚幼，中山公護雖受顧命，（〈護傳〉云：太祖西巡，至牽屯山，遇疾，馳驛召護。護至涇州見太祖，而太祖疾已綿篤。」謂護曰：「吾形容若此，必是不濟。諸子幼小，寇賊未寧。天下之事，屬之於汝。宜勉力以成吾志。」護涕泣奉命。行至雲陽而太祖崩。護祕之，至長安，乃發喪。牽屯山，見第六章第六節。涇州，見第十一章第四節。雲陽，見第三章第五節。）而名位素下，群公各圖執政，莫相率服。護深憂之。密訪于謹。謹曰：「夙蒙丞相殊睠，情深骨肉，今日之事，必以死爭之。若對眾定策，公必不得辭讓。」明日，群公會議。謹曰：「昔帝室傾危，人圖問鼎，丞相志任匡救，投袂荷戈，故得國祚中興，群生遂性。今上天降禍，奄棄群僚。嗣子雖幼，而中山公親則猶子，兼受顧託，軍國之事，理須歸之。」辭色抗厲，眾皆悚動。護曰：「此是家事，素雖庸昧，何敢有辭？」謹既太祖等夷，護每申禮敬，至是，謹乃趨而言曰：「公若統理軍國，謹等便有所依。」遂再拜。群公迫于謹，亦再拜。因是眾議始定。觀此，便知泰死後宇文氏急於圖篡之故，蓋

不篡則魏相之位，人人可以居之，不徒若護之名位素下者，不能久據，即宇文氏亦且瀕於危；既篡則天澤之分定，而護亦居親賢之地，不復以名位素下為嫌矣。於是泰既葬，護使人諷魏恭帝，恭帝遂禪位於覺，是為周孝閔皇帝。

　　然眾究不可以虛名劫也，於是趙貴、獨孤信之謀起焉。〈貴傳〉云：孝閔帝即位，晉公護攝政，貴自以元勳佐命，每懷怏怏，有不平之色。乃與信謀殺護。及期，貴欲發，信止之。尋為開府宇文盛所告，被誅。信以同謀坐免。居無幾，晉公護又欲殺之，以其名望素重，不欲顯其罪，逼令自盡於家。時閔帝元年二月也。（陳武帝永定元年（西元557年），閔帝亦不建年號。）及九月而閔帝亦廢。〈紀〉云：帝性剛果，見晉公護執政，深忌之。司會李植，軍司馬孫恆，以先朝佐命，入侍左右，亦疾護之專。乃與宮伯乙弗鳳、賀拔提等潛謀，請帝誅護。帝然之。又引宮伯張光洛同謀。光洛密白護。護乃出植為梁州刺史，恆為潼州刺史。（潼州，今四川綿陽縣。）鳳等遂不自安。更奏帝，將召群公入，因此誅護。光洛又白之。時小司馬尉遲綱統宿衛兵，護乃召綱，共謀廢立。令綱入殿中，詐呼鳳等論事。既至，以次執送護第，並誅之。綱乃罷散禁兵。帝方悟無左右。獨在內殿，令宮人持兵自守。護又遣大司馬賀蘭祥逼帝遜位。遂幽於舊邸。月餘日，以弒崩。時年十六。植、恆等亦遇害。觀閔帝欲召群公而誅護，則知是時朝貴之不服護者仍多矣。李植者，遠之子，護並逼遠令自殺。植弟叔諧、叔謙、叔讓亦死。唯基以主婿，又為季父穆所請得免。遠兄賢，亦坐除名。賀蘭祥者，父初真，尚太祖姊建安長公主，祥年十一而孤，長於舅氏。與護中表，少相親愛，軍國之事，護皆與祥參謀。亦尉遲綱之流也。時與綱俱掌禁旅，遞直殿省者，尚有蔡祐。祐父事太祖。閔帝謀害護，祐常泣諫，不從。蓋時閔帝尚在幼沖，欲圖搖動護，實非易也。閔帝既廢，護乃迎太祖長子毓而立之，是為世宗明皇帝。明年，建元武

成。(陳永定三年(西元559年)。)正月,護上表歸政。許之。軍國大政,尚委於護。帝性聰睿,有識量,護深憚之。有李安者,本以鼎俎得幸於護,稍被升擢,至膳部下大夫。二年(西元560年),(陳帝天嘉元年。)四月,護密令安因進食加以毒藥弒帝。於是迎立太祖弟四子魯公邕,是為高祖武皇帝。百官總己,以聽於護。

自太祖為丞相,立左右十二軍,總督相府。太祖崩後,皆受護處分。凡所徵發,非護書不行。護第屯兵禁衛,盛於宮闕。事無巨細,皆先斷後聞。保定元年(西元561年),(陳天嘉二年。)以護為都督中外諸軍事。令五府總於天官。二年(西元562年),(陳天嘉三年。)侯莫陳崇從高祖幸原州,高祖夜還,京師竊怪其故。崇謂所親曰:「吾昔聞卜筮者言:晉公今年不利,車駕今忽夜還,不過是晉公死耳。」於是眾皆傳之。有發其事者。高祖召諸公卿於大德殿責崇。崇惶恐謝罪。其夜,護遣使將兵就崇宅逼令自殺。〈崇傳〉云:「初魏孝莊帝以尒朱榮有翊戴之功,拜榮柱國大將軍,位在丞相上。榮敗後,此官遂廢。大統三年(西元537年),(梁大同三年。)魏文帝復以太祖建中興之業,始命為之。其後功參佐命,望實俱重者,亦居此職。自大統十六年(西元550年)(梁大寶元年。)以前,任者凡有八人。太祖位總百揆,督中外軍。魏廣陵王欣,元氏懿戚,從容禁闥而已。(欣,獻文子廣陵王羽之子。)此外六人,各督二大將軍,分掌禁旅,當爪牙禦侮之寄。當時榮盛,莫與為比。故今之言門閥者,咸推八柱國家云。」六人者,李虎、李弼、獨孤信、趙貴、于謹及崇也,而為護所殺者三焉。初太祖創業,即與突厥和親,謀為掎角,共圖高氏。是年,乃遣楊忠與突厥東伐。期後年更舉。先是護母閻姬,與皇第四姑,及諸戚屬,並沒在齊,皆被幽系。護居宰相之後,每遣間使尋求,莫知音息。至是並許還朝。四年(西元564年),(陳天嘉五年。)皇姑先至,護母亦尋還。周為之大赦。護與母睽隔多年,一旦聚集,凡所資奉,窮極華

盛。每四時伏臘，高祖率諸親戚，行家人之禮，稱觴上壽。榮貴之極，振古未聞。是年，突厥復率眾赴期。護以齊氏初送國親，未欲即事征討，復慮失信蕃夷，更生邊患，不得已，遂請東征。護性無戎略，此行又非本心，遂至敗績。（周與突厥伐齊之事，詳見下節。）天和二年（西元 567年），（陳廢帝光大元年。）護母薨。尋有詔起令視事。高祖以護暴慢，密與衛王直圖之。七年（西元 572 年），（誅護後改元建德。陳宣帝太建四年。）三月十八日，護自同州還。（魏華州，西魏改為同州，見第十二章第二節。）帝御文安殿見護訖，引護入含仁殿朝太后。帝以玉珽自後擊之。護踣於地。又令宦者何泉以御刀斬之。泉惶懼，斫不能傷。時衛王直先匿於戶內，乃出斬之。初帝欲圖護，王軌、宇文神舉、宇文孝伯頗豫其謀，（參看第十五章第一節。）是日軌等並在外，更無知者。殺護訖，乃召宮伯長生覽等告之。即令收護諸子及黨與，於殿中殺之。（李安亦豫焉。齊王憲白帝曰：「李安出自皂隸，所典唯庖廚而已。既不預時政，未足加戮。」高祖曰：「公不知耳，世宗之崩，安所為也。」）護世子訓，為蒲州刺史，（蒲州，周置，今山西永濟縣。）徵赴京師，至同州，賜死。昌城公深使突厥，遣齎璽書就殺之。〈于翼傳〉言：翼遷大將軍，總中外宿衛兵事，晉公護以帝委翼腹心，內懷猜忌，轉為小司徒，拜柱國，雖外示崇重，實疏斥之。武帝之圖護，蓋未嘗用一兵；並王軌等數人，臨事亦無所聞；可謂藏之深而發之卒矣。衛王直，太祖第四子，帝母弟也。太祖第五子齊王憲，才武。世宗時為益州刺史。後為雍州牧。數與齊人戰。護雅相親委，賞罰之際，皆得豫焉。護誅，以憲為大塚宰，實奪其權也。直請為大司馬，帝以為大司徒。建德三年（西元 574 年），（陳太建六年。）帝幸雲陽宮，直在京師舉兵反。襲肅章門。宮門。司武尉遲運綱子。時輔太子居守。閉門拒守。直不得入，遁走。追至荊州，獲之。免為庶人。囚於別宮。尋誅之，及其子十人。宇文護雖跋扈，亦不可謂無才。《周書‧

護傳論》曰：「太祖崩殂，諸子沖幼，群公懷等夷之志，天下有去就之心，卒能變魏為周，俾危獲又者，護之力也。」太祖諸子，較長者無才，有才者多幼，微護，宇文氏之為宇文氏，蓋有不可知者矣。其居相位時，政事亦似未大壞。〈傳〉言護「凡所委任，皆非其人；兼諸子貪殘，僚屬縱逸，恃護威勢，莫不蠹政害民」；或死後加罪之辭也。至周武帝之為人，則性極雄武。《周書‧本紀》云：「帝沉毅有智謀。初以晉公護專權，常自晦跡，人莫測其深淺。及誅護之後，始親萬機。克己屬精，聽覽不怠。用法嚴整，多所罪殺。號令懇惻，唯屬意於政。群下畏服，莫不肅然。性既明察，少於恩惠。凡布懷立行，皆欲踰越古人。身衣布衣，寢布被，無金寶之飾。諸宮殿華綺者，皆撤毀之，改為土堦數尺，不施櫨栱。其雕文、刻鏤，錦繡、纂組，一皆禁斷。後宮嬪御，不過十餘人。勞謙接下，自強不息。以海內未康，銳情教習。校兵閱武，步行山谷，履涉勤苦，皆人所不堪。平齊之役，見軍士有跣行者，親脫靴以賜之。每宴會將士必自執杯勸酒，或手付賜物。至於征伐之處，躬在行陳。性又果決，能斷大事。故能得士卒死力，以弱制強。破齊之後，遂欲窮兵極武，平突厥，定江南，一二年間，必使天下一統，此其志也。」帝之為人，蓋極宜於用兵。周之政治，本較齊為修飭，而帝以雄武乘齊人之昏亂，遂成吞併之勢矣。

周齊兵事

　　當高歡、宇文泰之世，東西仍歲戰爭，而彼此地醜德齊，莫能相尚。及文宣篡魏，宇文泰遂以其年東伐。蓋以有辭可藉，姑出兵以嘗之也。是歲，九月，泰發長安。時連雨，自秋及冬，諸軍馬驢多死。十一月，至陝城。（見第六章第一節。）於弘農北造橋濟河。（弘農，見第二章第二節。）文宣親戎，次於城東。（晉陽城東。）泰聞其軍容嚴盛，自蒲坂還。（蒲

坂,見第三章第四節。)河南自洛陽,河北自平陽以東,皆入於齊。爾後八年,西魏用兵於南,取蜀,陷江陵;齊則用兵於柔然、突厥、奚、契丹;魏、齊初無甚爭戰,蓋彼此皆知敵之無釁可乘也。陳敬帝太平元年(西元556年),(齊天保七年,魏恭帝三年。)宇文泰死。《北齊書・文宣紀》云:「嘗於東山遊燕,以關、隴未平,投杯震怒,召魏收於御前,立為詔書,宣示遠近,將事西伐。是歲,周文帝殂,西人震恐,常為度隴之計。」此乃侈辭。沙苑之戰,神武尚致喪敗,況西魏此時,立國已久,根基已固邪?文宣蓋亦明知其事之難,故兵竟不出也。明年,(陳武帝永定元年(西元557年),齊天保八年,周閔帝元年。)周閔帝篡魏。又明年,(陳永定二年(西元558年),齊天保九年,周明帝元年。)二月,齊北豫州刺史司馬消難降於周。(北豫州,治虎牢,見第十一章第四節。)消難,子如子也。尚神武女。在州不能廉潔,為御史所劾。又與公主情好不睦,主譖訴之。文宣在並,驛召上黨王渙,渙斬使者東奔,朝士私相謂曰:「上黨亡叛,似赴成皋,若與司馬北豫州連謀,必為國患。」言達文宣,文宣頗疑之。消難懼,故降周。周使達奚武、楊忠拔之以歸。此亦徒得一齊之叛臣耳。又明年,(陳永定三年(西元559年),齊天保十年,周明帝武成元年。)齊文宣死,孝昭立,〈紀〉謂其意在頓駕平陽,為進取之計。按《北齊書・盧叔武傳》云:(叔武,《北史》作叔彪,實名叔虎,避唐諱。)肅宗即位,召為太子中庶子,問以世事。叔武勸討關西,曰:「強者所以制弱,富者所以兼貧。大齊比之關西,強弱不同,貧富有異,而戎馬不息,未能吞併,此失於不用強富也。輕兵野戰,勝負難必,是胡騎之法,非深謀遠算,萬全之術也。宜立重鎮於平陽,與彼蒲州相對。(蒲州,見上節。)深溝高壘,運糧積甲,築城戍以屬之。彼若閉關不出,則取其黃河以東。長安窮蹙,自然困死。如彼出兵,非十萬以上,不為我敵。所供糧食,皆出關內。我兵士相代,年別一番;穀食豐饒,運送不絕。彼來求戰,我不

應之；彼若退軍，即乘其弊。自長安以西，民疏城遠，敵兵來往，實有
艱難，與我相持，農作且廢，不過三年，彼自破矣。」帝深納之。又願自
居平陽，成此謀略。令元文遙與叔武參謀，撰《平西策》一卷。未幾，帝
崩，事遂寢。此〈本紀〉之言所由來也。案關、隴戶口，或較少於東方；
然西魏之地，本逾函谷，扼三鴉，攻守之計，非但蒲津一路；況周是時，
已取全蜀，並襄陽，兵餉所資，又豈必專恃關、隴？則叔虎之言，亦失之
誇矣。然使孝昭在位，雖不足言兼併，或可與周相抗，孝昭死而武成荒
淫，志不在敵，至後主昏亂彌甚，於是東西搆兵，只有東略之師，更無西
入之計矣。

　　陳文帝天嘉二年（西元 561 年），齊武成之太寧元年，而周武帝之保定
元年也。周於玉壁置勳州，（玉壁，見第十二章第十節。）以韋孝寬為刺
史。案東魏及齊，國都在鄴，其兵馬重鎮，則在晉陽。自潼關東出，取洛
陽，度河北上，以搖動鄴與晉陽較難，而自蒲津度河東出較易；自東方西
入，欲圖搖動長安者亦然。故神武之攻西魏，始終重在汾北；周武帝亦卒
出此而後成功；而此時齊孝昭欲頓駕平陽，周亦注重於此一路之防守也。
四年（西元 563 年），（齊河清二年，周保定三年。）九月，周楊忠率騎一
萬，與突厥伐齊。十二月，復遣達奚武率騎三萬出平陽以應忠。武成自鄴
赴救。明年，（陳天嘉四年（西元 564 年），齊河清三年，周保定四年。）
正月，楊忠至晉陽，戰，大敗。齊段韶追之，出塞而還。《周書・楊忠傳》
云：朝議將與突厥伐齊，公卿咸曰：「非十萬不可」，忠獨曰：「師克在和，
不在眾，萬騎足矣」，與〈本紀〉言忠率騎一萬相合；而《齊書・本紀》言：
忠率突厥阿史那木可汗等二十餘萬人；〈段韶傳〉言突厥從北結陳而前，
東距汾河，西被風谷；（山名，在大原西，接交城縣界。）則周兵寡而突
厥頗眾。然〈韶傳〉又言：周人以步卒為先鋒，從西山而下；而〈楊忠傳〉
謂突厥引上西山不肯戰；則突厥此役，實未與於戰事，故楊忠以寡弱而敗

也。《北齊書‧武成紀》言：突厥自恆州分為三道，殺掠吏人；（恆州，見第十一章第二節。）《周書‧楊忠傳》言：突厥縱兵大掠，自晉陽至蒙城，（後漢縣，晉省，魏復置，北齊又廢，在今山西蒙城縣北。）七百餘里，人畜無遺；則周雖喪敗，而齊之受創亦深矣。齊使斛律光御達奚武。武聞楊忠敗，亦還。武成歸宇文護之母以通好，已見上節。突厥復率眾赴期，護不欲行，又恐失信突厥，或生邊患，不得已，徵二十四軍及左右廂散隸，暨秦、隴、蜀之兵，諸蕃國之眾，凡二十萬，十月，復東征。至潼關，遣尉遲迥以精兵十萬為先鋒。權景宣率山南之兵出豫州，（縣瓟。）楊檦出軹關。（大行八陘之一，在今河南濟源縣西北。）護連營漸進，屯軍弘農。尉遲迥圍洛陽。十二月，與齊救兵戰於邙山，（見第七章第七節。）大敗。《周書‧宇文護傳》云：護本令塹斷河陽，（見第十一章第二節。）遏其救兵，然後同攻洛陽。諸將以為齊兵必不敢出，唯斥候而已。直連日陰霧，齊騎直前。圍洛之軍，一時潰散。唯尉遲迥率數十騎捍敵，齊公憲又督邙山諸將拒之，乃得全軍而返。〈齊煬王憲傳〉云：晉公護東伐，以尉遲迥為先鋒，圍洛陽。憲與達奚武、王雄等軍於邙山。自餘諸軍，各分守險要。齊兵數萬，奄至軍後。諸軍恇怯，並各退散。唯憲與王雄、達奚武拒之，而雄為齊人所斃，三軍震懼。〈達奚武傳〉言：至夜收軍，憲欲待明更戰，武欲還，固爭未決。武曰：「洛陽軍散，人情駭動，若不因夜速還，明日欲歸不得。武在軍旅久矣，粗見形勢，大王少年未經事，豈可將數營士眾，一旦棄之乎？」憲從之，乃全軍而返。《齊書‧段韶傳》云：尉遲迥等襲洛陽，詔遣蘭陵王長恭、大將軍斛律光擊之。軍於邙山之下，逗留未進。世祖召謂曰：「今欲遣王赴洛陽之圍，但突厥在北，復須鎮御，王謂如何？」韶曰：「北狄侵邊，事等疥癬，西羌窺邊，便是膏肓之病，請奉詔南行。」世祖曰：「朕意亦爾。」乃令韶督精騎一千，發自晉陽。五日便濟河。韶旦將帳下二百騎，與諸軍共登邙阪，聊觀周軍形勢。至大和谷，

（邙山谷名。）便直周軍。即遣馳告諸營，追集兵馬。乃與諸將結陳以待之。韶為左軍，蘭陵王為中軍，斛律光為右軍。周人仍以步人在前，上山逆戰。韶以彼徒我騎，且卻且引，待其力弊，乃下馬擊之。短兵始交，周人大潰。其中軍所當者，亦一時瓦解，投墜溪谷而死者甚眾。洛城之圍，亦即奔遁。盡棄營幕。從邙山至谷水，三十里中，軍資器物，彌滿川澤。綜觀諸傳之文，周軍當日，實以斥候不明而敗，謂其未斷河陽之路，尚屬恕辭。何者？長恭與光，至邙山已久，並非倉卒奄至也。至已久而逗留不進，必待段韶迫之，然後能戰，則齊之將帥，亦並無勇氣，而周竟喪敗如此，謂其同於兒戲，亦不為過矣。此實由元戎威令不行，諸將治軍不肅，有以致之，〈宇文護傳〉謂其性無戎略，信哉！時權景宣已降豫州，聞敗，亦棄之。楊㯍以戰敗降齊。楊忠出沃野，（見第十二章第三節。）應接突厥，聞護退，亦還。周與突厥無能為如此，而武成一遭侵伐，即急還護母以言和；（〈段韶傳〉言：宇文護因邊境移書，請還其母，並通鄰好。世祖遣黃門徐世榮乘傳齎周書問韶。韶以「護外託為相，其實王也，既為母請和，不遣一介之使，申其情理，乃據移書，即送其母，恐示之弱。如臣管見，且外許之，待通和後，放之未晚。」不聽。《周書·護傳》言：護報閻姬書後，齊朝不即發遣，更令與護書，要護重報，往返再三，而母竟不至，朝議以其失信，令有司移齊，移書未送而母至，則齊終據護私書而還其母也。亦可見武成求和之亟矣。）邙山捷後，亦不聞乘勝更有經略；其無能為，實更甚矣。陳廢帝光大二年（西元 568 年），（齊後主天統四年，周天和三年。）兩國遂通和。是歲，武成死。宣帝太建元年（西元 569 年），（齊天統五年，周天和四年。）周盜殺孔城防主，以其地入齊，（孔城，後魏新城郡治，在今河南洛陽縣南。）兩國釁端復起。齊蘭陵王長恭、斛律光，周齊王憲等互爭宜陽及汾北之城戍。（宜陽，見第三章第三節。）至三年（西元 571 年）（齊武平二年，周天和六年。）四月，而周陳

公純等取宜陽，六月，齊段韶取汾州。（見第十二章第三節。）然初無與於勝負之大計；而此數年中，兩國使命，亦仍相往來；則特疆場上釁而已，《周》、《齊》兩書諸列傳，侈陳戰績，乃邀功、誇敵之辭，不足信也。是歲，九月，段韶卒。明年，（陳太建四年（西元 572 年），齊武平三年，周建德元年。）三月，周殺宇文護。六月，齊殺斛律光。《周書·于翼傳》曰：先是與齊、陳二境，各修邊防，雖通聘好，而每歲交兵，然一彼一此，不能有所克獲。高祖既親萬機，將圖東討，詔邊城鎮並益儲偫，加戍卒。二國聞之，亦增修守禦。翼諫曰：「宇文護專制之日，興兵至洛，不戰而敗，所喪實多。數十年委積，一朝糜散。雖為護無致勝之策，亦由敵人有備故也。且彊場相侵，互有勝敗，徒損兵儲：非策之上者。不若解邊嚴，減戍防，繼好息民，以待來者。彼必喜於通和，懈而少備，然後出其不意，一舉而山東可圖。若猶習前蹤，恐非蕩定之計。」帝納之。於是周、齊之爭，內急而外緩，而齊人是時，荒縱已甚，敵皆能識其情，而陳人經略之師起矣。

陳取淮南

華皎之亂，陳與梁、周啟釁。太建二年（西元 570 年），（周天和五年。）章昭達復伐梁。時蕭巋與周軍，大蓄舟艦於青泥中。昭達遣偏將錢道戢、程文季襲之，焚其舟艦。周軍於峽下南岸築壘，（峽，謂西陵峽。）名曰安蜀城。於江上橫列大索，編葦為橋，以度軍糧。昭達命軍士為長戟，施於樓船之上，仰割其索。索斷糧絕。因縱兵以攻其城，降之。巋告急於周襄州總管衛公直。（襄州，見第十二章第十節。）直令趙誾、李遷哲救之，並受江陵總管陸騰節度。遷哲守江陵外城，程文季與雷道勤夜襲入之。遷哲不能抗。陸騰遣甲士出擊，道勤中流矢死，文季僅以身免。昭

達又決龍川寧朔堤,引水灌城。(《水經注》:紀南城西南有赤坂岡,岡下有瀆水,東北流入城,又東北出城,西南注於龍陂。陂在靈溪東。紀南、靈溪,皆見第七章第三節。)遷哲塞北堤以止水。騰率將士戰於西堤,陳兵不利。昭達乃還。周武帝使杜杲來,論保境息、民之意。宣帝許之。使命復通。三年(西元 571 年),(齊武平二年,周天和六年。)帝遣使如齊謀伐周。齊人弗許。四年(西元 572 年),(齊武平三年,周建德元年。)杜杲復來。帝使謂之曰:「若欲合從圖齊,當以樊、鄧見與,方可表信。」杲答曰:「合從圖齊,豈唯敝邑之利?必須城鎮,宜待得之於齊,先索漢南,使臣不敢聞命。」是歲,華皎朝於周。至襄陽,謂衛公直曰:「梁主既失江南諸郡,人少國貧,望借數州,以裨梁國。」直然之,遣使言狀。武帝許之。以基、平、鄀三州歸於歸。(基州,西魏置,在今湖北鐘祥縣南。平州,周置,今湖北當陽縣。鄀州,西魏置,在今湖北荊門縣北。)蓋周之意,始終在翼梁以敵陳也。是時周無釁可乘,而齊政荒亂,宣帝乃舍西而圖東。

太建五年(西元 573 年),(齊武平四年。)三月,分命眾軍北伐。以吳明徹都督征討諸軍事,出秦郡。(見第十三章第三節。)黃法出歷陽。齊遣其歷陽王步騎來援,於小峴築城。法遣樊毅御之大峴,大破其軍。(大小峴,見第九章第二節。)吳明徹至秦郡,克其水柵。初王琳之歸齊也,齊孝昭帝遣琳出合肥,鳩集義故,更圖進取。琳乃繕艦,分遣招募。淮南偝楚,皆願戮力。陳合州刺史裴景暉,琳兄珉之婿也,請以私屬,道引齊師。孝昭委琳與行臺右丞盧潛率兵應赴。沉吟不決。景暉懼事洩,挺身歸齊。孝昭令琳鎮壽陽。其部下將帥,悉聽以行。乃除琳揚州刺史。琳水陸戒嚴,將觀釁而動。屬陳氏結好於齊,齊乃使琳更聽後圖。琳在壽陽,與行臺尚書盧潛不協,更相是非。被召還鄴。武成置而不問。及是,敕領軍將軍尉破胡等出援秦州,令琳共為經略。《北齊書·源文宗傳》云:

趙彥深密訪文宗。（文宗，賀曾孫，名彪，《齊書》、《北史》皆稱其字，疑實名虎，以避唐諱改也。文宗曾為涇、秦二州刺史，知江、淮間事，故彥深訪之。）文宗曰：「朝廷精兵，必不肯多付諸將，數千已下，復不得與吳、楚爭鋒，命將出軍，反為彼餌。尉破胡人品，王之所知。進既不得，退又未可，敗績之事，匪伊朝夕。國家待遇淮南，得失同於蒿箭。如文宗計者：不過專委王琳，淮南招募三四萬人，風俗相通，能得死力。兼令舊將，淮北捉兵，足堪固守。且琳之於曇頊，不肯北面事之明矣。竊謂計之上者。若不推赤心於琳，別遣餘人掣肘，更成速禍，彌不可為。」彥深嘆曰：「弟此良圖，足為致勝千里。但口舌爭來十日，已不見從。時事至此，安可盡言？」因相顧流涕。案王琳一人，豈有足禦陳大軍之理？蓋齊人是時，已決棄淮南，特以琳委之於陳，勝則為意外之捷，不勝則於齊無所損耳。所以決棄淮南者？以一與陳連兵，則恐周人乘釁而至，其精兵之不肯多付諸將者以此。然則陳宣大舉，亦是乘周、齊之釁而動。此固兵機宜然，然克捷之後，遂忘其本來，而自謂兵力足恃則誤矣。此其所以旋敗於周邪？琳肯父母之邦而投戎狄，而敵人乃更令其代己受禍。為漢奸者，亦可以憬然悟矣。琳進戰，大敗，單馬突圍僅免。還至彭城，後主令便赴壽陽，並許召募。明徹既破破胡，遂降秦郡。（五月。）進兵仁州。（見第四節。六月。）至於峽口。（見第六章第四節。七月。）進圍壽陽。堰肥水以灌其城。時魏皮景和等屯於淮南，竟不赴救。十月，城陷，琳被執，明徹斬之。皮景和等遁去。此蓋源文宗所謂淮南得失，同之蒿箭，但令舊將，固守淮北者，乃齊人是時已定之策，非必景和等之駑怯也。史稱琳有忠義之節，已辯於前。又稱其「輕財愛士，得士卒之心」。其敗也，「吳明徹欲全之，而其下將領，多琳故吏，爭來致請，並相資給，明徹由此忌之，故及於難」。又言「琳被執，百姓泣而從之，明徹恐其為變，殺之，哭者聲如雷。有一叟，以酒脯來，號酹盡哀，收其血，懷之而去。田夫野老，知

與不知，莫不為之歔欷流泣。觀其誠信感物，雖李將軍之恂恂善誘，殆無以加焉」。此真所謂淫辭。夫琳，不過一輕俠之徒。其在建業，既因恃功為暴，雖王僧辯之寬縱，亦不能捨之。張載之見害也，陸納等抽其腸，繫諸馬腳，使繞而走，腸盡氣絕，又臠割，備五刑而斬之。琳之徒黨，所為如是，曾是百姓，冒死以從此等人，而為之流泣乎？王僧辯之子，隨琳入齊，為竟陵郡守。（竟陵，見第三章第九節。）聞琳死，乃出郡城南，登高塚上號哭，一慟而絕。漢奸末路，亦可悲矣。時黃法亦克歷陽，（五月。）進取合州。（六月。）諸軍所向克捷。淮南之地盡復。於是南豫州還治歷陽，先治宣城。豫州還治壽陽，而於黃城置司州。明徹進攻彭城。七年（西元 575 年），（齊武平六年。）九月，大敗齊師於呂梁。（見第九章第五節。）時周人攻齊之師，亦已起矣。

周滅北齊

陳取淮南，齊人所以視同蒿箭者，以備周也，然亦因此而更啟周人之輕視。《周書・韋孝寬傳》云：武帝志在平齊，孝寬上疏陳三策。其第一策曰：「臣在邊積年，頗見間隙。不因際會，難以成功。是以往歲出軍，徒有勞費。長淮以南，舊為沃土，陳氏以破亡餘燼，猶能一舉平之，齊人歷年赴救，喪敗而返。內離外叛，力盡計窮。〈傳〉不云乎？仇有釁焉，不可失也。今大軍若出軹關，（見第六節。）方軌而進；兼與陳氏，共為犄角；並令廣州義旅，出自三鵶；（廣州，見第十三章第一節。三鵶，見第十二章第十節。）又募山南驍銳，沿河而下；復遣北山稽胡，（北山，謂稽胡所據之山，在長安之北。）絕其並、晉之路；凡此諸軍，仍命各募關、河以外勁勇之士，厚其爵賞，使為前驅；嶽動川移，雷駭電激，百道俱進，並趨虜廷，必當望旗奔潰，所向摧殄。一戎大定，實在此機。」其

第二策曰：「若國家更為後圖，未即大舉，宜與陳人，分其兵勢。三鵶以北，萬春以南，（胡三省曰：《新唐志》：武德五年，析龍門置萬春縣，蓋以舊地名名縣也。案萬春，今山西河津縣。）廣事屯田，豫為貯積：募其驍悍，立為部伍。彼既東南有敵，戎馬相持，我出奇兵，破其疆場。彼若興師赴援，我則堅壁清野，待其去遠，還復出師。常以邊外之師，引其腹心之眾。我無宿舂之費，彼有奔命之勞。一二年中，必自離叛。然後乘間電掃，事等摧枯。」其第三策曰：「大周土宇，跨據關、河，南清江、漢，西薄巴、蜀，塞表無虞，河右底定，唯彼趙、魏，獨為榛梗。今若更存遵養，且復相時，臣謂宜還崇鄰好，申其盟約。安人和眾，通商惠工。蓄銳震威，觀釁而動。斯則長策遠馭，坐自兼并也。」此三策，洵為當時進取之良圖。周武帝氣銳才雄，遂取其第一策。

　　齊氏政治雖亂，兵力夙強，非一舉摧破其大軍，終難期廓清底定，故周武攻取之方，乃在攻其所必救，以致其一戰。建德四年（西元575年），齊武平六年，陳太建七年也。七月，武帝召大將軍已上於大德殿，告以出師方略，曰：「今欲數道出兵，水陸兼進。北拒大行之路，東扼黎陽之險。（黎陽，見第五章第三節。）若攻拔河陰，（漢平陰縣，三國魏改曰河陰，在今河南孟津縣東。）兗、豫則馳檄可定。然後養銳享士，以待其至。但得一戰，則破之必矣。王公以為何如？」群臣咸稱善。於是部分諸軍。使齊王憲以二萬人出黎陽，于翼以二萬人出陳、汝，侯莫陳芮以一萬人守大行，李穆以三萬人守河陽。又使楊堅以舟師三萬，自渭入河。而自率眾六萬，直指河陰。八月，攻其大城，克之。進攻子城，未克。閏月，齊大丞相高阿那肱自晉陽御之，師次河陽。九月，周師還。齊王憲、李穆、于翼降拔三十餘城，皆棄不守。水師亦焚舟而退。是役也，周武帝謂有疾故退師，恐系託辭。或謂以淺攻嘗之，亦未必然。以予觀之，似以河陰距長安較遠，應接非易，恐戰或不捷，復為邙山之續，故寧知幾而退也。明年，

（周建德五年（西元 576 年），陳太建八年。）十月，武帝謂群臣曰：「前入賊境，備見敵情。觀彼行師，殆同兒戲。晉州本高歡所起，控扼要重，今往攻之，彼必來援。吾嚴軍以待，擊之必克。然後乘破竹之勢，鼓行而東。足以窮其窟穴，混同文軌。」諸將多不願行。帝曰：「若有沮吾軍者，當以軍法裁之。」遂復總戎東伐。分兵守諸要害。癸亥，自攻晉州。壬申，克之。以梁士彥為刺史，留精兵一萬守之。時齊主獵於祁連池，（即天池，山名，在今山西寧武縣西南。）聞之，乃還晉陽，自將來救。十一月，己卯，周主班師，留齊王憲為後拒。是日，齊主至晉州。憲亦引軍度汾。齊師遂圍晉州。癸巳，周主至長安。丁酉，復東伐。十二月，戊申，至晉州。庚戌，戰於城南，齊師大敗。《周書‧文帝紀》曰：初齊攻晉州，恐王師卒至，於城南穿塹，自喬山屬於汾水。帝率諸軍八萬人置陳，東西二十餘里。齊主亦於塹北列陳。申後，齊人填塹南引。帝大喜，勒諸軍擊之。齊人便退。齊主與其麾下數十騎走還並州。齊眾大潰。軍資甲仗，數百里間，委棄山積。《齊書‧高阿那肱傳》曰：周師逼平陽，後主於天池校獵，晉州頻遣馳奏，從旦至午，驛馬三至。肱曰：「大家正作樂，何急奏聞？」至暮，使更至，云平陽城已陷，賊方至，乃奏知。明早，旦即欲引，淑妃又請更合一圍。及軍赴晉州，令肱率前軍先進，仍留節度諸軍。後主謂肱曰：「戰是邪？不戰是邪？」肱曰：「勿戰，卻守高梁橋。」（在今山西臨汾縣北。）安吐根曰：「一把賊，馬上刺取擲汾河中。」帝意未決。諸內參曰：「彼亦天子，我亦天子，彼尚能遠來，我何為守塹示弱？」帝曰：「此言是也。」於是漸進。後主從穆提婆觀戰，東偏頗有退者，提婆怖曰：「大家去，大家去。」帝以淑妃奔高梁。開府奚長樂諫曰：「半進半退，戰之常體。今兵眾齊整，未有傷敗，陛下捨此安之？御馬一動，人情驚亂，且速還安慰之。」武衛張常山自後至，亦曰：「軍尋收回，甚整頓。圍城兵亦不動。至尊宜回。不信臣言，乞將內參往視。」帝將從之。

提婆引帝肘曰:「此言難信。」帝遂北馳。《北史‧馮淑妃傳》曰:淑妃名小憐,大穆后從婢也。穆后愛衰,以五月五日進之,號曰續命。慧黠,能彈琵琶,工歌舞,後主惑之。晉州告亟,帝將還,淑妃請更殺一圍,帝從其言。及帝至晉州,城已欲沒矣。作道地攻之,城陷十餘步。將士乘勢欲入。帝敕且止,召淑妃共觀之。淑妃妝點,不獲時至。周人以木拒塞城,遂不下。舊俗相傳:晉州城西石上有聖人跡,淑妃欲往觀之。帝恐弩矢及橋,故抽攻城木造遠橋。監作舍人以不速成受罰。帝與淑妃度橋,橋壞,至夜乃還。稱妃有功勳,將立為左皇后,即令使馳取褘翟等皇后服御。仍與之並騎觀戰。東偏少卻,淑妃怖曰:「軍敗矣。」帝遂以淑妃奔還。至洪洞戍,(在今山西洪洞縣北。)淑妃方以粉鏡自玩,後聲亂唱賊至,於是復走。內參自晉陽以皇后衣至,帝為挼彎,命淑妃著之,然後去。其言頗類半話,未必盡信。綜全域性而觀之,齊師不能堅戰,自為致敗之由,然其大失,尚不在此。周人是時,欲誘齊師一戰之策,仍與去年無異,特所攻者近而少,則兵力益得厚集,且應援較易,決戰更有把握耳。(《隋書‧趙煚傳》:武帝出兵鞏、洛,欲收齊河南之地。煚諫曰:「河南洛陽,四面受敵,縱得之不可以守。請從河北直指大原,傾其巢穴,可一舉以定。」帝不從,師竟無功。〈宇文傳〉:武帝將出兵河、洛以伐齊,進策曰:「齊氏建國,於今累葉,雖曰無道,藩屏之寄,尚有其人。今之用兵,須擇其地。河陽衝要,精兵所聚,盡力攻圍,恐難得志。如臣所見;彼汾之曲,戍小山平,攻之易拔,用武之地,莫過於此。願陛下詳之。」帝不納,師竟無功。〈鮑宏傳〉:帝嘗問宏取齊之策。宏對曰:「先皇往日,出師洛陽,彼有其備,每不克捷。如臣計者;進兵汾、潞,直指晉陽,出其不虞,斯為上策。」帝從之。此等庸有事後附會之談,然攻平陽勝於攻洛陽,則無足惑,以其道里近而地勢亦較平坦也。)周人既厚集其力而來,齊人自亦宜厚集其力以待之。平陽雖云重鎮,必難當周舉國之師,則救之宜如沃焦

捧漏。乃周師既發七日，齊主尚獵於天池；（周師以己酉發，齊主以丙辰獵於天池。）又七日，周主已至晉州，齊主乃以其日還晉陽；又七日，乃自晉陽南下，（庚午。）則發二日而晉州已陷矣。此誤於赴救之太遲也。周人是時，蓋以晉州委齊，誘使攻城，以敝其力。故不特周主引還，即齊王憲亦渡汾不戰。晉州若陷，所失不過梁士彥萬人，不下而齊力已敝，則決戰之機至矣。為齊人計者：度能速下晉州而所傷不多，則宜攻之，不則當別思方略。乃遂引兵急攻，此則為周人所致矣。而攻之又不能下。（齊人以己卯至，即攻城，至庚戌戰，凡三十二日。）頓兵堅城，主反為客，銳氣已墮，故周武度其可破，引兵再來。是時之計，蓋以高阿那肱不戰而卻守高梁橋之說為較得，此又所以挫周人新銳之氣也。乃後主又不能用，則不戰而先自敗矣。故曰：戰不能堅，尚其失之小焉者也。戰之明日，（辛亥。）周武帝至晉州，仍率諸軍追齊主。諸將固請還師。帝曰：「縱敵患生，卿等若疑，朕將獨往。」諸將乃不敢言。武帝蓋度齊之不能整，而亦使之不及整也。高阿那肱守高壁，（嶺名，在今山西靈石縣東南。）望風退散，周師遂至並州。

　　齊師之敗也，後主棄軍先還。後三日，入晉陽。（癸丑。）謂朝臣曰：「周師甚盛，若何？」群臣咸曰：「一得一失，自古皆然。宜停百賦，安慰朝野。收拾遺兵，背城死戰，以存社稷。」帝意猶豫，欲向北朔州。乃留安德王延宗、廣寧王孝珩等守晉陽。若晉陽不守，即欲奔突厥。群臣皆曰不可。帝不從。密遣送皇太后、皇太子於北朔州。丙辰，帝幸城南軍勞將士。其夜，欲遁。諸將不從。丁巳，穆提婆降周。（陸令萱自殺。）詔除安德王延宗為相國，委以備禦。延宗流涕受命。帝乃夜斬五龍門而出。欲幸突厥。從官多散。領軍梅勝郎叩馬諫，乃回之鄴。在並將卒，咸請於延宗曰：「王若不作天子，諸人實不能出死力。」延宗不得已，即皇帝位。（《北齊書·唐邕傳》曰：周師來寇，丞相高阿那肱率兵赴援，邕配割不甚

允,因此有隙。肱譖之。遣侍中斛律孝卿宣旨責讓,留身禁止。尋釋之。車駕將幸晉陽,敕孝卿總知騎兵、度支,事多自決,不相諮稟。邕自霸朝以來,常典樞要,歷事六帝,恩遇甚重,一旦為孝卿所輕,負氣鬱怏,形於辭色。帝平陽敗後,狼狽還鄴都,邕懼那肱譖之,恨孝卿輕己,遂留晉陽,與莫多婁敬顯等宗樹安德王為帝。信宿城陷,邕遂降周。然則當日立延宗者,亦未必皆無私意。然以大體言之,則失望於後主,而欲別圖擁戴以拒敵者必多也。邕初為高祖直外兵曹,擢為世宗大將軍府參軍。世宗崩,事出倉卒,顯祖部分將士,鎮壓四方,夜中召邕支配,造次便了。顯祖甚重之。顯祖頻年出塞,邕必陪從,專掌兵機。識悟閑明,承變敏速。自督將以還,軍吏以上,勞效由緒,無不諳練。每有顧問,占對如響。或於御前簡閱,雖三五千人,邕多不執文簿,暗唱官位姓名,未嘗繆誤。凡是九州軍士,四方勇募,強弱多少,番代往還,及器械精粗,糧儲虛實,精心勤事,莫不諳知。史所言者如此,雖或過情,其為本兵長才,則決無疑義,乃以高阿那肱之私憾,斛律孝卿之驕縱而失之,用人如此,此亦齊之所以速亡歟?)眾聞之,不召而至者相屬。延宗傾覆府藏,及後宮美女,以賜將士。籍沒內參千餘家。見士卒,皆親執手,陳辭自稱名,流涕嗚咽。眾爭為死。周軍圍晉陽,望之如黑雲四合。庚申,延宗擁兵四萬出城。周武帝率諸將合戰。齊軍退。帝乘勝逐北,際昏,率千餘騎入東門。詔諸軍繞城置陳。至夜,延宗與莫多婁敬顯自門入,夾擊之。(延宗本命敬顯拒城南,親當周主於城北。)城中軍卻,人相蹂踐,大為延宗所敗,死傷略盡。齊人欲閉門,以閣下積屍,扉不得合。帝從數騎,崎嶇危險,僅得出門。時四更也。齊人既勝,皆入坊飲酒,延宗不復能整。詰旦,周武帝還攻東門,克之。又入南門。延宗戰,力屈,走至城北,於民家見禽。晉陽遂陷。(以上兼採《周書·武帝紀》及《齊書·延宗傳》。〈延宗傳〉曰:周武帝出城,飢甚,欲為遁逸計。齊王憲及柱國王誼諫,以為去必不

免。延宗叛將段暢，亦盛言城內空虛。周武帝乃駐馬鳴角收兵，俄項復振。案是時，周、齊兵力，相去懸殊，齊人僅一小捷，何益於事？周人所失，不過入城之千人耳，其繞城置陳之兵自在也，武帝何遽欲走？又何至走即不免？果其奔潰者眾，又豈俄頃所能振邪？）後十三日，（癸酉。）武帝率軍趨鄴。

後主以延宗出戰之日入鄴。後四日，（甲子。）皇太后從北道至。引文武一品已上入朱雀門，賜酒食，給筆紙，問以御周之方。群臣各異議。帝莫知所從。（〈廣寧王孝珩傳〉曰：後主自晉州敗奔鄴，詔王公議於含光殿。孝珩以「大敵既深，事藉機變。宜使任城王領幽州道兵入土門，揚聲趨並州；獨孤永業領洛州兵趨潼關，揚聲趨長安；臣請領京畿兵出滏口，鼓行逆戰。敵聞南北有兵，自然潰散」。又請出宮人、珍寶，以賜將士。帝不能用。案是時周師方銳，斷非虛聲所能懾之使退；齊銳氣已墜，孝珩逆戰，亦必不能勝也。）又引高元海等議，依大統故事，以明年（陳太建九年（西元 577 年），周建德六年。）正月朔，傳位於太子恆，是為幼主。時年八歲。周軍續至。人皆洶懼，無有鬥心。朝士出降，晝夜相屬。清河王嶽之子勱奏後主曰：「今所翻叛，多是貴人，至於卒伍，猶未離貳。請追五品已上家屬，置之三臺，因脅之曰：若戰不捷，即退焚臺。此曹顧惜妻子，必當力戰。且王師頻北，賊徒輕我，背城一決，理必破之。」後主不能用。於是黃門侍郎顏之推，中書侍郎薛道衡，侍中陳德信等勸後主往河外募兵，更為經略。若不濟，南投陳國。從之。（〈之推傳〉曰：帝窘急，計無所從。之推因宦者侍中鄧長顒進奔陳之策。仍勸募吳士千餘人，以為左右，取青、徐路，共投陳顒國。帝甚納之。以告丞相高阿那肱等。肱不願入陳，乃云：「吳士難信，不須募之。」勸帝送珍寶、累重向青州，且守三齊之地，若不可保，徐浮海南度。）丁丑，太皇太后、太上皇（後主。）先趨濟州。（見第十二章第九節。）癸亥，幼主又自鄴東走。壬辰，

周武帝至鄴。癸巳，圍之。遂入鄴。遣尉遲勤率騎二千追後主。後主以乙亥渡河，入濟州。其日，幼主禪位於任城王湝。（為任城詔，尊後主為無上皇，幼主為守國天王。）留太皇太后於濟州，遣高阿那肱留守。太上皇並皇后攜幼主走青州。韓長鸞、鄧長顒等數十人從。太上皇既至青州，即為入陳之計。而高阿那肱召周軍，約生致齊主。屢使人告：「賊軍在遠，已令人燒斷橋路。」太上所以停緩。（〈肱傳〉：後主自晉州北馳，有軍士告稱肱遣臣招引西軍，今故聞奏。後主令侍中斛律孝卿檢校。孝卿云：此人妄語。還至晉陽，肱腹心告肱謀反，又以為妄，斬之。乃顛沛還鄴。侍衛逃散，唯肱及內官數十騎從行。後主走度大行，令肱以數丁人投齊州，仍遣覘候。每奏云：周兵未至，且在青州集兵，未須南行。及周將軍尉遲迴至關，肱遂降。時人皆云肱銜款周武，必仰生致齊主，故不速報兵至，使後主被擒。然則謂肱約降而賣後主，特時人測度之辭。肱雖不忠，此說似屬誣衊；謂其在晉州時即有叛意，尤必無之理也。）周軍奄至青州，太上窘急，將遜於陳，與長鸞、淑妃等十數騎至青州南鄧村，為尉遲勤所獲。送鄴。

任城王湝，時為瀛州刺史，（瀛州，見第十一章第四節。）後主奔鄴，加大丞相。安德王稱尊號，使修啟於湝，湝執送鄴。幼主禪位，令斛律孝卿送禪文及璽紱，不達。（此從〈湝傳〉。〈後主紀〉云：孝卿以之歸周，《周書‧武帝紀》則云：被執送鄴。）初幼主即位，以廣寧王孝珩為太宰，孝珩與呼延族、莫多婁敬顯、尉相願同謀，期正旦五日，孝珩於千秋門斬高阿那肱，相願在內以禁兵應之，（相願時為領軍。）族與敬顯自遊豫園勒兵出，廢後主而立孝珩。既而阿那肱從別宅取便路人宮，事不果。乃求出拒西軍。肱及韓長鸞恐其為變，出為滄州刺史。（見第十二章第三節。）至州，以五千人會任城王於信都。（見第十一章第四節。）召募，得四萬餘人。周遣齊王憲、楊堅討之。戰敗，湝、孝珩俱被擒。周武帝以湝以下

大小三十王歸長安。孝珩以十月卒。是月，周誣後主與穆提婆等謀反，與
湝、延宗等數十人無少長皆賜死。唯高平王仁英以清狂，安樂王仁雅以瘖
疾獲免。（俱徙蜀。）神武子孫，存者一二而已。時唯文宣第三子范陽王
紹義及齊疏屬高寶寧能拒周。

　　紹義，後主奔鄴，以為尚書令、定州刺史。（定州，見第十一章第二
節。）周武帝克並州，以封輔相為北朔州總管。北朔州齊之重鎮，諸勇
士多聚焉。前卒長趙穆，司馬王當萬等謀執輔相，迎任城王於瀛州。事
不果。便迎紹義。紹義至馬邑，輔相及其屬韓阿各奴等數十人，（皆齊
叛臣。）及肆州以北城戍二百八十餘從輔相者，皆反為齊。（肆州，見第
十一章第二節。）紹義與靈州刺史袁洪猛引兵南出，（靈州，見第十二章
第三節。）欲取並州。至新興，（見第二章第二節。）而肆州已為周守。前
隊二儀同以所部降周。周兵擊顯州，（後魏置，在今山西孝義縣西。）執
刺史陸瓊。又攻陷諸城。紹義還保北朔。周將宇文神舉軍逼馬邑，紹義遣
杜明達拒之，大敗。紹義曰：「有死而已，不能降人。」遂奔突厥。眾三千
家，令之曰：「欲還者任意。」於是哭拜別者大半。突厥他鉢可汗謂文宣為
英雄天子，以紹義重踝似之，甚見愛重。凡齊人在北者，悉隸紹義。高寶
寧，《齊書》本傳云：代人也，不知其所從來，《北史》同，而其〈陰壽傳〉
及《周書‧文帝紀》則皆云寶寧為齊之疏屬。武平末，為營州刺史，鎮黃
龍。周師將至鄴，幽州行臺潘子晃徵黃龍兵，保寧率驍銳並契丹、靺鞨萬
餘騎將赴救，至北平，（後魏郡，今河北盧龍縣。）知子晃已發薊，（見第
四章第二節。）又聞鄴都不守，便歸營州。周武帝遣使招慰，不受，而上
表紹義勸進。紹義遂即皇帝位。署寶寧為丞相，以趙穆為天水王。他鉢聞
寶寧得平州，亦招諸部各舉兵南向，云共立范陽王作齊帝，為其報仇。周
武帝大集兵於雲陽，將親北伐，遇疾暴崩。紹義聞之，以為天贊己，范陽
人盧昌期亦叛周，表迎紹義。（范陽，見第四章第二節。）俄為宇文神舉

攻滅。保寧引紹義集夷夏兵數萬騎來救。至潞河，神舉已屠范陽，紹義乃回入突厥，寶寧還據黃龍。周人購之於他鉢，又使賀若義往說之。他鉢偽與紹義獵於南境，使義執之。流於蜀，死蜀中。寶寧至隋世，尚與突厥合兵為寇。開皇三年（西元 583 年），（陳後主至德元年。）幽州總管陰壽出塞擊之。寶寧棄城奔磧北。壽班師，留開府成道昂鎮之。寶寧尋引契丹、勿吉之眾來攻。壽患之，以重賞購之，又遣人陰間其所親任者。寶寧走契丹，為其麾下所殺。北邊平。

陳失淮南

甚哉，陳宣帝之不度德、不量力也，聞齊亡而遽欲進取淮北也。周之攻齊也，凡四閱月而齊亡，（建德五年十月，至六年正月入鄴。）而陳之攻齊也，則歷二年而僅得淮南之地耳。（自太建五年三月至七年二月。）且周之攻齊也，是存亡生死之爭也，而陳之攻齊，則齊迄視淮南如蒿箭。陳之與周，強弱見矣。不爭之於齊未亡之日，而爭之於齊既亡之後乎？陳果欲復淮北，則齊師敗於晉州之後，即當亟起與周分功。齊必不能分兵捍禦，淮北之地，唾手可得。進取山東，後主可以卵翼，藉其名以撫用任城、廣寧、范陽、高寶寧等，周雖強，必不能取之如拉枯朽也。太建七年九月，陳已有呂梁之捷，此後一年餘，周、齊之爭方劇，陳竟熟視若無睹，至齊地已定，周人之銳氣方新，乃忽欲進取淮北，是誠何心哉？於時蔡景歷諫，以為「師老將驕，不宜過窮遠略」。毛喜亦諫，以為「淮左新平，邊民未又，周氏始吞齊國，難與爭鋒，豈以敝卒疲兵，復加深入？且棄舟楫之工，踐車騎之地，去長就短，非吳人所便。不若安民保境，寢兵復約，然後廣募英奇，順時而動」。帝皆不聽。且以景歷為沮眾，出為豫章內史。未行，為飛章所劾，以在省之月，臧汙狼藉，免官、削爵土，徙

居會稽。蓋度出兵之舉,弗順者必多,故以是威眾也。史官論之曰:「李克以為吳之先亡,由數戰數勝,數戰則民疲,數勝則主驕,以驕主馭疲民,未有不亡者也」,豈不信哉!

太建九年(西元 577 年),(周建德六年。)以吳明徹為大都督,北伐。十月,軍至呂梁。周徐州總管梁士彥拒戰,明徹頻破之。士彥守城不敢復出。明徹仍迮清水,以灌其城。環列舟艦於城下,攻之甚急。周以王軌為行軍總管救之。軌輕行,自清水入淮口。橫流豎木,以鐵鎖貫車輪,遏斷船路。欲密決其堰。諸將聞之,甚恐。議欲破堰拔軍,以舫載馬。馬主裴子烈曰:「若決堰下船,船必傾倒,不如前遣馬出,於事為允。」適會明徹苦背疾甚篤,知事不濟,遂從之。乃遣蕭摩訶率馬軍數千前還。明徹仍自決其堰,乘水勢以退軍。及至清口,水勢漸微,舟艦並不得渡。眾軍皆潰。明徹窮蹙就執。時太建十年二月也。(周宣政元年(西元 578 年)。)尋以憂憤遘疾,卒於長安。(時年六十七。)明徹之敗,實不得謂非人謀之不臧也。《陳書‧蕭摩訶傳》:摩訶謂明徹曰:「聞王軌始斷下流,其兩頭築城,今尚未立。公若見遣擊之,彼必不敢相拒。水路未斷,賊勢不堅。彼城若立,吾屬且為虜矣。」明徹奮髯曰:「搴旗陷陣,將軍事也,長算遠略,老夫事也。」摩訶失色而退。一旬之間,周兵益至。摩訶又請曰:「今求戰不得,進退無路,潛軍突圍,未足為恥。願公引步卒乘馬輿徐行,摩訶領鐵騎數千,驅馳前後,必當使公安達京邑。」明徹曰:「弟之此計,乃良圖也。然步軍既多,吾為總督,必須身居其後,相率兼行,弟馬軍宜須在前,不可遲緩。」摩訶因率馬軍夜發。先是周軍長圍既合,又於要路下伏數重。摩訶選精騎八十,率先衝突,自後眾騎繼焉。比旦,達淮南。明徹兵力,不為不厚,任王軌斷其下流,且合長圍,而不出兵力爭,殊不可解。《周書‧王軌傳》言:是役唯蕭摩訶以二千騎先走得免,則摩訶之能突圍不虛。長圍既合,尚能突走,況於築城未立之際乎?明徹固拒其請,

何哉？無他，驕耳。明徹本非將才，跡其生平用兵，敗多勝少，況於是時，衰遲不振，陳宣用之，實為失策。《陳書・徐陵傳》云：廢帝即位，高宗入輔，謀黜異志者，引陵豫其謀。太建元年（西元569年），除尚書右僕射。二年（西元570年），遷左僕射。陵抗表推周弘正、王勱等。高宗苦屬之。陵乃奉詔。及朝議北伐，高宗曰：「朕意已決，卿可舉元帥。」眾議以中權將軍淳于量位重，共署推之。陵獨曰：「不然。吳明徹家在淮左，悉彼風俗，將略人才，當今亦無過者。」於是爭論，累日不能決。都官尚書裴忌曰：「臣同徐僕射。」陵應聲曰：「非但明徹良將，裴忌即良副也。」是日，詔明徹為大都督，令總監軍事。遂克淮南數十州之地。高宗因置酒舉杯屬陵曰：「賞卿知人。」夫徐陵非知兵之人，其舉明徹，豈有真知灼見？當時盈廷爭論，至於累日不決，必有深知其不可者，高宗顧違眾而用之，豈以篡立之際，陵與明徹，皆嘗與謀，故其言易入邪？決策如彼，用人如此，不敗何待？

明徹既敗，乃分命眾軍以備周。淳于量為大都督，總水陸諸軍事。孫瑒都督荊、郢水陸諸軍事。樊毅都督清口上至荊山緣淮眾軍。（清口，泗水入淮之口。荊山，在今安徽懷遠縣西南。）任忠都督壽陽、新蔡、霍州等眾軍。（霍州，治灊縣，在今安徽霍山縣北。）樊毅遣軍渡淮北，對清口築城。霖雨，城壞，自拔而還。是歲，六月，周武帝死，宣帝立。十二月，周以滕王逌為行軍元帥，南伐。明年，（陳太建十一年（西元579年），周大象元年。）正月，殺王軌，停南伐諸軍。九月，復以韋孝寬為行軍元帥，率杞國公亮及梁士彥南伐。然仍遣杜杲來使。蓋周在是時，亦無意於大舉也。陳復遣淳于量、樊毅、任忠等拒之，皆無功。豫州、（壽陽。）霍州相繼陷。南北兗、（南兗治廣陵，北兗治淮陰。）晉三州、（晉州，治懷寧。）及盱眙、（見第三章第九節。）山陽、（見第五章第六節。）陽平、（在今江蘇寶應縣西。）馬頭、（見第八章第七節。）秦、（見第十三

章第三節。）歷陽、（見第三章第九節。）沛、（治石梁，在今安徽天長縣東北。）北譙、（今安徽全椒縣。）南梁等九郡，（胡三省曰：南梁，自《宋志》有之，不知其實土。梁馮道根行南梁太守，戍阜陵，蓋自是為實土。案阜陵，見第三章第九節。）並自拔還京師。譙、（渦陽。）北徐州又陷。淮南之地，遂盡沒於周矣。

南北統一 ─────────────

隋文帝代周

　　周武帝之生平，頗與後周世宗相似。武帝之滅齊，猶世宗之破北漢也；其破陳，取淮南，猶世宗之破南唐也；破陳而即伐突厥，猶世宗之破南唐而即伐契丹也；而其北伐遇疾，齎志身死，國祚旋移，二者亦無不相類。史事不能相同也，而其相類至於如此，豈不異哉。

　　武帝宣政元年（西元 578 年），陳宣帝之太建十年也，五月，北伐突厥。至雲陽，遇疾。六月，還京。其夜，死於途。（參看第十四章第八節。時年三十六。）太子贇立，是為宣帝。武帝生平，所最信任者，為宇文孝伯。（孝伯，安化縣公深之子，深文帝族子也。孝伯與高祖同日生，太祖甚愛之，養於第內。及長，又與高祖同學。高祖即位，欲引置左右，託言與孝伯同業受經，思相啟發，由是晉公護弗之猜也，得入為右侍上士。恆侍左右，出入臥內。朝之機務，皆得與焉。）次則王軌及宇文神舉。（神舉，文帝族子。）誅宇文護之際，唯三人者頗得與焉。而尉遲運平衛刺王之亂，總宿衛軍事，亦稱帝之信臣。（武帝寢疾，驛召孝伯赴行在所。帝執其手曰：「吾自量必無濟理，以後事付君。」是夜，授司衛上大夫，總宿衛兵馬事。又令馳驛入京鎮守，以備非常。而尉遲運總侍衛兵還京師。）宣帝之為皇太子，武帝嘗使巡西土，因討吐谷揮。軌與孝伯並從。〈軌傳〉云：軍中進止，皆委軌等，帝仰成而已。時宮尹鄭譯、王端等並得幸。帝在軍中，頗有失德，譯等皆與焉。軍還，軌等言之於高祖。高祖大怒，乃撻帝，除譯等名，仍加捶楚。後軌與孝伯等屢言宣帝之短，神舉亦頗與焉。（〈神舉傳〉。）而軌言之最切。《周書》諸人列傳，謂皆由

宣帝多過失,《隋書‧鄭譯傳》,則謂軌欲立武帝第三子秦王贄,未知事究如何,要之,諸人當武帝時,皆有權勢,其見忌於宣帝,自有其由;王軌等之死,亦是一疑案。史事:王軌之獄。

〈軌傳〉云:軌嘗與小內史賀若弼言:「皇太子必不克負荷。」弼深以為然,勸軌言之。軌後因侍坐,乃謂高祖曰:「皇太子仁孝無聞,復多涼德,恐不了陛下家事。愚臣短暗,不足以論是非,陛下恆以賀若弼有文武奇才,識度宏遠,而弼比每對臣,深以此事為慮。」高祖召弼問之。弼乃詭對曰:「皇太子養德春宮,未聞有過,未審陛下何從得聞此言?」既退,軌誚弼曰:「平生言論,無所不道,今者對揚,何得乃爾翻覆?」弼曰:「此公之過也。皇太子國之儲副,豈易攸言?事有蹉跌,便至滅門之禍。本謂公密陳臧否,何得遂至昌言?」軌默然。久之,乃曰:「吾專心國家,遂不存私計。曏者對眾,良實非宜。」後軌因內宴上壽,又捋高祖須曰:「可愛好老公,但恨後嗣弱耳。」高祖深以為然。但漢王次長,又不才,此外諸子並幼,故不能用其說。〈孝伯傳〉:孝伯為東宮左宮正,白高祖曰:「皇太子四海所屬,而德聲未聞。臣忝宮官,實當其責。且春秋尚少志業未成。請妙選正人,為其師友,調護聖質,猶望日就月將,如或不然,悔無及矣。」帝曰:「正人豈復過君?」於是以尉遲運為右宮正,孝伯仍為左宮正。尋拜宗師中大夫。及吐谷渾入寇,詔皇太子征之,軍中之事,多決於孝伯。俄授京兆尹。入為左宮伯。轉右宮伯。嘗因侍坐,帝問之曰:「我兒比來,漸長進不?」答曰:「皇太子比懼天威,更無罪失。」及王軌因內宴捋帝須,言太子之不善,帝罷酒,責孝伯曰:「公常語我云太子無過,今軌有此言,公為誑矣。」孝伯再拜曰:「臣聞父子之際,人所難言。臣知陛下不能割情忍愛,遂爾結舌。」帝知其意,默然。久之,乃曰:「朕已委公矣,公其勉之。」《隋書‧賀若弼傳》,謂弼知太子不可動搖,故詭辭以對,與〈孝伯傳〉不能割情忍愛之說合,則〈軌傳〉謂高祖深以軌言為然者

不仇矣。孝伯雖言太子之失，而其辭甚婉。〈尉遲運傳〉云：運為宮正，數進諫，帝不能納，反疏忌之。時運又與王軌、宇文孝伯等皆為高祖所親待，軌屢言帝失於高祖，帝謂運與其事，愈更銜之，是運實未嘗言帝之失。〈神舉傳〉亦不過謂其頗與焉而已。樂運以強直稱，其〈傳〉云高祖嘗幸同州，召運赴行在所。既至，謂曰：「卿來日見太子不？」運曰：「臣來日奉辭。」高祖曰：「卿言太子何如人？」運曰：「中人也。」時齊王憲以下，並在帝側，高祖顧謂憲等曰：「百官佞我，皆云太子聰明睿知，唯運獨云中人，方驗運之忠直耳。」因問運中人之狀。運對曰：「班固以齊桓公為中人，管仲相之則霸，豎貂輔之則亂，謂可與為善，亦可與為惡也。」高祖曰：「我知之矣。」遂妙選宮官以匡弼之。運之言，亦不過如宇文孝伯耳。然則始終力言太子之不善者，土軌一人而已。〈宣帝紀〉云：帝憚高祖威嚴，矯情修飾，以是過惡遂不外聞，與孝伯太子比懼天威，更無罪失之說合，則宣帝在武帝世，實無大過惡。宣帝為武帝長子，次漢王贊，次秦王贄，〈軌傳〉云武帝以漢王不才，故不能用其說，而《隋書・鄭譯傳》，謂軌欲立秦王，其說亦隱相符合，然則軌之力毀太子，又惡知其意果何在邪？《譯傳》云：軌每勸帝廢太子而立秦王，由是太子恆不自安。其後詔太子西征吐谷渾，太子乃陰謂譯曰：「秦王上愛子也，烏丸軌上信臣也，今吾此行，得毋扶蘇之事乎？」譯曰：「願殿下勉著仁孝，毋失子道而已，勿為佗慮。」太子然之。既破賊，譯以功最，賜爵開國子，邑三百戶。後坐褻狎皇太子，帝大怒，除名為民。太子復召之，譯戲狎如初。因言於太子曰：「殿下何時可得據天下？」太子悅而益暱之。夫譯以功最受賞，則謂軍中之事，皆由軌及宇文孝伯者為不仇矣。何時得據天下之言，又何其與勉著仁孝之語，大不相類也？而齊王憲，自武帝之世，即專征伐，見猜疑，（參看第十四章第五節。〈憲傳〉云：憲自以威名日重，潛思屏退。及高祖欲親征北蕃，乃辭以疾。高祖變色曰：「汝若憚行，誰為吾使？」憲

懼曰：「臣陪奉鑾輿，誠為本願，但身嬰疹疾，不堪領兵。」帝許之。果憲
欲屏退，抑帝不欲其領兵，亦不可知也。）其不能見容於宣帝，自更不待
言矣。帝即位未逾月，即殺憲。（〈憲傳〉云：高祖未葬，諸王在內治服，
司衛長孫覽總兵輔政，而諸王有異志，奏令開府於智察其動靜。及高祖山
陵還，諸王歸第，帝又命智就宅候憲。因是告憲有謀。帝乃遣小塚宰宇文
孝伯詔憲：晚共諸王俱至殿門。憲獨被引進。帝先伏壯士於別室，執而縊
之。憲六子：貴，先憲卒。質、賨、貢、乾禧、乾洽，並與憲俱被誅。〈孝
伯傳〉云：帝忌齊王憲，意欲除之，謂孝伯曰：「公能為朕圖齊王，當以其
官位相授。」孝伯叩頭曰：「先帝遺詔，不許濫誅骨肉，齊王陛下之叔父，
戚近功高，社稷重臣，棟梁所寄。陛下若妄加刑戮，微臣又順旨曲從，則
臣為不忠之臣，陛下為不孝之子也。」帝不懌。因漸疏之。乃與於智、王
端、鄭譯等密圖其事。後令智告憲謀逆，遣孝伯召憲入，遂誅之。孝伯既
不肯害憲矣，何以召憲時必遣孝伯？孝伯又何以肯承命召憲？豈真全不知
帝之將殺之邪？）明年，宣帝大成元年（西元 579 年）。及傳位，改元大
象。陳宣帝太建十一年。二月，又殺王軌。神舉時為並州總管，使人鴆諸
馬邑。又賜宇文孝伯死。尉遲運求外出，為泰州總管，亦以憂死。（〈孝
伯傳〉曰：帝誅軌，尉遲運懼，私謂孝伯曰：「吾徒必不免禍，為之奈何？」
孝伯對曰：「今堂上有老母，地下有武帝，為人臣子，知欲何之？且委質
事人，本徇名義，諫而不入，將焉逃死？足下若為身計，宜且遠之。」於
是各行其志。運出為秦州總管。〈運傳〉云：運至州，猶懼不免，大象元
年（西元 579 年），二月，遂以憂薨於州。）

　　宣帝，史以為無道之主，然其人初非大惡，特武帝束之太嚴，（〈紀〉
云：帝之在東宮也，高祖慮其不堪承嗣，遇之甚嚴。朝見進止，與諸臣無
異。雖隆寒盛暑，亦不得休息。性既嗜酒，高祖遂禁醪醴不許至東宮。
帝每有過，輒加箠撲。嘗謂之曰：「古來太子，被廢者幾人？餘兒豈不堪

立邪？」於是遣東宮官屬錄帝言語動作，每月奏聞。此等如束溼薪之教往往一縱弛即不可收拾。）而實未親正人，又年少無學識，其舉動遂多可笑耳。（〈紀〉言其每對臣下，自稱為天。以五色土塗所御天德殿，各隨方色。又於後宮與皇后等列坐，用宗廟禮器鱒彝珪瓚之屬以飲食。此等皆孩穉所為耳。）史所謂侈君者，亦有二科：其一唯務行樂，他無所知。一則頗欲有所興作，釐正制度。然生長深宮，不知世務。所興所革，皆徒眩耳目，不切實際。非唯無益，反致勞民傷財。二者之詒害或唯均，然原其本心，固不可同日而語。漢武帝即屬於後一類，（參看《秦漢史》第五章第二節。）周宣帝亦其倫也。〈本紀〉言帝於國典朝儀，率情變改；（又云：後宮位號，莫能詳錄，可見其所改之多。變改必不能專於後宮，史不能詳記耳。）又言其每召侍臣論議，唯欲興造變革；（又云：未嘗言及治政，蓋意在創制立法，而不重目前之務也。王莽以為制定則天下自平，與公卿旦夕論議，不省獄訟，亦是此等見解。此等人往往闊於事情，然謂其規模不弘遠，不可得也。）即可見其欲興作，釐正制度。其所行者，亦不得謂無善政。如即位之歲，即遣大使巡察諸州。又詔制九條，宣下州郡，（一曰：決獄科罪，皆準律文。二曰：母族絕服外者聽昏。三曰：以杖決罰，悉令依法。四曰：郡縣當境賊盜不擒獲者，並仰錄奏。五曰：孝子順孫，義夫節婦，表其門閭。才堪任用者，即宜申薦。六曰：或昔經驅使，名位未達；或沉淪蓬蓽，文武可施；宜並採訪，具以名奏。七曰：偽齊七品以上，已敕收用，八品以下，爰及流外，若欲入仕，皆聽豫選，降二等授官。八曰：州舉高才博學者為秀才，郡舉經明行修者為孝廉，上州上郡歲一人，下州下郡三歲一人。九曰：年七十以上，依式授官。鰥寡睏乏，不能自存者，並加稟恤。）此即蘇綽制六條詔書之意。明年，正月，受朝於露門，帝服通天冠，絳紗袍，群臣皆服漢、魏衣冠，一洗代北之俗。（胡三省《通鑑注》曰：以此知周之君臣，前此蓋胡服也。又明年，大象二年（西元580

年），陳太建十二年。）二月，幸露門學，行釋奠之禮。三月，追封孔子為
鄒國公，立後承襲。別於京師置廟，以時祭享。皆可見其能留意於文教：
此蓋自文帝以來，即喜言創制改革，故帝亦習染焉而不自知也。然其亡謂
且有害之事亦甚多。即位之明年，二月，即傳位於太子衍。（後更名闡。）
自稱天元皇帝。所居稱天臺。冕二十有四旒。車服、旗鼓，皆以二十四為
節。皇帝衍稱正陽宮。衍時年七歲耳。帝耽酗於後宮，或旬日不出。公
卿、近臣請事者，皆附奄官奏之。初詔營鄴宮。大象元年（西元 579 年），
二月，停之，而發山東諸州兵，增一月功為四十五日役，起洛陽宮。常役
四萬人，迄於晏駕。史言帝所居宮殿帷帳，皆飾以金玉珠寶，光華炫耀，
極麗窮奢，及營洛陽宮，雖未成畢，其規模壯麗，逾於漢、魏遠矣。為太
子時，立妃楊氏，隋文帝之女也。即位後立為皇后。傳位後，改稱天元大
皇后。是年四月，立妃朱氏為天元帝后。朱氏，靜帝所生母也。吳人。坐
事沒入東宮。年長於帝十餘歲，疏賤無寵，以靜帝故，特尊崇之。帝所寵
元氏，魏宗室晟之女。陳氏，高氏隸山提之女。（陳山提，見第十四章第
四節。《北史》云尒朱氏之隸，誤。）西陽公溫，杞國公亮之子也。妻尉遲
氏，迥之孫女，有容色。以宗婦例入朝，帝逼而幸之。亮方為行軍總管伐
陳，聞之懼，因謀反。還至豫州，夜將數百騎襲行軍元帥韋孝寬營，為孝
寬所擊斬。帝即誅溫，追尉遲氏入宮，立為妃。七月，取法於后妃四星，
改稱朱氏為天皇后，立元氏為天右皇后，陳氏為天左皇后。明年，二月，
又取五帝及土數唯五之義，以楊后為天元大皇后，朱後為天大皇后，陳氏
為天中大皇后，元氏為天右大皇后，而立尉遲氏為天左大皇后焉。嘗遣使
簡京兆及諸州士民之女，以充後宮。（事在大象元年五月，見〈本紀〉。）
又詔儀同以上女，不許輒嫁。致貴賤同怨，聲溢朝野。（樂運所陳帝八失
之一，見〈運傳〉。）帝好出遊。即位之年，八月，幸同州。（見第十四章
第五節。十月乃還。）明年，正月，東巡狩。（三月乃還。）八月，幸同

州。十一月，幸溫湯。又幸同州。十二月，幸洛陽。帝親御驛馬，日行三百里。四皇后及文武侍衛數百人，並乘驛以從。仍令四后方駕齊驅。或有先後，便加譴責。人馬頓僕相屬。又明年，三月，行幸同州。增候正前驅戒道為三百六十重。自應門至於赤岸澤，（在長安北。）數十里間，幡旗相蔽，鼓樂俱作。又令虎賁持鈒馬上稱警蹕，以至於同州。四月，幸中山祈雨。（中山，亦作仲山，在雲陽西。）至咸陽宮，雨降，還宮。令京城士女於衢巷作音樂迎候。其後遊戲無恆，出入不節，羽儀仗衛，晨出暮還，陪侍之官，皆不堪命。武帝時嘗斷佛、道二教，經像悉毀。大象元年（西元 579 年），初復佛像及天尊像。十月，帝與二像俱南面而坐，大陳雜戲，令京城士民縱觀。十一月，御正武殿，集百官及宮人、內外命婦，大列伎樂。又縱胡人乞寒，用水澆沃為戲。散樂雜戲，魚龍爛漫之伎，常在目前。好令京城少年為婦人服飾，入殿歌舞，與後宮觀之，以為戲樂。京兆郡丞樂運，輿櫬詣朝堂，言帝八失，有云：「都下之民，徭賦稍重。必是軍國之要，不敢憚勞，豈容朝夕徵求，唯供魚龍爛漫，士民從役，只為俳優角抵？紛紛不已，財力俱竭，業業相顧，無復聊生。」則其遊戲舉動，詒害於人民甚烈矣。遊戲無節如此，度支自不免竭蹶。大象二年（西元 580 年），正月，乃稅入市者人一錢。此蓋史紀其征斂之至苛者，其為史所不載者，又不少矣。

樂運之陳帝八失也，帝大怒，將戮之。內史元巖紿帝曰：「樂運知書奏必死，所以不顧身命者，欲取後世之名。陛下若殺之，乃成其名也。」帝然之，因而獲免。翼日，帝頗感悟，召運謂之曰：「朕昨夜思卿所奏，實是忠臣。先皇明聖，卿數有規諫，朕既昏暗，卿復能如此。」乃賜御食以賞之。則帝亦不盡拒諫。〈顏之儀傳〉云：周祖初建儲宮，盛選師傅，以之儀為侍讀。太子後征吐谷渾，在軍有過行，鄭譯等並以不能匡弼坐譴，唯之儀以累諫獲賞。即拜小宮尹。宣帝即位，遷御正中大夫。帝後刑

政乖僻，昏縱日甚，之儀犯顏驟諫。雖不見納，終亦不止。深為帝所忌。然以恩舊，每優容之。及帝殺王軌，之儀固諫，帝怒，欲並致之法。後以其諒直無私，乃舍之。案帝於之儀，任之甚重，（見下。）謂其欲致之法，恐亦莫須有之辭也。斛斯徵者，高祖以其治經有師法，令教授皇子。帝時為魯公，與諸皇子等咸服青衿，行束脩之禮。及即位，遷大宗伯。上疏極諫。帝不納。鄭譯因譖之。遂下徵獄。獄卒張元哀之，以佩刀穿獄牆出之。此雖酷暴，然徵因遇赦獲免，亦未聞帝之更事追求也。然帝之用刑確不詳，而又偏於嚴酷。初高祖作《刑書要制》，用法嚴重。及帝即位，以海內初平，恐物情未附，乃除之。大象元年（西元 579 年），八月，大醮於正武殿，又告天而行焉。樂運初以帝數行赦宥，上疏極諫，及其陳帝八失，則云：「變故易常，乃為政之大忌，嚴刑酷罰，非致治之弘規。若罰無定刑，則天下皆懼，政無常法，則民無適從。豈有削嚴刑之詔，未及半祀，便即追改，更嚴前制？今宿衛之官，有一人夜不直者，罪至削除，因而逃亡者，遂便籍沒，此則大逆之罪，與十杖同科，雖為法愈嚴，恐人情轉散。請遵輕典，並依大律，則億兆之民，手足有所措矣。」〈本紀〉言：帝擯斥近臣，多所猜忌。常遣左右，伺察群臣。動止所為，莫不鈔錄。小有乖違，輒加其罪。自公卿已下，皆被楚撻。其間誅戮、黜免，不可勝言。每笞箠人，皆以百二十為度，名曰天杖。宮人內職亦如之。后妃嬪御，雖被寵嬖，亦多被杖背。於是內外恐懼，人不自安。皆求苟免，莫有固志。重足累息，以逮於終。蓋帝之為人，凡事皆任情而動，又承武帝酷法之後，遂致有斯弊耳。

鮮卑立國，本無深根固柢之道，周武帝雖云英武，亦僅能致一時之富強耳，故嗣子不令，國祚即隨之傾覆焉。大象二年（西元 580 年），五月，宣帝死。帝之即位也，以鄭譯為內史下大夫，委以朝政。俄遷內史上大夫。譯頗專擅。帝幸東京，譯擅取宮材，自營私第，坐是復除名為民。

劉昉數言於帝，帝復召之，顧待如初。劉昉者，武帝時以功臣子入侍皇太子，及帝嗣位，以技佞見狎，出入宮掖，寵冠一時。授大都督。遷小御正。與御正中大夫顏之儀，並見親信。譯與楊堅，有同學之舊，昉亦素知堅。宣帝不念，召昉及之儀俱入臥內，屬以後事。昉遂與譯謀，引堅輔政。《周書‧顏之儀傳》云：宣帝崩，劉昉、鄭譯等矯遺詔，以隋文帝為丞相，之儀知非帝旨，拒而弗從。昉等草詔署記，逼之儀連署。之儀厲聲謂昉等曰：「主上升遐，嗣子沖幼，阿衡之任，宜在宗英。方今賢戚之內，趙王最長，以親以德，合膺重寄。公等備受朝恩，當思盡忠報國，奈何一旦，欲以神器假人？之儀有死而已，不能誣罔先帝。」昉等知不可屈，乃代之儀署而行之。案隋文帝在周世，既無大權，亦無重望，之儀安知其將篡？〈傳〉所載之儀之言，必非實錄。《隋書‧鄭譯傳》，謂之儀與宦者謀，引大將軍宇文仲輔政，仲已至御坐，譯知之，遽率開府楊惠及劉昉、皇甫績、（韋孝寬外孫。為宮尹中士。衛刺王作亂，城門已閉，百僚多有遁者，績聞難赴之。於玄武門遇皇太子。太子下樓，執績手，悲喜交集。武帝聞而嘉之。遷小宮尹。宣政初，拜畿伯下大夫。累轉御正下大夫。）柳裘俱入，（柳裘本仕梁。梁元帝為魏軍所逼，遣裘請和於魏。俄而江陵陷，遂入關中。時為御飾大夫。宣帝不念，留侍禁中。）仲與之儀見譯等，愕然，逡巡欲出，高祖因執之，則更東野人之言矣。《隋書‧高祖紀》：宣帝即位，以後父，徵拜上柱國、大司馬。大象初，遷太后丞、右司武。俄轉大前疑。每巡幸，恆委居守。位望益隆，帝頗以為忌。帝有四幸姬，並為皇后，諸家爭寵，數相毀譖。帝每忿怒，謂後曰：「必族滅爾家。」因召高祖，命左右曰：「若色動即殺之。」高祖既至，容色自若，乃止。大象二年（西元 580 年），五月，以高祖為揚州總管。將發，暴有足疾，不果行。〈鄭譯傳〉云：高祖為宣帝所忌，情不自安。嘗在永巷，私於譯曰：「久願出藩，公所悉也。敢布心腹，少留意焉。」譯曰：「以公

德望，天下歸心。欲求多福，豈敢忘也？謹即言之。」時將遣譯南征。譯請元帥。帝曰：「卿意如何？」譯對曰：「若定江東，自非懿戚重臣，無以鎮撫。可令隋公行。且為壽陽總管，以督軍事。」帝從之。乃下詔，以高祖為揚州總管，譯發兵俱會壽陽以伐陳。謂高祖為宣帝所忌，全是事後附會之談，實則當日伐陳，尚是以鄭譯為主，高祖但以宿將懿戚，與之偕行耳。〈李德林傳〉云：鄭譯、劉昉，初矯詔召高祖受顧命，輔少主，總知內外兵馬事。諸衛既奉敕，並受高祖節度。譯、昉議欲授高歟祖塚宰，譯自攝大司馬，昉又求小塚宰。高祖私問德林曰：「欲何以見處？」德林曰：「即宜作大丞相，假黃鉞，都督內外諸軍事。不爾，無以壓眾心。」及發喪，便即依此。以譯為相府長史，帶內史上大夫，昉但為丞相府司馬。譯、昉由是不平。觀此，便知譯、昉所以引高祖之故，而亦知高祖所以克成大業之由。蓋譯、昉之意，原欲與高祖比肩共攬朝權，而不意高祖究系武人，兵權既入其手，遂抑譯、昉為僚屬也。此譯、昉之所以不終。抑高祖位望素輕，當日安知其將篡？此又尉遲迥等之起，韋孝寬等之所以為高祖盡力歟？彼固以為扶翼周朝，不以為助成高祖之篡奪。抑尉遲迥等之。起兵，未嘗非覬覦權勢，亦未必知高祖之將篡，而志在扶翼周朝也。及迥等既敗，則高祖之權勢坐成，而其篡奪，轉莫之能御矣。此乃事勢邂逅使然，即高祖，亦未必自知其成大業如此之易也。自來篡奪之業，必資深望重，大權久在掌握而後克成，而高祖獨以資淺望輕獲濟，此又得國者之一變局矣。

高祖之驟獲大權，實得武人擁戴之力。《隋書·盧賁傳》：賁輯司武上士，時高祖為大司武，賁知高祖非常人，深自推結。及高祖初被顧託，群情未一，乃引賁置於左右。高祖將之東第，百官皆不知所去，高祖潛令賁部伍仗衛，因召公卿謂曰：「欲求富貴者，當相隨來。」往往偶語，欲有去就。賁嚴兵而至，眾莫敢動。出崇陽門至東宮，門者拒絕納。賁諭之，

不去。嗔目叱之，門者遂卻。既而高祖得入。賁恆典宿衛。當日之情形，實類陳兵劫迫，此周之宗戚，所以束手而不敢動也。觀此，而知周宣帝之廢尉遲運為自詒伊戚矣。東宮即正陽宮也，時以為丞相府，而靜帝入居天臺。漢王贊為右大丞相，高祖為左大丞相。百官總已，以聽於左大丞相。〈劉昉傳〉云：時漢王贊居禁中，每與高祖同帳而坐。昉飾美妓進於贊，贊甚悅之。昉因說贊曰：「大王先帝之弟，時望所歸。孺子幼沖，豈堪大事？今先帝初崩，群情尚擾，王且歸第，待事寧之後，入為天子，此萬全之計也。」贊時年未弱冠，性識庸下，聞昉之說，以為信然，遂從之。其說未知信否，然贊即居禁中亦未必能與高祖相持也。於是京城之大權，盡歸於高祖矣。

時尉遲迥為相州總管。高祖令迥子惇齎詔書以會葬徵迥，以韋孝寬代之。迥留惇舉兵。迥弟子勤，時為青州總管，亦從迥。眾數十萬。滎州刺史宇文冑，（滎州，魏之北豫州，見第十一章第四節。冑，什肥子，見下。）申州刺史李惠，（申州，江左之司州，後魏之郢州也，見第十一章第四節。）東楚州刺史費也利進，（東魏東楚州，治宿豫，後周改泗州，蓋史以舊名稱之。）東潼州刺史曹惠達，（《五代志》：下邳郡夏丘縣，梁置潼州，蓋時尚未廢。夏丘，漢縣，今安徽泗縣。）各據州以應迥。高祖以韋孝寬為元帥討之。惇率眾十萬入武陟。（今河南武陟縣。）為孝寬所敗。孝寬乘勝進至鄴。迥與子惇、祐等悉其卒十三萬陳於城南。勤率眾五萬，自青州來赴，以三千騎先至。戰，又敗。迥自殺。勤、惇、東走，並追獲之。鄖州總管司馬消難，（鄖州，周置，今湖北安陸縣。）聞迥不受代，舉兵應迥。使其子泳質於陳以求援。高祖命襄州總管王誼討之。（襄州，見第十二章第十節。）消難奔陳。王謙者，雄之子，時為益州總管，亦舉兵。隆州刺史阿史那瓌為畫三策，（梁南梁州，西魏改曰隆州，今四川閬中縣。）曰：「親率精銳，直指散關，（見第八章第五節。）上策也。

出兵梁、漢，以顧天下，中策也。坐守劍南，發兵自衛，下策也。」謙參
用其中下二策，遣兵鎮始州。（西魏置，今四川劍閣縣。）高祖以梁睿為
行軍元帥討之。益州刺史達奚惎，總管長史乙弗虔等攻利州，（西魏置，
今四川廣元縣。）聞睿至，眾潰。密使詣睿，請為內應以贖罪。謙不知，
並令守成都。睿兵奄至，謙自率眾迎戰，又以惎、虔之子為左右軍。行數
十里，軍皆叛。謙以二十騎奔新都。（漢縣，今四川新都縣。）縣令王寶
斬之。惎、虔以成都降。（高祖以其首謀，斬之。阿史那瓌亦誅。）皆七
月中事也。尉遲迴時已衰暮；王謙徒藉父勳，本無籌略，司馬消難則一反
覆之徒耳；（〈消難傳〉云：性貪淫，輕於去就，故世之言反覆者，皆引消
難云。）韋孝寬時亦年老無奢望，（孝寬平迴後即死，時年七十二。）且事
出倉卒，諸鎮即懷異志，亦不及合謀；而高祖所以駕馭之者，亦頗得其宜；
此其戡定之所以易也。（《隋書‧李德林傳》：韋孝寬為沁水泛漲，兵未得
度，長史李詢上密啟云：大將梁士彥、宇文忻崔弘度並受尉遲迴餉金，軍
中慅慅，人情大異。高祖得詢啟，深以為憂。與鄭譯議，欲代此三人，德
林獨進計曰：「公與諸將，並是國家貴臣，未相伏馭，以挾令之威使之耳。
安知後所遣者能盡腹心，前所遣者獨致乖異？又取金之事，虛實難明。即
令換易，彼將懼罪。恐其逃逸，便須禁錮。然則郇公以下，必有驚疑之
意。且臨敵代將，自古所難。如愚所見：但遣公一腹心，明於智略，為諸
將舊來所信服者，速至軍所，觀其情偽，縱有異志，必不敢動。」丞相大
悟，即令高熲馳驛往軍所，為諸將節度，竟成大功。〈柳裘傳〉云：尉迴
作亂，天下騷動，並州總管李穆，頗懷猶豫，高祖令裘往喻之，穆遂歸
心，高祖。《周書‧穆傳》云：尉遲迴舉兵，穆子榮欲應之，穆弗聽。時
迴子誼為朔州刺史，穆執送京師。此等皆隋事成敗之關鍵。）

周文帝子十三人：長明帝。次宋獻公震，前卒。次閔帝。次武帝。次
衛刺王直，以謀亂並子十人被誅，次齊煬王憲，與子並為宣帝所殺；已見

前。次趙僭王招。次譙孝王儉。次陳惑王純。次越野王盛。次代奰王達。次冀康公通。次滕聞王逌。儉與通亦前卒。趙、陳、越、代、滕五王，大象元年五月，各之國。宣帝疾，追入朝。（《隋書·高祖紀》曰：周氏諸王在藩者，高祖恐其生變，以趙王招將嫁女於突厥為辭征之。）比至，帝已死。五王與明帝長子畢剌王賢謀作亂。高祖執賢斬之，並其子弘義、恭道、樹娘等。寢趙王等之罪。因詔五王劍履上殿，入朝不趨，用安其心。九月，趙王伏甲以宴高祖，（《周書·招傳》云：招邀隋文帝至第，飲於寢室；《隋書·元冑傳》亦云：招要高祖就第；其說當是。〈高祖紀〉云：高祖齎酒餚造趙王第，欲觀所為，恐非。）為高祖從者元冑所覺，獲免。（冑，魏昭成帝六代孫。齊王憲引致左右，數從征伐，官至大將軍。高祖初被召入，將受顧託，先呼冑，次命陶澄，並委以腹心。恆宿臥內。及為丞相，每典軍在禁中。又引弟威俱入侍衛。）於是誅招及盛，並招子員、貫、乾銑、乾鈴、乾鑒，盛子忱、悰、恢、憘、忻。十月，復誅純及其子謙、讓、議。十一月，誅達及其子執、轉，逌及其子祐、裕、禮、禧。而儉之子乾惲，畢剌王之弟酆王貞及其子德文，宋王寔，（出後宋獻公。）閔帝子紀屬王康之子湜，（康武帝世為利州刺史，有異謀，賜死。）宣帝弟漢王贊並其子道德、道智、道義，秦王贄並其子靖智、靖仁，曹王允，道王充，蔡王兌，荊王元，靜帝弟鄴王衍，（從〈本紀〉。〈傳〉作衎，則與靜帝初名同矣。）郢王術亦皆被殺。於是宇文泰之子孫盡矣。泰三兄，唯邵惠公顥有後。顥長子什肥，為齊神武所害；第三子護，武帝時與諸子皆被誅；亦已見前。什肥被害時，子冑，以年幼下蠶室。天和中，與齊通好，始得歸。舉兵應尉遲迥，戰敗被殺。顥次子導，有五子：曰廣、亮、翼、椿、眾。廣、翼皆前死。亮，宣帝時以反誅，子明、溫皆坐誅。（溫出後翼。）廣子洽、椿、眾，椿子道宗、本仁、鄰武、子禮、獻，眾子仲和、執倫，亦皆被殺。唯德帝從父兄仲之孫洛，靜帝死後，封介國公，為

隋國賓云。周於元氏子孫，無所誅戮，（見《周書·元偉傳》。）且待之頗寬，（《周書·明帝紀》：閔帝元年（西元 557 年），十二月，詔元氏子女，自坐趙貴等事以來，所有沒入為官口者，悉宜放免。）而高祖於宇文氏肆意屠翦，讀史者多議其非，然宇文氏代魏時，元氏已無能為，而隋高祖執權時，宇文氏生心者頗眾，勢亦有所不得已也。（《廿二史札記》云：隋文滅陳，不唯陳後主得善終，凡陳氏子孫，自嶽陽王叔慎以抗拒被殺外，其餘無一被害者，皆配往隴右及河西諸州，各給田業以處之。同一滅國也，於宇文氏則殄滅之，於陳則悉保全之，蓋隋之篡周，與宇文有不兩立之勢，至取陳則基業已固，陳之子孫，又皆孱弱不足慮，故不復肆毒也。）

內外之敵皆除，隋高祖遂以陳太建十二年二月代周。周靜帝旋見殺。隋室之先，史云弘農華陰人，（華陰，見第三章第三節。）漢太尉震之後，此不足信。高祖六世祖元壽，仕魏，為武川鎮司馬，因家焉，蓋亦代北之族。然高祖時胡運既迄，文化大變，高祖所為，皆以漢人自居，不復能以胡人目之，五胡亂華之局，至此終矣。

陳後主荒淫

甚哉，積習之不易變也！荒淫、猜忌，為江左不振之大原，陳武帝崛起嶺嶠，豁達大度，今古罕儔；且能以恭儉自厲；至文帝，尚能守其遺風；（〈高祖紀〉言：升大麓之日，居阿衡之任，恆崇寬政，愛育為本。有須調發軍儲，皆出於事不可息。加以儉素自率。常膳不過數品。私饗曲宴，皆瓦器蚌盤；餚核庶羞，裁令充足而已；不為虛費。初平侯景，及立紹泰，子女玉帛，皆班將士。其充閨房者，衣不重采，飾無金翠。歌鐘女樂，不列乎前。及乎踐阼，彌厲恭儉。〈世祖紀〉云：世祖起自艱難，知百姓疾苦。國家資用，務從儉約。常所調斂，事不獲已者，必諮嗟改色，若在諸

身。主者奏決，妙識真偽，下不容奸，人知自屬矣。一夜內刺闈取外事分判者，前後相續。每雞人伺漏，傳更籤於殿中，乃敕送者：「必投籤於階石之上，令鎗然有聲，」云「吾雖眠，亦令驚覺也。」始終梗概，若此者多焉。〈后妃傳〉云：世祖性恭儉，嬪嬙多闕。）庶幾積習可以漸變矣。乃至後主，卒仍以此敗，豈不哀哉！

太建十四年（西元 582 年），正月，陳宣帝崩。太子叔寶立，是為後主。宣帝次子始興王叔陵，性強梁。嘗刺江、湘二州，又為揚州，皆極暴橫。宣帝初不之知，後雖稍知之，然素愛叔陵，責讓而已，不能繩之以法也。第四子長沙王叔堅，亦桀黠凶虐。與叔陵俱招聚賓客，各爭權寵，甚不平。文帝第五子新安王伯固，性輕率。與叔陵共謀不軌。宣帝弗豫，叔堅、叔陵等並從後主侍疾。叔陵陰有異志。乃令典藥吏曰：「切藥刀甚鈍，可礪之。」及宣帝崩，倉卒之際，又命其左右於外取劍。左右弗悟，乃取朝服所佩木劍以進。叔陵怒。叔堅在側聞之，疑有變，伺其所為。及翼日小斂，後主哀頓俯服，叔陵袖剉藥刀趨進，斫後主中項。後主悶絕於地。又斫太后數下。（宣帝后柳氏。）後主乳媼吳氏，（樂安君。）時在太后側，自後掣其肘。後主因得起。叔陵仍持後主衣。後主自奮得免。叔堅手搤叔陵，奪去其刀。仍牽就柱，以其褶袖縛之。時吳媼已扶後主避賊。叔堅求後主所在，將受命焉。叔陵因奮袖得脫。（此據〈叔陵傳〉。〈叔堅傳〉云：叔堅自後扼叔陵，禽之。並奪其刀，將殺之。問後主曰：「即盡之，為待邪？」後主不能應。叔陵舊多力，須臾，自奮得脫。）突走出雲龍門，馳車還東府。放囚以充戰士。又遣人往新林，追其所部兵馬。仍自被甲、著白布帽，登城西門，招募百姓。召諸王將帥，莫有應者，唯伯固聞而赴之。（伯固時為揚州刺史。）是時眾軍並緣江防守，臺內空虛。叔堅乃白太后，使太子舍人司馬申以後主命召蕭摩訶，令討之。（摩訶時為右衛將軍。）叔陵聚兵僅千人，自知不濟，遂入內，沉其妃沈氏及寵妾七

人於井，率人馬數百，自小航渡，（秦淮上航，當東府門。）欲趨新林，以舟艦入北。為臺軍所邀，與伯固皆被殺。叔陵諸子，即日並賜死。一場叛亂，不過自寅至巳而已，真兒戲也。

叔陵既平，叔堅以功進號驃騎將軍，為揚州刺史。尋遷司空，將軍、刺史如故。時後主患創，不能視事，政無大小，悉委叔堅決之，於是勢傾朝廷。叔堅因肆驕縱，事多不法。後主由是疏而忌之。至德元年（西元583年），出為江州刺史。未發，又以為驃騎將軍，重為司空，實欲去其權勢。叔堅不自安。稍怨望。乃為左道厭魅，以求福助。其年冬，有人上書告其事。案驗並實。（此據《陳書·本傳》。《南史》云：陰令人造其厭魅，又令人上書告其事，案驗令實。）後主召叔堅，囚於西省，將殺之。其夜，令近侍宣敕，數之以罪。叔堅對曰：「臣之本心，非有他故，但欲求親媚耳。臣既犯天憲，罪當萬死。臣死之日，必見叔陵，願宣明詔，責於九泉之下。」後主感其前功，乃赦之。

司馬申以功除太子左衛率，兼中書通事舍人。遷右衛將軍。申歷事三帝，內掌機密，頗作威福。性忍害，好飛書譖毀，朝之端士，遍罹其殃。性又果敢。善應對。能候人主顏色。有忤己者，必以微言譖之，附己者因機進之。是以朝廷內外，皆從風而靡。初宣帝委政於毛喜。喜數有諫爭，事並見從。自吳明徹敗後，帝深悔不用其言，謂袁憲曰：「一不用喜計，遂令至此。」由是益見親重。喜乃言無迴避。時後主為皇太子，好酒，每共親幸人為長夜之宴，喜嘗言之宣帝，後主遂銜之。即位後，稍見疏遠。及被始興王傷，創愈置酒，引江總以下，展樂賦詩。醉酣而命喜。於時山陵初畢，未及踰年，喜見之不懌。欲諫而後主已醉。乃詳為心疾，升階，僕於階下。移出省中。後主醒乃疑之。謂江總曰：「我悔召毛喜。知其無疾，但欲阻我歡宴，非我所為耳。」乃與申謀曰：「此人負氣，我欲將乞鄱陽兄弟，（鄱陽王伯山，文帝第三子。）聽其報仇，可乎？」對曰：「終不

為官用，願如聖旨。」傅縡爭之曰：「若許報仇，欲置先皇何地？」後主乃曰：「當乞一小郡，勿令見人事耳。」乃以喜為永嘉內史。傅縡者，亦為中書舍人。性木強。不持檢操。負才使氣，陵侮人物，朝士多銜之。會施文慶、沈客卿以便佞親幸，專制衡軸，而縡益疏。文慶等因共譖縡受高麗使金。後主收縡下獄。縡素剛，因憤恚，於獄中上書。（略云：「陛下頃來，酒色過度。小人在側，宦豎弄權。惡忠直若仇讎，視生民如草芥。後宮曳綺繡，廄馬餘菽粟。百姓流離，殭屍蔽野。貨賂公行，帑藏損耗。神怒民怨，眾叛親離。恐東南王氣，自斯而盡。」）書奏，後主大怒。頃之，意稍解，遣使謂縡曰：「我欲赦卿，卿能改過不？」縡對曰：「臣心如面，臣面可改，則臣心可改。」後主益怒。令宦者李善度窮治其事，遂賜死獄中。（時又有章華者，亦以不得志，禎明初上書極諫。書奏，後主大怒，即日命斬之。）施文慶者，家本吏門，至文慶，好學，頗涉書史。後主之在東宮，文慶事焉。及即位，擢為中書舍人。大被親幸。自太建以來，吏道疏簡，百司弛縱，文慶盡其力用，無所縱舍，分官聯事，莫不振懼。又引沈客卿、陽惠朗、徐哲、暨惠景等，云有吏能。後主信之。然並不達大體，督責苛碎，聚斂無厭。王公大人，咸共疾之。後主益以文慶為能，尤親重內外眾事，無不任委。客卿，至德初為中書舍人，兼步兵校尉，掌金帛局。舊制：軍人、士人，二品清官，並無關市之稅。後主盛修宮室，窮極耳目，府庫空虛，有所興造，恆苦不給。客卿每立異端；唯以刻削百姓為事。奏請不問士庶，並責關市之估，而又增重其舊。於是以陽慧朗為大市令，暨慧景為尚書金倉都令史。二人家本小吏，考校簿領，豪釐不差。糾謫嚴急，百姓嗟怨。而客卿居舍人，總以督之。每歲所入，過於常格數十倍。後主大悅。尋加客卿散騎常侍、左衛將軍，舍人如故。惠朗、慧景奉朝請。禎明三年（西元 589 年），客卿遂與文慶俱掌機密。案為治之道，必不能廢督責，而督責之術，唯無朋黨者為能施之。南朝君主，好言吏事，

好用寒人，實不能謂為無理。（其為史所深詆者，則史籍皆出於士大夫之手，正所謂朋黨之論也。）然以此求致治則可，以此事聚斂而中人主之欲，則為民賊矣。不龜手之藥一也，或以封，或不免於洴澼絖，則其所以用之者異也，夫惡可以不審？況乎出於文法之外，而使之參與大計哉？抑督責之家，每戒主勞而臣逸，謂不可躬親細務，而遺其大者遠者耳，非謂自求逸豫也。若其自求逸豫，則為有天下而不恣睢，命之曰桎梏之邪說。南朝君主，多好吏事而不治，病正坐此，而後主亦然。以江總為尚書令，不持政務，日與後主遊宴後庭。共陳暄、孔範、王瑳等十餘人，當時謂之狎客。國政日頹，綱紀不立。有言者，輒以罪斥之，於是危亡迫於眉睫而不自知矣。而其時女謁尤盛。

後主皇后沈氏，賢而無寵，而寵張貴妃及龔、孔二貴嬪。後無子，孫姬生子胤。姬因產卒，後哀而養之，以為己子。時後主年長，未有胤嗣，宣帝因命以為嫡孫。（太建五年（西元573年）。）後主即位，立為皇太子。後卒廢之而立張貴妃之子深焉。（禎明二年（西元588年）。據〈袁憲傳〉，太子頗不率典訓，然後主之廢之，則初不以此。後主第八子會稽王莊，性嚴酷，數歲，左右有不如意，輒剟刺其面，或加燒爇，以母張貴妃有寵，後主甚愛之。）《陳書·后妃傳》述後主之惡德云：魏徵考覽記書，參詳故老，云：後主初即位，以始興王叔陵之亂，被傷臥於承香閣下，時諸姬並不得進，唯張貴妃侍焉。至德二年（西元584年），乃於光照殿前起臨春、結綺、望仙三閣。閣高數丈，並數十間。其窗牖、壁帶、懸楣、欄、檻之類，並以沉檀香木為之。又飾以金玉，間以珠翠。外施珠簾，內有寶床、寶帳。其服玩之屬，瑰奇珍麗，近古所未有。每微風暫至，香聞數里；朝日初照，光映後庭。其下積石為山，引水為池；植以奇樹，雜以花藥。後主自居臨春閣，張貴妃居結綺閣，龔、孔二貴嬪居望仙閣，並復道交相往來。又有王、李二貴人，張、薛二淑媛，袁昭儀、何婕妤、江修容等七

人，並有寵，遞代以遊其上。以官人有文學者袁大舍等為女學士。後主每引賓客，對貴妃等遊宴，則使諸貴人及女學士與狎客共賦新詩，互相贈答。採其尤豔麗者，以為曲詞。被以新聲，選宮女有容色者以千百數，令習而歌之，分部迭進，持以相樂。其曲有〈玉樹後庭花〉、〈臨春樂〉等，大指所歸，皆美張貴妃、孔貴嬪之容色也。張貴妃才辯強記，善候人主顏色。是時後主怠於政事，百司啟奏，並因宦者蔡脫兒、李善度進請。後主置張貴妃於膝上共決之。李、蔡所不能記者，貴妃並為條疏，無所遺脫。（《南史》此下又云：因參訪外事。人間有一言一事，貴妃必先知白之。）由是益加寵異，冠絕後庭。而後宮之家，不遵法度，有掛於理者，但求哀於貴妃，貴妃則令李、蔡先啟其事，而後從容為言之。人臣有不從者，必因而譖之。所言無不聽。於是張、孔之勢，燻灼四方。（《南史》此下云：內外宗族多被引用。）大臣、執政，亦從風而靡。閹宦、便佞之徒內外交結。賄賂公行、賞罰無章，綱紀瞀亂矣。術家所坊，同床其一後主引張貴妃共決事，方自謂有裨治理，而惡知其弊之至於此哉？

隋並梁陳

自周滅北齊之後，北方吞併之形勢已成，隋文帝篡立之初，內憂未弭，故與陳仍敦鄰好。然開皇元年（西元 581 年），（陳太建十三年。）三月，以賀若弼為楚州總管，鎮廣陵；（此據《隋書‧本紀》。〈弼傳〉楚州作吳州。）韓禽虎為廬州總管，鎮廬江；（見第三章第九節。）已稍為用兵之備矣。司馬消難之來降也，陳以樊毅督沔、漢諸軍事，使任忠趨歷陽，宜陽侯慧紀（高祖從孫。）為前軍都督，趨南兗州。諸軍並無甚功績。唯樊毅等據甑山，（鎮名，消難以之來降，在今湖北漢川縣南。）周羅攻陷胡墅。（見第十三章第二節。）太建十四年（西元 582 年），（隋開皇二年。）

九月，隋以長孫覽、元景山為行軍元帥，來伐。仍命高熲節度諸軍。景山出漢口，甑山守將棄城遁。明年，（陳後主至德元年（西元 583 年），隋開皇三年。）陳遣使請和於隋，歸隋胡墅。高熲乃以禮不伐喪，奏請班師。蓋隋是時之志，僅在復消難叛時所失之地而已。

　　至德三年（西元 585 年），（隋開皇五年。）梁主蕭巋死，（偽諡孝明皇帝，廟號世宗。）子琮嗣。初尉遲迥等起兵，巋將帥皆密請興師，與迥等為連衡之勢，進可以盡節周氏，退可以席捲山南。巋以為不可。（《隋書·柳莊傳》：莊仕後梁，為鴻臚卿。高祖輔政，蕭巋令莊奉書入關。時三方構難，高祖懼巋有異志，莊還，執手使申意於梁主。莊言於巋曰。「尉迥雖曰舊將，昏耄已甚；消難、王謙，常人之下者；非有匡合之才。況山東、庸、蜀，從化日近，周室之恩未洽。在朝將相，多為身計，競效節於楊氏。以臣料之，迥等終當覆滅，隋公必移周國。未若保境息民，以觀其變。」巋深以為然。眾議遂止。未幾，消難奔陳，迥及謙相次就戮。巋謂莊曰：「近者若從眾人之言，社稷已不守矣」案高祖初輔政時，未必有篡周之勢，說已見第一節。莊之說，乃事後附會之談，不待深辯。梁欲盡節於周，本無此理；即謂欲盡節，在當時，亦豈易辨高祖與尉遲迥等之順逆邪？然使迥等而成，必不能責蕭巋之不協力；巋即與之協力，亦未必能遂據山南；迥等而敗；則禍不旋踵矣。利害明白，中智所知，又豈待莊之決策也。）開皇二年（西元 582 年），隋文帝納巋女為晉王妃；（晉王廣，即煬帝。）又欲以其子瑒尚蘭陵公主；由是罷江陵總管，巋專制其國。及琮立，復置總管以監之。後二歲，（陳禎明元年（587），隋開皇七年。）隋徵琮入朝，遣崔弘度將兵戍之。軍至都州，（見第十四章第九節。）琮叔父巖及弟等虜居民奔陳。宜黃侯慧紀時為荊州刺史，以兵迎之。隋遂廢梁國。先是隋已以楊素為信州總管，（今四川奉節縣。）及梁亡，而順流之勢成矣。

　　禎明二年（西元 588 年），隋開皇八年也。十月，隋置淮南行臺於壽春，以晉王廣為尚書令。旋命晉王廣、秦王俊、（文帝第三子。）清河公楊素並為行軍元帥以伐陳。於是晉王廣出六合，秦王俊出襄陽，楊素出信州，荊州刺史劉仁恩出江陵，王世積出蘄春，（漢縣，兀齊以為齊昌郡，見第十三章第四節。）韓禽虎出廬江，賀若弼出吳州，燕榮出東海。（東魏海州，隋改為東海郡，今江蘇東海縣。）合總管九十，兵五十一萬八千，皆受晉王節度。

　　蕭巖、蕭之至也，後主忌之，遠散其眾，以巖為東揚州，為吳州刺史。使領軍任忠出守吳興，欲以襟帶二州。使南平王嶷鎮江州，永嘉王彥鎮南徐州。（皆後主子。）尋詔二王赴明年元會，命緣江諸防船艦，悉從二王還都，為威勢以示梁人之來者。由是江中無一斗船。上流諸州兵，皆阻楊素軍不得至。然都下甲士，尚十餘萬人。及聞隋軍臨江，後主曰：「王氣在此，齊兵三度來，周軍再度至，無不摧沒，虜今來者必自散。」《南史·施文慶傳》曰：時湘州刺史晉熙王叔文，（高宗第十二子。）在職既久，大得人和，後主以其據有上流，陰忌之。自度素與群臣少恩，恐不為用，無所任者，乃擢文慶為都督、湘州刺史，配以精兵，欲令西上。仍徵叔文還朝。文慶深喜其事。然懼居外後執事者持己短長，因進沈客卿以自代。尚書僕射袁憲，驃騎將軍蕭摩訶及文武群臣共議，請於京口、採石，各置兵五千；並出金翅二百，緣江上下；以為防備。文慶恐無兵從己，廢其述職；而客卿又利文慶之任，己得專權；俱言於朝曰：「必有論議，不假面陳，但作文啟，即為通奏。」憲等以為然。二人齎啟入白後主，曰：「此是常事，邊城將帥，足以當之，若出人船，必恐驚擾。」及隋軍臨江，間諜數至，憲等殷勤奏請，至於再三。文慶曰：「元會將逼，南郊之日，太子多從，今若出兵，事便廢闕。」後主曰：「今且出兵，若北邊無事，因以水軍從郊，何為不可？」又對曰：「如此，則聲聞鄰境，便謂國弱。」後

又以貨動江總。總內為之遊說。後主重違其意，而迫群官之請，乃令付外詳議。又抑憲等。由是未決而隋師濟江。〈孔范傳〉云：時孔貴人極愛幸，范與結為兄妹，寵遇優渥，言聽計從，朝廷公卿咸畏。范因驕矜，以為文武才能，舉朝莫及。從容白後主曰：「外間諸將，起自行伍，匹夫敵耳，深見遠慮，豈其所知？」後主以問施文慶。文慶畏范，益以為然。自是將帥微有過失，即奪其兵，分配文吏。隋師將濟江，群官請為備防，文慶沮壞之，後主未決，范奏曰：「長江天塹，古來限隔，虜軍豈能飛度？邊將欲作功勞，妄言事急。臣自恨位卑，虜若能來，定作太尉公矣。」或妄言北軍馬死。范曰：「此是我馬，何因死去？」後主笑以為然，故不深備。案史所言施文慶、沈客卿罪狀，皆近深文周內。二人者蓋文法之吏。凡文法吏，往往不知大局，即遇非常之事，亦以尋常公務視之，此等人吾數見不鮮矣。謂孔范自負才能，亦非其實。如范者，豈知以才能自負？徒知取媚而已。文法之吏，狃於故常；諧臣媚子，唯知諧媚；承當時上下相猜之習，唯求中於時主之心，大兵壓境，滅亡在即，而仍無所委任，無所措置，此則當時朝局之真相。故曰：猜忌與荒淫，同為江左滅亡之大原因也。諧臣媚子，唯知諧媚，即國亡家破，彼亦漠然無所動於其中，此真隋文帝所謂全無心肝者。文法之吏，似愈於彼矣，然狃於故常，罔知大局，雖國事由彼而敗壞，彼尚以為世運如此，吾之所為固未嘗誤也。野老早知今日事，朝臣猶護昔年非，處存亡絕續之交，而以國事付諸此等人之手，誠使旁觀者不勝其嘆息矣。

　　禎明三年（西元 589 年），（隋開皇九年。）正月，乙丑朔，賀若弼自廣陵濟京口。韓禽虎趣橫江濟採石，自南道將會弼軍。丙寅，採石戍主徐子建馳啟告變。丁卯，召公卿入議軍旅。以蕭摩訶、樊毅、魯廣達並為都督。遣南豫州刺史樊猛帥舟師出白下。散騎常侍皋文奏將兵鎮南豫州。庚午，賀若弼攻陷南徐州。辛未，韓禽虎又陷南豫州。（時樊猛第六子巡攝

行州事,及家口並見執。猛與左衛將軍蔣元遜、南康嗣王方泰領水軍於白下游奕,以御隋六合兵。隋行軍元帥長史潁溯流當之。猛及元遜並降。方泰所部將士離散,乃棄船走。方泰,曇朗子。)文奏敗還。隋軍南北道並進。辛巳,賀若弼進據鐘山。(見第四章第二節。)初弼鎮廣陵,後主以蕭摩訶為南徐州刺史,委以備御之任。是年元會,徵摩訶還朝,弼乘虛濟江襲京口。摩訶請兵逆戰。後主不許。及弼進軍鐘山,摩訶又請曰:「賀若弼懸軍深入,聲援猶遠;且其營壘未堅,人情皇懼;出兵掩襲,必大克之。」後主又不許。任忠入赴,後主召摩訶以下於內殿定議。忠執議曰:「客貴速戰,主貴持重,宜且益兵堅守宮城,遣水軍分向南豫州及京口,斷寇糧道。待春水長,上江周羅等眾軍,必沿流赴援。此良計也。」而眾議不同。任蠻奴請不戰而已度江攻其大軍。司馬消難言於後主曰:「弼若登高舉烽,與韓禽虎相應,鼓聲交震,人情必離。請急遣兵北據蔣山,(見第六章第四節。)南斷淮水。質其妻子,重其賞賜。陛下以精兵萬人,守城莫出。不過十日,食盡,二將之頭,可致闕下。」孔范冀欲立功,志在於戰,(案此說亦未必實。范在此時,不過束手無策,乃姑徇後主之意請戰而已。)乃曰:「司馬消難狼子野心,任蠻奴淮南傖士,語並不可信。」事遂不行。隋軍既逼,蠻奴又欲為持久計。范又奏請作一決,「當為官勒石燕然。」後主從之。案隋當是時,兵力固較任約、徐嗣徽等為厚,而陳是時兵力,亦遠厚於武帝時。武帝之御任約、徐嗣徽,其得策,全在斷其後路,而陳此時乃徒為孤注一擲之計,其輕亦甚矣。輕為用兵之大忌,此陳之所以速亡也。甲申,後主遣眾軍與賀若弼合戰。中領軍魯廣達陳兵白土岡,(見第十三章第五節。)居眾軍之南偏,與弼旗鼓相對。任忠次之。樊毅、孔范又次之。蕭摩訶最居北。眾軍南北亙二十里,首尾進退,各不相知。廣達躬擐甲冑,手執枹鼓,率屬敢死,冒刃而前。隋軍退走。逐北至營,殺傷甚眾。如是者數四。弼分軍趣北。孔范出戰,兵交而走。諸將

支離，陳猶未合，騎卒潰散，駐之弗止。蕭摩訶無所用力，為隋軍所執。
（後同漢王諒反，見殺。）弼乘勝至樂遊苑。（見第九章第八節。）廣達猶
督散兵力戰，不能拒。弼進攻宮城，燒北掖門。廣達督餘兵苦戰，斬獲
數十百人。會日暮，乃解甲，面臺再拜慟哭，謂眾曰：「我身不能救國，
負罪深矣。」士卒皆涕泣歔欷。於是就執。（入隋，遘疾不治卒。）是時韓
禽虎自新林至石子岡。（在今江寧縣南。）任忠馳入臺見後主言敗狀。啟
云：「陛下唯當具舟楫，就上流眾軍，臣以死奉衛。」後主信之，敕忠出部
分。忠辭云：「臣處分訖，即當奉迎。」後主令宮人裝束以待忠，久望不
至。忠乃率數騎往石子岡降韓禽虎。仍引禽虎經朱雀航趣宮城。自南掖門
入。臺城遂陷。後主聞兵至，自投於井。及夜，為隋軍所執。丙戌，晉王
廣入據京城。三月，己巳，後主與王公、百司，發自建業，入於長安。隋
仁壽四年（西元 604 年），十一月，薨於洛陽。隋師之至也，宗室王侯在
都者百餘人。後主恐其為變，乃並召入，令屯朝堂，使豫章王叔英（宣帝
第三子。）總督之，而又陰為之備。及六軍敗績，相率出降。因從後主入
關。至長安，隋文帝並配於隴西及河西諸州，各給田業以處之。大業二年
（西元 606 年），煬帝以後主第六女女婤為貴人，絕愛幸，因召陳氏子弟
盡還京師，隨才敘用，由是並為守宰，遍於天下焉。（《陳書‧世祖九王
傳》。）

　　隋師之濟江也，荊州刺史宜黃侯慧紀率將士三萬，船艦千餘，沿江
而下，欲趣臺城。遣南康太守呂肅將兵據巫峽，（《南史‧慧紀傳》。案
巫峽恐系西陵峽之誤。）楊素擊之。肅力戰，久之乃敗。慧紀至漢口，為
隋秦王俊所拒，不得進。聞肅敗，盡燒公安之儲，（公安，見第十三章第
八節，時為荊州治。）偽引兵東下。時晉熙王叔文自湘州還朝，因推為盟
主，而叔文已請降於隋矣。水軍都督周羅，與郢州刺史荀法尚守江夏。
（見第三章第四節，時為郢州治。）晉王廣遣使以慧紀子正業來諭。又使

樊猛喻羅。上流城戍悉解甲。慧紀及巴州刺史畢寶（巴州，治巴陵，今湖南嶽陽縣。）乃慟哭俱降。羅亦降。王世積以舟師自蘄水趣九江。與陳將紀瑱戰於蘄口，（蘄水入江之口。）破之。建業平，世積乃移書告諭。陳江州司馬黃偲棄城走。南川守將並詣世積降。楊素兵下荊門，（山名，在今湖北宜都縣西北，與江北岸虎牙山相對。）別遣龐暉略地，南至湘州。刺史嶽陽王叔慎，（宣帝第十六子。）與助防遂興侯正理詐降，縛暉斬之。招合士眾，數日之中，兵至五千人。衡陽太守樊通，（衡陽，見第五章第七節。）武州刺史鄔居業（武州今湖南常德縣。）皆請赴難。隋遣薛冑為湘州刺史，聞龐暉死，請益兵。隋遣行軍總管劉仁恩救之。未至，薛冑兵次鵝羊山，（未詳。）叔慎遣正理及樊通等拒之。戰，自旦至於日昃，隋兵迭息迭戰，正理兵少不敵，於是大敗。冑乘勝入城，禽叔慎。時鄔居業來赴，劉仁恩亦至。戰，居業又敗。仁恩虜叔慎、正理、居業及其黨與十餘人，秦王斬之漢口。叔慎時年十八。初後主除王勇為東衡州刺史，（《南史》作王猛，云本名勇。清子。清為新野、東陽二郡太守，文帝攻杜龕，龕告難於清，清引兵援之。歐陽初同清，中更改異，殺清而歸陳武帝。猛終文帝世，不聽音樂，疏食布衣，以喪禮自處，宣帝立，乃求位。見〈王淮之傳〉。）領始興內史，與廣州刺史陳方慶共取馬靖，（事見第十三章第八節。）禎明二年（西元 588 年），徙鎮廣州。未之鎮，而隋師濟江。勇遣高州刺史戴智烈迎方慶，欲令承制，總督征討諸軍事。是時隋行軍總管韋洸帥兵度嶺，宣文帝敕云：「若嶺南平定，留勇與豐州刺史鄭萬頃且依舊職。」（豐州，見第十三章第八節。）方慶聞之，恐勇賣己，乃率兵以拒智烈。智烈與戰，敗之。斬方慶於廣州，虜其妻子。勇又令其將王仲宣、曾孝武迎西衡州刺史衡陽王伯信。（文帝第七子。）伯信懼，奔清遠。（漢縣，梁置郡，今廣東清遠縣。）孝武追殺之。時韋洸兵已上嶺。鄭萬頃初居周，深被隋文帝知遇，（萬頃隨司馬消難奔陳。）乃率州兵拒勇，遣使

由間道降於隋軍。而陳將徐璒,以南康拒守,(南康,見第七章第五節。)韋洸至嶺下,逡巡不敢進。初高涼冼氏,(高涼,高州治,見第十三章第三節。)世為南越首領。羅州刺史馮融,(治石龍郡,在今廣東化縣東北。)為其子高涼太守寶聘其女為妻。融本北燕苗裔。大父業,以三百人浮海歸宋,留於新會。(宋郡,今廣東新會縣。)自業及融,三世為守牧。他鄉羈旅,號令不行。夫人誠約本宗,使從民禮。自此政令有序,人莫敢違。李遷仕據大皋口,遣召寶,夫人止寶勿往,而自襲破其將杜遷虜,與陳武帝會於瀧石。(事見第十三章第三節。)及寶卒,嶺表大亂,夫人懷集百越,新州晏然。歐陽紇反,夫人發兵拒境,帥百越迎章昭達。時夫人子僕為石龍太守,詔冊夫人為石龍大夫人。至德中,僕卒。陳亡,嶺南未有所附,數郡共奉夫人,號為聖母,保境安民。晉王廣遣陳後主遺夫人書,諭以國亡,令其歸化。夫人遣其孫魂迎韋洸入廣州。王勇計無所出,乃降。蕭、蕭巖擁兵拒守。隋行軍總管宇文述討之。燕榮以舟師自海至。陳永新侯君範,自晉陵奔。(晉陵,見第四章第三節。)戰敗,彼執。巖、君範降。送長安斬之。南方悉平。

晉南北朝四裔情形

東方諸國

　　中國文化之傳播，莫盛於東方，東方諸國，能承受中國之文化者，莫如貊族；《先秦史》及《秦漢史》已言之。貊族之立國北方者曰夫餘，使夫餘而能日益昌大，則白山、黑水之區，可早成文明之域，惜乎塞北苦寒，崎嶇於鮮卑、靺鞨之間，全竟不能自立；爾後貊族之展布，日趨於東南；而遼東、西巴北之地，為鮮卑、靺鞨所據，遂與漠南北游牧之民，同為侵掠之族矣。近人撰《東北史綱》，謂此一轉變，關係之大，不讓中央亞細亞自印度日耳曼人之手轉入突厥人之手，誠不誣也。

　　公孫康因夫餘介居句麗、鮮卑之間，妻以宗女，已見《秦漢史》第十二章第十節。此時之夫餘，形勢蓋已頗危殆，然中國之聲威，未盡失墜，為蕃國者，究不敢明目張膽，互相吞併也。及晉初而形勢又惡。《晉書·夫餘傳》云：武帝時，頻來朝貢。太康六年（西元 284 年），為慕容廆所襲破，其王依慮自殺，（〈廆載記〉云：廆夷其國城，驅萬餘人而歸。）子弟走保沃沮。（今朝鮮咸鏡道之地，詳見《秦漢史》第九章第七節。）帝為下詔曰：「夫餘王世守忠孝，為惡虜所滅，甚愍念之。若其遺類足以復國者，當為之方計，使得存立。」有司奏護東夷校尉鮮於嬰不救夫餘，失於機略。詔免嬰，以何龕代之。明年，夫餘後王依羅遣詣龕，求率見人，還復舊國。仍請救。龕上列，遣督郵賈沈以兵送之。廆又要之於路。沈與戰，大敗之。廆眾退，羅得復國。（〈廆載記〉云：龕遣沈迎立依慮之子為王，廆遣其將孫丁率騎邀之，沈力戰斬丁，遂復夫餘之國。）爾後每為廆掠其種人，賣於中國。帝愍之。又發詔以官物贖還。下司、冀二州，禁市

167

夫餘之口。《隋書·高麗傳》謂朱蒙曾孫莫來並夫餘,《北史》同,其說殊誤。(莫來尚在宮之前,讀《秦漢史》第九章第七節,其誤立見。《魏書·句麗傳》但云莫來征夫餘,夫餘大敗,遂統屬焉;《周書》亦但云莫來擊夫餘而臣之;其說蓋是。然亦一時之事,非謂自此以後,夫餘遂永為句麗之臣屬也。不然,宮犯玄菟時,夫餘王又何緣遣子與州郡併力邪?)《晉書·慕容皝載記》:永和三年(西元 347 年),皝遣其世子儁與恪率騎萬七千東襲夫餘,克之,虜其王及部眾五萬餘口以還,(亦見〈恪傳〉。案慕容氏是時用兵,蓋專務俘略以益其眾,故其所虜至於如是之多,參觀其伐句麗時之俘略可見。經一次見侵,則人眾寡弱一次,此夫餘之所以卒難復振。夫餘距遼東、西近,又其地平夷,無險可扼,而句麗則反之,此又夫餘之所以難於自全,句麗之克避凶鋒,終至昌大也。)是其國當晉穆帝之世,猶自有王也。〈慕容載記〉:苻堅攻鄴,散騎侍郎徐蔚率扶餘、高句麗及上黨質子五百餘人,夜開城門,以納堅軍,是其國當海西公之世,仍與句麗比肩而事燕也。《魏書·高宗紀》:太安三年(西元 459 年),十二月,于闐、夫餘等五十餘國各遣朝獻。太安三年(西元 459 年),為宋孝武帝大明三年,則其國至宋世仍能自達於中原。然所居似已非故地。《魏書·高句麗傳》:世祖時,遣員外散騎侍郎李敖使其國。敖至其所居平壤城,訪其方事。云其地北至舊夫餘。〈豆莫婁傳〉云:在勿吉國北千里,舊北夫餘也。在室韋之東,東至於海,方二千里。下文述其法俗,全與前史〈夫餘傳〉同,其為夫餘遺種無疑。《唐書》云:達末婁,自言北夫餘之裔,高麗滅其國,遺人度那河,因居之。達末婁即豆莫婁,那河,今嫩江也。句麗疆域,南北不過千餘里,(亦李敖所說。)似不能至此。則所謂舊夫餘者,必在靺鞨之南或在今圖們江流域。(若後漢以來之夫餘,則在句麗之西北而不在其北,且句麗境界,亦不能至此。)疑夫餘自遭破敗,分為兩支:一北走,居靺鞨之北,是為豆莫婁;一南出,居句麗、靺鞨之間,其

後又經喪敗，乃並此而失之，則此所謂舊夫餘之地也。南出之夫餘，失此舊夫餘之地後，播遷何處，今難質言，但知其地仍產黃金。何者？〈高句麗傳〉又云：正始中，世宗於東堂引見其使芮悉弗，芮悉弗進曰：「高麗系誠天極，累葉純誠，地產土毛，無愆工貢。但黃金出自夫餘，珂則涉羅所產，今夫餘為勿吉所逐，涉羅為百濟所並，國王臣云，唯繼絕之義，悉遷於境內。二品所以不登王府，實兩賊是為。」案句麗當世祖時，歲致黃金二百斤，白銀四百斤。高祖時貢獻倍前，賞賜亦稍加焉。黃金之闕貢，當在世宗之朝。則夫餘當是時，又經破敗，並其既失舊夫餘後所居之地而失之，而為句麗封內之寓公矣。其絕祀絕於何時不可考，《北史》言豆莫婁、地豆干、烏洛侯等國，歷齊、周及隋，朝貢遂絕，則豆莫婁雖唐世猶存，小必式微已甚矣。東國史籍，自句麗、百濟以前悉亡佚，今所謂古史者，類皆出於後人之附會，不盡可據。據其說：則夫餘國王有曰解夫婁者，用其相阿蘭弗之言，遷於加葉原，是為東夫餘。其族人解慕漱，代主舊國，是為北夫餘。中國史所述夫餘之事，彼皆以為北夫餘之事。而所謂東夫餘者，則以齊明帝建武元年（西元494年），為靺鞨所逐，降於句麗。（據朝鮮金於霖《韓國小史》。）核以中國史籍，說亦不相矛盾，但夫餘國王，似應氏夫餘而不應氏解耳。（觀百濟出於夫餘，而以夫餘為氏可見。）

夫餘雖敝，貉族之移殖於南者，則日益昌大，則句麗、百濟是也。《魏書》述句麗緣起，已見《秦漢史》第九章第七節。《魏書》又云：朱蒙在夫餘時，妻懷孕，朱蒙逃後生一子，字始閭諧。及長，知朱蒙為國王，即與母亡而歸之。名之曰閭達，委之國事。朱蒙死，閭達代立。閭達死，子如慄代立。如慄死，子莫來代立。後漢時之句麗王宮，《魏書》謂為莫來裔孫，而不能詳其世數。清光緒七年（西元1881年），遼東懷仁縣（今曰桓仁。）發現《高句麗永樂大王碑》，稱句麗之始祖為鄒牟王，即朱蒙音轉；（新羅僧無亟所作《東事古記》，亦稱朱蒙為鄒牟。）稱朱蒙之子為儒

留王，則音與始閭諧及閭達皆不合。然碑為稱頌功德之作，亦不必其所言者較中國史籍為可信也。宮及其子遂成、孫伯固、曾孫伊夷模、玄孫位宮之事，已見《秦漢史》第九章第七節，第十二章第十節。《魏書》云：位宮玄孫乙弗利，利子釗。《梁書》云：釗頻寇遼東，慕容廆不能制。據《晉書・廆載記》：平州刺史東夷校尉崔毖，嘗結高句麗及宇文、段國等，謀滅廆而分其地。大興初，三國伐廆，攻棘城。（見第三章第八節。）廆行反間之策，二國疑宇文同於廆，引歸，宇文悉獨官遂敗績。崔毖亦奔句麗。然其明年，句麗復寇遼東。又〈石季龍載記〉；季龍謀伐昌黎，（見第二章第二節。）嘗以船三百艘運穀三十萬斛詣高句麗。俱可見句麗之日漸強大，而足為慕容氏之患。然句麗究系小部，崎嶇山谷之間，故其勢尚不足與大舉之鮮卑敵。廆之世，使其庶長子翰鎮遼東。（見〈翰傳〉。）廆死，子皝嗣，翰奔段遼，皝母弟仁，又據遼東以叛，故皝不能逞志於句麗。已而皝襲仁，殺之；翰亦復歸，皝乃以咸康七年（西元341年）伐句麗。率勁卒四萬，入自南陝，使翰及子垂為前鋒。又遣長史王等勒眾萬五千，從北置而進。（南陝、北置，蓋從遼東趨木底、丸都之南北兩道，今難確指。）釗謂皝軍從北路，遣其弟武，統精銳五萬距北置。躬率將卒，以防南陝。翰與釗戰於木底，（見第六章第八節。大敗之。）乘勝遂入丸都。（句麗都城，在今遼寧輯安縣境。）釗單馬而遁。皝掘釗父利墓，載其屍，並其母、妻、珍寶，掠男女五萬餘口，（〈皝載記〉載其記室參軍封裕諫皝之辭曰：「句麗、百濟，及宇文、段部之人，皆兵勢所徙，非如中國慕義而至，咸有思歸之心。今戶垂十萬，狹湊都城，恐方將為國家之患。宜分其兄弟、宗屬，徙於西境諸城，撫之以恩，檢之以法使不得散在居人，知國之虛實。」合前慕容廆虜夫餘人之事觀之，可見慕容氏是時用兵，極重俘掠人口。）焚其宮室，毀丸都而歸。明年，釗遣使稱臣於皝，貢其方物。乃歸其父屍，而使慕容恪鎮遼東。（見〈恪傳〉。）釗於是淪為慕容氏之臣

屬矣。（〈慕容儁載記〉：儁僭位後，高句麗王釗遣使謝恩，貢其方物，儁以釗為營州諸軍事、征東大將軍、營州刺史，封樂浪公，王如故。）釗後為百濟所殺。（《魏書・高句麗傳》。事見下。）自釗以後，句麗與晉及拓跋魏，皆無交涉，故其世次史亦不詳。據東史，則釗稱故國原王，歿於晉簡文帝咸安元年（西元 371 年）。子小獸林王丘夫立，歿於孝武帝大元九年（西元 384 年）。弟故國壤王伊連立，歿於太元十五年（西元 390 年）。子廣開土王談德立，即所謂永樂大王也。燕之亡也，慕容評奔句麗，郭慶追至遼海，句麗縛評送之，（〈符堅載記〉。）此事尚在釗之世。其後符洛謀叛，徵兵於鮮卑、烏丸、高句麗、百濟，及薛羅、休忍等，諸國不從，（亦見〈堅載記〉，事在大元五年。）則在小獸林王之世矣。自前燕入中原，遼東守禦之力稍薄，句麗之勢，蓋至此而稍張；至符秦亡而益盛。《晉書・慕容垂載記》：高句麗寇遼東，垂平北慕容佐遣司馬郝景救之，為所敗，遼東、玄菟遂沒。建節將軍徐巖叛，據令支，見第五章第二節。慕容農攻克之，斬巖兄弟。進伐高句麗，復遼東、玄菟二郡。此事據《北史》在太元十年（西元 385 年）。然據〈慕容熙載記〉：高句麗寇燕郡，（未詳。）殺掠百餘人，熙伐高句麗，以符氏從，為沖車道地，以攻遼東，不能下。又與符氏襲契丹，憚其眾，將還，符氏弗聽，遂棄其輜重，輕襲高句麗。周行三千餘里，士馬疲凍，死者屬路。攻木底城，不克而還。此二事，《通鑑》系諸義熙元（西元 405 年）、二年（西元 406 年），則不及二十年（西元 424 年），而遼東復陷矣。〈馮跋載記〉有遼東太守務銀提，以謀外叛見殺，《通鑑》系義熙十一年（西元 415 年），馮氏未聞用兵於東方，其時之遼東，恐系僑置或遙領，未必仍在故地也。（《北史・句麗傳》：慕容垂死，子寶立，以句麗王安為平州牧，封遼東、帶方二國王。安始置長史、司馬、參軍官。後略有遼東郡，不言其年代。《韓國小史》：遼東之陷，在隆安元年（西元 397 年），至元興元年（西元 402 年），又陷平州，皆在廣開土王

之世。王歿於義熙八年（西元 415 年）。東史敘事已不足據，紀年更無論也。）釗之曾孫璉，始復見於中國史。（據東史，為廣開土王之子。）《魏書》云：璉以大和十五年（西元 491 年）死，（齊武帝永明九年。）年百餘歲，故東史稱為長壽王焉。子雲立，（東史文明諸王羅雲。）天監十七年（西元 518 年）卒。子安立，（東史大安藏王興安。）普通七年（西元 526 年）卒。子延立，（東史安原王寶延，云系安藏王之弟。）太清二年（西元 548 年）卒。子成立。（東史陽原王平成。）成卒，（東史在永定三年（西元 557 年）。）子湯立，（東史平原王陽成。）而南北朝之世遂終。自璉至湯，皆兼通貢於南北朝，受封爵。然魏太武帝詔璉送馮弘，璉不聽。後文明太后以顯祖六宮未備，敕璉薦其女，璉始稱女已出嫁，求以弟女應旨，及遣送幣，則又稱女死，魏遣使切責之，云若女審死者，聽更選宗淑，璉雖云當奉詔，會顯祖死，事遂止，設顯祖不死，亦未必其女之果至也。雲之立，高祖詔其遣世子入朝，雲亦唯遣其從叔升於隨使詣闕而已，詔嚴責之，終亦不聞其至也。而宋太祖欲北討，詔璉送馬，璉即獻馬八百匹。蓋句麗之於虜，特畏其無道，不得不姑與周旋，於中國，則心悅誠服者也，此則不可以力致者也。

半島諸國，嗣受中國之文化者，在晉、南北朝之世，似當以百濟為嫡乳。高句麗雖系出夫餘，然以高為氏，似系夫餘之支庶，百濟以夫餘為氏，則似系夫餘之正支也。（《周書·百濟傳》云：王姓夫餘氏。《北史》作餘氏，即夫餘氏之略稱。如其王餘映、餘毗等，餘皆其氏也。句麗名城曰溝婁，見《三國志·本傳》，北沃沮一名置溝婁，蘇猶言置城。句麗二字，疑仍系溝婁異譯，高句麗亦猶言高氏城耳。）百濟開國神話，見於《隋書》。《隋書》云：百濟之先，出自高麗國。（《北史》作出自索離國。索疑橐之誤；說見《秦漢史》第九章第七節。）其國王有一侍婢，忽懷孕，王欲殺之。（《北史》：其王出行，其侍兒於後妊娠，王還欲殺之。）婢云

「有物狀如雞子，來感於我，故有娠也。」（《北史》：侍兒曰：「前見天上有氣，如大雞子來降感，故有娠。」）王舍之。後遂生一男。棄之廁溷，久而不死。（《北史》：王置之豕牢，豕以口氣嘘之，不死，後徙於馬闌，亦如之。）以為神，命養之。名曰東明。及長，高麗王忌之。（《北史》：及長，善射，王忌其猛，復欲殺之。）東明懼，逃至淹水，夫餘人共奉之。（《北史》：東明乃奔走，南至淹滯水，以弓擊水，魚鱉皆為橋，東明乘之得度，至夫餘而王焉。）東明之後，有仇臺者，篤於仁信，始立其國於帶方故地。（帶方，漢縣，公孫康以為郡，在今朝鮮錦江流域，詳見《秦漢史》第十二章第十節。）漢遼東太守公孫度以女妻之，漸以昌盛，（《北史》無此四字。）為東夷強國。初以百家濟海，（《北史》無海字。）因號百濟。與夫餘、句麗開國傳說略同，蓋系貊族所共。然云夫餘人共奉之，則所君者仍系夫餘人，與自夫餘出走，而為他族之大長者異矣。云初以百家濟海，則其播遷至帶方舊壤，實系浮海而來，此語自為仇臺之事，乃史實而非神話也。（東明傳說，乃貊族之所共，仇臺則誠百濟始祖，故百濟歲四祠之，見《周書》本傳。《隋書》以百家濟海之語，《北史》刪一海字，出入甚大，作史之不可輕於增刪如此。）案《晉書》尚只有〈三韓傳〉。其〈馬韓傳〉云：武帝太康元年（西元 279 年）、二年（西元 280 年），其王頻遣使入貢方物。七年（西元 285 年）、八年（西元 286 年）、十年（西元 288 年）又頻至。太熙元年（西元 290 年），詣東夷校尉何龕上獻。咸寧三年（西元 277 年），復來。明年，又請內附。〈辰韓傳〉云：太康元年（西元 279 年），其王遣使獻方物。二年（西元 280 年），復來朝貢。七年（西元 285 年），又來。（弁辰十二國，屬於辰韓，故不能徑通於中國。）蓋皆以馬韓及辰韓之名自通，則百濟、新羅之大，必在武帝以後也。新羅出於辰韓，辰韓，前史言為秦人避役者，（見《秦漢史》第九章第七節。）然至晉、南北朝之世，則似新羅之中國人反少，而百濟反多。《梁書・百濟傳》

云：今言語、服章，略與高麗同，行不張拱，拜不申足則異。（《魏書·句麗傳》云：立則反拱，拜曳一腳，行步如走。《隋書》云：拜則曳一腳，立各反拱，行必搖手。）拜申足，即滿洲人之打踀，乃夷俗，而百濟無之。《梁書》又云：呼帽曰冠，襦曰復衫，袴曰褌，其言參諸夏，亦秦韓之遺俗云。而新羅則冠曰遺子禮，襦曰尉解，袴曰柯半，靴曰洗其；拜及行與高麗相類。（亦見《梁書》本傳。）則秦韓遺俗，不在新羅，顧在百濟矣。觀史所載三國法俗，文化程度，似以百濟為最高。（百濟法俗，《北史》言之最詳。其官制較之句麗，即遠近於中國。昏取之禮，略同華俗。其王每以四仲月祭天及五帝之神；都下有方，分為五部，部有五巷，士庶居焉；亦中國法也。俗重騎射，兼愛文史，秀異者頗解屬文。新羅則《梁書》本傳言其無文字，刻木為信，語言且待百濟而後通也。）日本之文化，據彼國史籍，受諸百濟者，亦較句麗、新羅為多，其以是歟？

　　《宋書·百濟傳》云：本與高麗俱在遼東之東千餘里，其後高麗略有遼東，百濟略有遼西。百濟所治，謂之晉平郡晉平縣。《梁書》云：晉世句麗既略有遼東，百濟亦據有遼西、晉平二郡地矣。自置百濟郡。《宋書》云：義熙十二年（西元416年），以百濟王餘映為使持節都督百濟諸軍事、鎮東將軍、百濟王。百濟二字，蓋即據其自置之郡也。百濟是時之都，應在遼西。《周書》云：百濟治固麻城；《隋書》云：其都曰居拔城，則其遷歸半島後之所居也。自帶方故地遵陸而至遼西非易；且句麗未必容其越境；疑其略有遼西，亦浮海而至也。據《梁書》，則晉太元中，其王須，已遣使獻生口。餘映之後餘毗，於宋元嘉七年（西元430年），復修貢職。毗死，子慶立。（《宋書》。）慶死，子牟都立。都死，子牟大立。天監元年（西元502年），進號。尋為高句麗所破，衰弱者累年，遷居南韓地。普通二年（西元521年），王餘隆始復遣使奉表，稱累破句麗，今始與通好。《梁書》云：百濟更為強國，然遼西之地，則似未能恢復也。《魏書·百

濟傳》云：延興二年（西元 472 年），（宋泰豫元年。）其王餘慶始遣使上表，云：「臣與高句麗，源出夫餘。先世之時，篤崇舊款。其祖釗，輕廢舊好。親率士眾，陵踐臣境。臣祖須，整旅電邁，應機馳擊，矢石暫交，梟斬釗首。自爾已來，莫敢南顧。自馮氏數終，餘燼奔竄，醜類漸盛，遂見陵逼。構怨連禍，三十餘載。財殫力竭，轉自孱踧。若天慈曲矜，遠及無外，速遣一將，來救臣國。當奉送鄙女，執帚後宮，並遣子弟，牧圉外廄；尺壤匹夫，不敢自有。」又云：「今璉有罪，國自魚肉，大臣強族，戮殺無已，罪盈惡積，民庶崩離，是滅亡之期，假手之秋也。且馮族士馬，有鳥畜之戀；樂浪諸郡，懷首丘之心。天威一舉，有征無戰。臣雖不敏，志效畢力，當率所統，承風響應。」又云：「去庚辰年後，（庚辰當系宋元嘉十七年（西元 440 年），即魏太平真君元年。）臣西界小石山北國海中見屍十餘，並得衣器、鞍勒。視之非高麗之物。後聞乃是王人，來降臣國，長蛇隔路，以沉於海。今上所得鞍一，以為實驗。」顯祖遣使者邵安與其使俱還。詔曰：「前所遣使，浮海以撫荒外之國，從來積年，往而不返，存亡達否，未能審悉。卿所送鞍，比校舊乘，非中國之物。不可以疑似之事，生必然之過。」又曰：「高麗稱藩先朝，共職日久，於彼雖有自昔之釁，於國未有犯令之愆。卿使命始通，便求致伐，尋討事會，理亦未周。故往年遣禮等至平壤，（餘禮，百濟使。）欲驗其由狀。然高麗奏請頻煩，辭理俱詣，行人不能抑其請，司法無以成其責，故聽禮等還。若今復違旨，則過咎益露，後雖自陳，無所逃罪，然後興師討之，於義為得。」又詔璉護送安等。安等至高句麗，璉稱昔與餘慶有仇，不令東過。安等於是皆還。（案餘慶表有「投舫波阻，搜徑玄津」之語，則其使本自海至。）乃下詔切責之。五年（西元 475 年），（宋元徽三年。）使安等從東萊浮海（東萊，見第三章第四節。）賜餘慶璽書。至海濱，遇風飄蕩，竟不達而返。案自延興二年（西元 472 年）上溯三十六年，為宋文帝元嘉十三年（西元

436 年），魏太武帝太延二年。馮弘實以其歲走句麗。百濟之事勢，蓋自此逐漸緊急。觀此，知句麗不肯送馮弘於魏，又不肯聽其歸宋，蓋欲留其眾以為用也。馮氏在十六國中兵力不為強盛，然句麗一得其眾，百濟之事勢，即形緊急，則知是時半島諸國之兵力，遠非中國之敵，此其所以自慕容氏以前，累為遼東所弱歟？《永樂大王碑》言：王以丙申之歲伐百濟，取城五十八，部落七百。己亥之歲，百濟違誓，與倭連和，新羅請救。庚子，王以步騎五萬救新羅，倭退。移師伐百濟，取質而歸。丙申為晉孝武帝太元二十一年（西元 396 年），己亥為安帝隆安三年（西元 399 年），庚子為其四年，又在馮弘亡前四十載。釗之用兵於百濟，當在其見敗於慕容氏之後，慕容皝之入丸都，下距太元二十一年（西元 396 年），凡五十四年。麗、濟之構釁，可謂舊矣。《隋書》稱釗為昭烈帝，似系其國之私諡。觀此，知其人好黷武，雖始喪師於北，繼且殞命於南，亦必自有其功烈，故能竊帝號以自娛，而其國人亦被之以大名也。《梁書》：隆以普通五年死，復詔其子明襲其爵號。《北史》云：齊受禪，其王隆亦通使焉，齊受禪上距普通五年二十有六載，疏矣。或傳寫誤邪？隆之後為昌，嘗通使於陳，（天嘉三年（西元 562 年），光大元年（西元 567 年），太建九年（西元 577 年），至德二年（西元 584 年），皆見〈紀〉。）亦通使於齊、周。（見《北史》本傳。）

　　《梁書·新羅傳》云：新羅者，其先本辰韓種也。辰韓始有六國，後稍分為十二，新羅則其一也。魏時曰新盧，宋時曰新羅，或曰斯羅。其國小，不能自通使聘。普通二年（西元 521 年），王名慕泰，始使隨百濟奉獻方物。《隋書》則云：新羅居漢時樂浪之地，或稱斯羅。魏將毌丘儉討高句麗，奔沃沮，其後復歸故國，留者遂為新羅焉。故其人雜有華夏、高麗、百濟之屬。兼有沃沮、不耐、韓、穢之地，其王本百濟人，自海逃入新羅，遂王其國。傳祚至金真平，開皇十四年（西元 594 年），遣使貢方

物。又云：其先附庸於百濟，後因百濟征高麗，高麗人不堪戎役，相率歸之，遂致強盛。因襲百濟，附庸於迦羅國。《北史》說同《梁書》，又列《隋書》之說於後為或說。案沃沮為今朝鮮咸鏡道，樂浪為平安南道、黃海道、京畿道之地，辰韓則慶尚道地，（詳見《秦漢史》第五章第四節，第九章第七節。）疆域既各不相干。《梁書》之王名募泰，《南史》作姓募名泰，當有所據。《陳書・本紀》：太建二年（西元 570 年）、三年（西元 571 年）、十年（西元 578 年），新羅並遣使貢方物，不言其王之姓名。《北齊書》武平三年（西元 572 年），亦但云遣使朝貢，而河清四年（西元 565 年），〈紀〉載以其國王金真興為樂浪郡公、新羅王，與《隋書》王氏金者相合。金之與募，亦各不相干。又據《梁》、《隋》二書，則君民皆屬辰韓，一則民雜華夏、句麗、百濟、沃沮、韓、穢，而君為百濟人，亦若風馬牛之不相及。迦羅當即《齊書》之加羅，云：三韓種也。建元元年（西元 479 年），國王荷知使來獻。三韓在半島中，勢較微末，未必能拓上而北。加羅既能自通於上國，蓋其中之佼佼者，故新羅曾附庸焉。則新羅與今慶尚道之地有交涉矣。竊疑《梁書》所謂新羅，與《隋書》所謂《新羅》，本非一國。新羅本辰韓十二國之一，其王氏募，在梁普通二年（西元 521 年）至齊河清四年（西元 565 年），即陳天嘉六年之間，（凡四十四年。）自百濟浮海逃入樂浪故地之金氏，拓上而南，兼併其國，而代募氏為王。《梁書》只知募氏時事，《隋書》又不知有募氏，奪去中間一節，故其說齟齬而不可通也。東史云：辰韓有二種：一曰辰韓本種，一曰秦韓，是為楊山、高墟、大樹、珍支、加利、明活六村，今慶州之地也。新羅始祖曰赫居世。其生也，蒙胞衣而出，其狀似瓠，方言呼瓠為朴，故以朴為姓。年十三，高墟部長與諸部推尊之，赫居世乃即王位。卒，子南解立。南解子曰儒理，婿曰昔脫解。南解遺命：繼嗣之際，於朴、昔二姓中，擇年長者立之。於是二姓迭承王位。第十一世王曰助賁，婿曰金仇道。助賁卒，弟沾解立。沾

解傳位於仇道之子味鄒，而復歸於助賁之子儒理。儒理傳其弟子基臨。基臨傳昔氏之族訖解。訖解傳味鄒兄子奈勿。自此新羅王位，遂永歸於金氏。《隋書》之金真平，東史稱為金平王，名伯淨，為新羅第二十六王。《北史》云：新羅傳世三十至真平，說差相近，或不盡無據。然即有據，亦必居樂浪故地金氏之世系，以之牽合於辰韓則誤矣。豈金氏之於朴氏，實如莒之於鄶，非以力取邪？迦羅，東史作駕洛，云：少昊金天氏之裔八人，自中國之莒縣（見第六章第八節。）之辰韓之西，人稱其地曰八莒，今之星洲也。其後有名首露者，弁韓九幹立為君。（幹尊稱。案此說出金海《金氏譜》。）金氏又有惱窒朱日者，別開國曰大加耶，（今高靈。）或曰任那。（說出崔致遠《釋利貞傳》。）或曰：駕洛之始，有兄弟六人，皆美好長大，眾推其兄為駕洛之主，餘五人則分為大、小、阿羅、古寧、碧珍五加耶焉。（小加耶，今固城。阿羅加耶、古寧加耶，皆今咸安。碧珍加耶，今星洲。此說出新羅僧無亙《東事古記》。）首露神聖，在位凡百五十八年，乃死。（自後漢光武帝建武十八年（西元 42 年）至獻帝建安四年（西元 199 年）。）其後傳九世，（合首露十世。）至梁中大通四年（西元 532 年），乃降於新羅。加耶則嘗為日本所據。彼國史有所謂神功皇后者，即《秦漢史》第九章第七節擬為中國史之卑彌呼者也。據彼國史，嘗渡海伐新羅，新羅降，得金帛八十艘。其後日本遂定任那之地，置府駐兵。據朝鮮史籍，則陳文帝天嘉三年（西元 562 年），大加耶為新羅所滅，日本所置府亦毀。（以上所述朝鮮事，亦據金於霖《韓國小史》。）《永樂大王碑》亦載王援新羅卻倭人之事，則朝鮮、日本史籍所載，不盡子虛，可知是時三韓、日本，隔海相對，日本之勢，較之三韓為少強也。

日本在晉、南北朝之世，與中國交涉頗繁。卑彌呼、一與之事，已見《秦漢史》第十二章第十節。《晉書·倭傳》云：宣帝之平公孫氏也，其女王遣使至帶方朝見，其後貢聘不絕。及文帝作相，又數至。泰始初，遣使

重譯入貢。(〈晉帝紀〉：魏正始元年（西元 504 年），東倭重譯納貢。〈武帝紀〉：泰始二年（西元 266 年），倭人來獻方物。)《梁書‧倭傳》云：其後復立男王。其事在於何時，則不可考矣。《南史‧倭傳》云：晉安帝時，有倭王贊，遣使朝貢。(《晉書‧本紀》在義熙九年（西元 413 年），云高句麗、倭國及西南夷銅頭大帥並獻方物。)《宋書‧倭傳》云：高祖永初二年（西元 421 年），詔曰：「倭贊萬里修貢，遠誠宜甄，可賜除授，」而不言所除授者為何。元嘉中，贊死，弟珍立。遣使貢獻。自稱使持節，都督倭、百濟、新羅、任那、秦韓、慕韓（即馬韓。）六國諸軍事，安東大將軍。表求除正。詔除安東將軍、倭國王。二十年（西元 439 年），倭國王濟遣使貢獻。復以為安東將軍，倭國王。二十八年（西元 447 年），乃加使持節、都督倭、新羅、任那、加羅、秦韓、慕韓六國諸軍事。濟死，世子興遣使貢獻。世祖大明六年（西元 462 年），詔除安東將軍、倭國王。興死，子武立。自稱使持節、都督倭、百濟、新羅、任那、加羅、秦韓、慕韓七國諸軍事、安東大將軍、倭國王。順帝升明二年（西元 478 年），遣使上表曰：「封國偏遠，作藩於外。自昔祖禰，躬擐甲胄，跋涉山川，不遑寧處。東征毛人，五十五國；西服眾夷，六十六國；渡平海北，九十五國；王道融泰，廓土遐畿，累葉朝宗，不愆於歲。臣雖下愚，忝胤先緒。驅率所統，歸崇天極。道徑百濟，裝治船舫。而句麗無道，圖欲見吞。掠抄邊隸，虔劉不已。每致稽滯，以失良風。雖曰進路，或通或否。臣亡考濟，實忿寇仇，壅塞天路。控弦百萬，義聲感激。方欲大舉，奄喪父兄，使垂成之功，不獲一簣。居在諒闇，不動兵甲，是以偃息，未捷至今。欲練甲治兵，申父兄之志。義士虎賁，文武效功，白刃交前，亦所不顧。若以帝德覆載，摧此強敵，克靖方難，無替前功。竊自假開府、儀同三司，其餘咸假受，以勸忠節。詔除武使持節、都督倭、新羅、任那、加羅、秦韓、慕韓六國諸軍事、安東大將軍、倭王。」(《宋書‧本紀》：元嘉七年

（西元 430 年）、十五年（西元 438 年）、二十年（西元 443 年），大明四年（西元 460 年），升明元年（西元 477 年），皆書倭國王遣使獻方物。）齊建元元年（西元 479 年），進號為鎮東大將軍。梁高祖即位，進號征東將軍。（〈紀〉在天監元年（西元 502 年）。）案觀倭武表辭，可知是時句麗為倭強敵。倭人自假所督諸國，中國除百濟外，皆如其所請與之，又可見是時中國視百濟與倭相等夷，餘則皆下於倭也。黃公度《日本國志鄰交志》曰：「源光國作《大日本史》，青山延光作《紀事本末》，皆謂通使實始於隋，而於《魏志》、《漢書》所敘朝貢、封拜，概置弗道。揣其意，蓋因推古以降，稍習文學，略識國體，觀於世子草書，自稱天皇；表仁爭禮，不宣帝詔；其不肯屈膝稱臣，始於是時，斷自隋、唐，所以著其不臣也。彼謂推古以前，國家並未遣使，漢史所述，殆出於九州國造任那守帥之所為。餘考委奴國印，出於國造，是則然矣。《魏志》、《漢書》所謂女皇卑彌呼，非神功皇后而誰？武帝滅朝鮮而此通倭使，神功攻新羅而彼受魏詔，其因高麗為鄉道，情事確鑿，無可疑者。神功既已上表貢物，豈容遽停使節？且自應神已還，求縫織於吳，求《論語》、《千文》、佛像、經典於百濟，豈有上國朝廷，反吝一介往來之理？宋順帝時，倭王上表，稱東征毛人，五十五國；西服眾夷，六十六國；渡平海北，九十五國；謂有國造、守帥，能為此語者乎？唯《宋》、《齊》、《梁》諸書所云倭王，考之倭史，名字、年代，皆不相符，然日本於推古時始用甲子，始有紀載，東西遼遠，年代舛異，譯音輾轉，名字乖午，此之不同，亦無足怪。（按此自黃氏時之見解，由今言之，日本、朝鮮、安南等之古史，皆憑藉中國史籍，附會而成，治此諸史者，反當以中國史為據，理極易明，不待更說也。）日本人每諱言臣我，而中土好自誇大，輒視為屬國。餘謂中古之時，人文草昧，禮制簡質，其時瞻仰中華，如在天上，慕漢大而受封，固事之常，不必諱也。隋、唐通使，往多來少，中國未嘗待以鄰禮，而《新》、《舊唐書》，

不載一表，其不願稱臣、稱藩，以小朝廷自處，已可想見。五代以後，通使遂希。而自元兵遇颶，倭寇擾邊以來，雖足利義滿，稱臣於明，樹碑鎮國，賜服封王，而不知乃其將軍，實為竊號。神宗之封秀吉，至於裂冠毀冕，擲書於地，此又奚足誇也？史家舊習，尊己侮人，索虜、島夷，互相嘲罵。中國列日本於〈東夷傳〉，日本史亦列隋、唐為〈元蕃傳〉；中國稱為倭王，彼亦書隋主、唐主，譬之鄉鄰交罵，於事何益？」此論可謂極其持平，足以破拘墟狹隘之見矣。《北史‧倭傳》云：「居於耶摩堆，則《魏志》所謂邪馬臺者也。」亦可見與我往還者，確為其共主也。

南方諸異族之同化

內地諸異族之同化，為晉、南北朝之世之一大事，第一章已言之。此等異族之同化，固由漢族入山，與之雜居，小由地方喪亂，曠土增多，諸蠻族逐漸出居平地。當政事紊亂、防務空虛之日，自不免苦其擾害，然易一端而論之，則同化之功，正因之而加速，長江流域之全闢，實深有賴於茲，史事利害，繁賾難明，固不容偏執一端也。

曷言乎斯時之開拓，深有賴於諸異族之出居平地也？大抵當九州鼎沸，群龍無首之日，海內之擾亂必甚，可謂幾無一片乾淨土，若猶有一政府，則暴政雖日亟行，疆場雖日多故，較之群龍無首之世，終必有間。故後漢之末，華人相率入山者，至晉、南北朝之世，則又相率而出焉。其出也，不徒一身，必有稍已同化之蠻民，與之偕出，勢也。又不徒在其附近之地，而必分播於較遠之區。何哉？喪亂之後，曠土增多，遷徙者必追蹤而往，一也。新居不必安靖，甫奠居者或又將轉徙，二也。如是，故其為數滋繁，而所至亦頗遠。《宋書》分蠻為荊雍州蠻及豫州蠻。《齊書》則云：布荊、湘、雍、郢、司五州界。《魏書》云：在江、淮之間。依託險阻，

部落滋蔓，布於數州。東連壽春，西通上洛，北接汝、潁，往往有焉。其地實苞今湖南、湖北、江西、安徽、河南、陝西六省。《宋書》以荊雍州蠻為盤瓠後，豫州蠻為廩君後；《魏書》亦云：蠻之種類，蓋盤瓠之後。夫盤瓠、廩君，皆不過一小部落，安能散布至於如是之廣？《齊書》云：蠻言語不一；又言其俗或椎髻，或翦髮；即可見其種類之多。然觀其一出山即可列為編戶，又可見其中漢人實不少；即本為蠻族，其同化於漢，亦必已甚深。《三國・魏志・四裔傳注》引《魏略・西戎傳》，謂氐人多知中國語，由與中國錯居故也，其自還種落間，則自氐語，《齊書》謂蠻言語不一，當亦如是，非遂不知華語也。

《宋書・荊雍州蠻傳》云：結黨連群，動有數百千人，州郡力弱，則起為盜賊。〈豫州蠻傳〉云：歷世為盜賊，北接淮、汝，南極江、漢，地方數千里。《齊書》云：蠻俗善弩射，皆暴悍，好寇賊。《魏書》云：魏氏之時，不甚為患。至晉之末，稍以繁昌，漸為寇暴。自劉、石亂後，諸蠻無所忌憚，故其族類，漸得北遷；陸渾以南，滿於山谷；宛、洛蕭條，略為丘墟矣。觀此諸語，一似華夏與諸蠻，日在爭戰之中者，其實不然。《宋書・荊雍州蠻傳》云：蠻民順附者，一戶輸穀數斛，其餘無雜調，而宋民賦役嚴苦，貧者不復堪命，多逃亡入蠻。蠻無徭役，強者又不供賦稅。然則蠻人之擾亂，仍是中國貧民，鋌而走險耳。當兩國相爭之時，彼此咸藉蠻以為用。平時則資其捍蔽，戰時則用為前驅。又或使其擾亂敵後，阻塞道路。蠻族之桀黠者，遂得叛服於二國之間焉。《北齊書・元景安傳》言：景安除豫州刺史。管內蠻多華少，景安被以威恩，咸得寧輯。招慰生蠻，輸租賦者數萬戶。豫州中原之地，而至於蠻多華少者？干戈數動，則民卒流亡，唯蠻人依據險阻，又質直，能耐勞苦，不慮危難，故其蕩析離居，轉不如漢人之甚也。土滿者豈曰能有其土？疆場之控扼，不能謂其無成勞矣。即內爭之際，亦有引以為助者。而戰敗之士，亡命之徒，又或藉為逋

逃之藪。史所記者，本以兵事為多，遂覺殺伐之氣，滿於紙上矣。然其同化，實仍在平和中逐漸致之。綜觀晉、南北朝之世，所謂諸蠻，大煩征討者，不過三役：一為宋文帝、孝武世之於沔中蠻及西陽蠻。（沔中蠻，亦曰緣沔蠻，即雍州蠻。元嘉七年（西元 427 年），劉道產為雍州刺史，諸蠻悉出，緣沔而居。十九年（西元 442 年），道產卒，群蠻大動，朱修之討之失利，沈慶之乃討破之。二十二年（西元 445 年），孝武帝為雍州，慶之又隨之西上，率柳元景、宗愨等，前往討擊。漢西陽縣，本在今河南光山縣境，晉世為蠻所據，乃於今湖北黃岡縣西立西陽郡。元嘉末，為亡命司馬黑石等所誑動，自淮、汝至於江、沔，咸罹其患。孝武時為江州刺史，與沈慶之往討之，會元凶弒逆，旋師起義，至孝建四年（西元 454 年），慶之乃復往討定，事見《宋書》諸人本傳。）二周義帝之於峽中蠻。（詳見《周書‧蠻傳》。）三魏明帝之末，三鴉蠻人，大肆擾亂，明帝至欲親征，後卒未果，而遣臨淮王彧討之。（事在孝昌元年（西元 525 年），見〈紀〉。）前二役誠用兵力戡定，後一役仍不過徒有其名，此外則皆州郡及理蠻之官，（晉武帝於荊州置南蠻校尉，雍州置寧蠻校尉，皆治襄陽。江左省。尋置南蠻校尉，治江陵。孝武帝又置寧蠻校尉，以授魯宗之。宋世祖罷南蠻，而寧蠻如故。事見第九章第二節。武帝又置南夷校尉，治寧州，江左改曰鎮蠻校尉，見《宋書‧百官志》。廣州西南二江，川源深遠，別置督護，專征討之任，見《齊書‧州郡志》。此等皆理蠻之官也。）隨宜討伐而已。諸蠻既與漢人習狎，撫之者自以能行德化為上。（《梁書‧良吏傳》：孫謙擢為巴東、建平二郡太守。郡居三峽，恆以威力鎮之。謙將述職，敕募千人自隨。謙曰：「蠻夷不賓，蓋待之失節耳，何煩兵役，以為國費。」固辭不受。至郡，布恩惠之化，蠻、獠懷之。又〈文學傳〉：臧嚴，歷監義陽、武寧郡。累任皆蠻左，前郡守常選武人，以兵鎮之。嚴獨以數門生單車入境，群蠻悅服，遂絕寇盜。此皆治蠻不必用兵力之證也。）然能如是者卒

鮮，往往濫施討伐；而其行軍且極殘酷。（《宋書·夷蠻傳》曰：自元嘉將半，寇盜彌廣，於是命將出師，恣行誅討。自江、漢以北，盧江以南，搜山蕩谷，窮兵聲武。繫頸囚俘，蓋以數百萬計。至於孩年、耋齒，執訊所遺，將卒申好殺之憤，干戈窮酸慘之用，雖云積怨，為報已甚。按俘虜之多，蓋利其可輸稅租，服力役，甚且沒為奴婢耳。亦有無所利而肆情誅殺者，如陳顯達為益州刺史，使責大度村獠租賧，獠帥殺其使，顯達分部諸將，聲言出獵，夜襲之，男女無少長皆斬，此則所謂申好殺之憤者也。）此實將帥之貪功徼利，謂蠻非討伐不可，固不其然。抑雖如是，真能深入其阻者，亦卒鮮也。當時諸蠻之出山，固有脅以兵力者；又有由於俘獲，迫令遷移者；然其慕化內徙，或酋長身來歸順者，亦屬不少。慕化內徙，即同齊民。酋長內附，往往設定郡縣，即以其人為守令，多有仍行世襲之制者，然數世之後，終必別簡人以代之，此亦無形之改土歸流也。《隋書·南蠻傳》云：「南蠻雜類，與華人錯居，曰蜓，曰儴，曰俚，曰僚，曰，俱無君長；（既同於齊民，則無復君長耳，非本無君長也。）隨山洞而居，古所謂百越是也。浸以微弱，稍屬於中國，皆列為郡縣，同之齊人，不復詳載。」可見晉、南北朝之世所謂蠻者，至隋、唐時，多已泯然無跡矣。使其言語風俗，判然與我不同，豈能泯然於一旦？可見民族早已同化，覺其不同者，特時勢之不安謐，激之使然耳。然則民族之同化，實皆社會自為之，政治之所能為力者甚鮮也。

梁、益二州情形，則較荊、雍、豫州為惡。以荊、雍、豫州，漢末以來，喪亂較烈，華人之入山者較多，梁、益二州則不然；（觀此二州無所謂山越，史間言山僚亦甚希可知。）又荊、雍、豫州，去大川及平地近，其人之出山較易，梁、益地勢較險，夷人自深山而出者，仍依山並谷故也。（《魏書》云：「自漢中達於邛、筰，川洞之間，所在皆有。」）僚即今所謂仡佬，（見《秦漢史》第九章第四節。雖處山谷，其初本來自海濱，

《魏書》言其「能臥水底，持刀刺魚」。又曰：「報怨相攻擊，必殺而食之。俗畏鬼神，尤尚淫祀。所殺之人，美鬚髯者，必剝其面皮，籠之於竹，及燥，號之曰鬼，鼓舞杞之，以求福利。至有賣其昆季妻孥盡，乃自賣以供祭者。」此緣海之馬來人，即古所謂越族者食人之俗也。詳見《先秦史》。）因所居深阻，罕與華人交接，故其舊俗沿襲尚多，而其文明程度亦較低焉。（《魏書》云：「種類甚多，散居山谷。略無氏族之別。又無名字，所生男女，唯以長幼次第呼之，其丈夫稱阿暮、阿段，婦人稱阿夷、阿等之類，皆語之次第稱謂也。依樹積木，以居其上，名曰干闌。干闌大小，隨其家口之數。往往推一長者為干，亦不能遠相統攝。父死則子繼，若中國之膏族也。僚王各有鼓角一雙，使其子弟自吹擊之。好相殺害，多不敢遠行。性同禽獸，至於忿怒，父子不相避，唯手有兵刃者先殺之。若殺其父，走避，求得一狗，以謝其母，母得狗，不復嫌恨。若報怨相攻，必殺而食之。平常劫掠，賣取豬狗而已。親戚比鄰，指授相賣。被賣者號哭不服，逃竄避之。乃將買人捕逐，指若亡叛，獲便縛之。但經被縛者，即服為賤隸，不敢稱良矣。亡失兒女，一哭便止，不復追思。唯執盾持矛，不識弓矢。」案干闌之名，與後印度諸國同，亦可見其初居海濱也。）《魏書》云：「李勢之時，諸僚始出，攻破郡縣，為益州大患。桓溫破蜀之後，力不能制；又蜀人東流，山險之地多空，僚遂挾山傍谷。（此謂華人所居山谷之地，僚自深山遷此。）與夏人蔘居者，頗輸租賦。在深山者，仍不為編戶。蕭衍梁、益二州，歲歲伐僚，以自裨潤，公私頗藉為利。」夏侯始遷之叛也，魏以邢巒為梁、益二州刺史，頗得僚和。後以羊祉、元恆、元子真為梁州，傅豎眼為益州。豎眼頗得物情。祉性酷虐，恆、子真並無德績，諸僚苦之。魏以梁、益二州，統攝險遠，又立巴州，以統諸僚，（《魏書‧地形志》：巴州郡縣闕。《隋書‧地理志》：清化郡，舊置巴州，今四川巴中縣。）以巴酋嚴始欣為刺史。又立隆城鎮，（蓋因梁之隆

城郡，在今四川儀隴縣北。）所綰僚二十萬戶。隆城所統，謂之北僚，歲輸租布，又與外人交通貿易。巴州生僚，並皆不順，其諸頭王，每於時節，謁見刺史而已。孝昌初，諸僚以始欣貪暴，相率反叛，攻圍巴州。時魏子建為山南行臺，勉諭之，乃得散罷。始欣慮獲罪譴，謀來附，而其族子愷為隆城鎮將，歸心於魏。魏子建啟以鎮為南梁州，以愷為刺史。發使執始欣，囚於南鄭。遇子建見代，傅豎眼為行臺，豎眼久病，其子敬紹，納始欣重賄，使得還州，始欣乃起眾攻愷屠滅之，據城南叛。梁將蕭玩，率眾援接，為魏梁、益二州兵所破斬。魏攻陷巴州，執始欣，然梁州未久即入梁。其後梁、益皆陷於周。《周書》云：「每歲命隨近州鎮，出兵討之，獲其口以充賤隸，謂之壓僚。後有商旅往來者，亦資以為貨。公私建於民庶之家，有僚口者多矣。」其虐，亦無以異於梁也。又云：「其種類滋蔓，保據巖壑，依林走險，若履平地，雖屢加兵，弗可窮討。性又無知，殆同禽獸。諸夷之中，最難以道義招懷者也。」可見其同化，遠較豫、荊、雍州蠻為後矣。

　　交、廣、寧三州，情形較梁、益二州為尤惡。案此三州，西通緬甸，東苞東京灣為內海，實為中國向南拓展之樞機，惜距中原較遠，民族拓展之力，一時有所不及，而政事尤欠清明，遂至越南之地，終於分裂以去，而自雲南西南出之路，亦未能盡力經營也。中國之稍知注意於交土，似自後漢中葉以來。《晉書・地理志》云：順帝永和九年（西元 144 年），交趾太守周敞（交趾，今越南河內。）求立為州，朝議不許，即拜敞為交趾刺史。建安八年（西元 203 年），張津為刺史，士燮為交趾太守，共表立為州，乃拜津為交州牧。十五年（西元 150 年），移治番禺。（《三國・吳志・孫策傳注》引〈江表傳〉，謂策欲殺于吉，諸將連名陳乞，策曰：「昔南陽張津，為交州刺史，舍前聖典訓，廢漢家法律，常著絳帕頭，鼓琴燒香，讀邪俗道書，云以助化，卒為南夷所殺。此甚無益，諸君但未悟耳。」又

引虞喜《志林》：喜推考桓王之薨，在建安五年四月四日，是時曹、袁相攻，未有勝負，夏侯元讓與石威則書，袁紹破後也，書云：「授孫賁以長沙，業張津以零、桂。」此為桓王於前亡，張津於後死，不得相讓譬言津之死意矣。裴松之案：「太康八年（西元 286 年），廣州大中正王範上《交廣二州春秋》，建安六年（西元 201 年），張津猶為交州牧，〈江表傳〉之虛，如《志林》所云。」此云津拜交州在建安八年（西元 203 年），又與《交廣春秋》不合。案當時任疆寄者，多自刺史進為州牧，津蓋本為交趾刺史，至八年乃進為牧也。桓王引津死事，以譬將吏，自為虛辭，古人輕事重言，此等處多不審諦，不足深較也。）《宋書・州郡志》云；交州刺史，本治龍編，（見第七章第五節。）漢獻帝建安八年（西元 203 年），改曰交州，治蒼梧廣信縣，（廣信，漢縣，為蒼梧郡治，隋時改縣曰蒼梧，今廣西蒼梧縣。）十六年（西元 151 年），徙治南海番禺縣。州甫立而治所即內移，可見中朝威柄之失墜矣。（觀下引〈薛綜疏〉，津或因欲與劉表爭，以致無暇顧及交土也。）是時交土實權，乃入於士燮之手。《三國・吳志》：燮蒼梧廣信人。其先本魯國汶陽人，（汶陽，漢縣，在今山東寧陽縣東北。）王莽之亂，避地交州，六世至燮。燮父賜，桓帝時為日南太守。（日南，今越南乂安。）燮為交趾太守。交州刺史朱符為夷賊所殺，州郡擾亂，燮乃表弟一領合浦太守，（合浦，見第十三章第三節。）次弟領九真太守，（九真，今越南清華。）弟武領南海太守。兄弟並為列郡，雄長一州。偏在萬里，威尊無上。（武先病歿。）朱符死後，漢遣張津為交州刺史。津後為其將區景所殺。而荊州牧劉表，遣零陵賴恭代津。（零陵，見第三章第六節。）是時蒼梧太守史璜死，表又遣吳巨代之，與恭俱至。漢聞張津死，賜燮璽書曰：「交州絕域，南帶江海，上恩不宣，下義壅隔。知逆賊劉表，又遣賴恭，窺看南土。今以燮為綏南中郎將，董督七郡，領交址太守如故。」後巨與恭相失，舉兵逐恭。恭走還零陵。建安十五年

（西元 210 年），孫權遣步騭為交州刺史。（建安七年（西元 202 年），權嘗表朱治為九真太守，見〈治傳〉。）騭到，燮率兄弟奉承節度。而吳巨懷異心。騭斬之。（據〈騭傳〉事在建安十六年（西元 211 年）。）燮又誘導益州豪姓雍闓等，率郡人民，使遙內附。（益州，漢郡，蜀漢改曰建寧，在今四川晉寧縣東。）權益嘉之。燮在郡四十餘歲，黃武五年（西元 226 年），（魏文帝黃初七年。）年九十卒。權以交趾縣遠，乃分合浦以北為廣州，呂岱為刺史，交趾以南為交州，戴良為刺史。又遣陳時代燮為交趾太守。岱留南海，良與時俱前。行到合浦，而燮子徽，自署交趾太守，發宗兵拒良。（時以徽領九真太守，見〈呂岱傳〉。宗即賨，賨乃夷人所出賦稅之名，用為種族之名，實借字耳。《三國志》多作宗。以上據〈士燮傳〉。）呂岱督兵三千人浮海，與良共討平之。（殺徽兄弟六人，見〈士燮傳〉。）於是除廣州，復為交州如故。（〈呂岱傳〉。）交、廣之分，交州業已還治龍編，（《宋書·州郡志》。）至是，則復舉七郡之地，通以龍編為控制之所矣，可謂內地威柄之一振也。黃龍三年（西元 231 年），（魏明帝大和五年。）以南土清定，召岱還。竹邑薛綜，（竹邑，後漢縣，屬沛郡，在今安徽宿縣北。）少依族人，避地交州。孫權除為合浦、交趾太守。岱之討伐，綜與俱行。及是，上疏曰：「昔帝舜南巡，卒於蒼梧，秦置桂林、南海、象郡，然則四國之內屬也，有自來矣。（案漢武帝平南越，以其地為儋耳、珠崖、南海、蒼梧、郁林、合浦、交址、九真、日南九郡。昭帝時罷儋耳。元帝時又罷珠崖。孫權之分交、廣，以南海、蒼梧、郁林三郡為廣州，交趾、日南、九真、合浦四郡為交州，見《晉書·地理志》。此云四國，指交趾、日南、九真、合浦也。）秦趙佗起番禺，懷服百越之君，珠官之南是也。（孫權黃武七年（西元 228 年），改合浦為珠官郡。）漢武帝誅呂嘉，開九郡，設交址刺史以鎮監之。山川長遠，習俗不齊。言語同異，重譯乃通。民如禽獸，長幼無別。椎髻徒跣，貫頭左衽。長吏之設，

雖有若無。自斯以來，頗徙中國罪人，雜居其間。稍使學書，粗知言語。使驛往來，觀見禮化。及後錫光為交阯，任延為九真太守，乃教其耕犁，使之冠履，為設媒官，始知聘娶，建立學校，導之經義。由此以降，四百餘年，頗有似類。（參看《秦漢史》第九章第六節。）自臣昔客，始至之時，珠崖（今廣東瓊山縣。）除州縣，嫁娶皆須八月引戶，人民集會之時，男女自相可適，乃為夫妻，父母不能止。交阯麊泠、九真都龐二縣，（皆在今安南境。）皆兄死弟妻其嫂，世以此為俗，長吏恣聽，不能禁制。日南郡男女裸體，不以為羞。由此言之，可謂蟲豸，有面目耳。然而土廣人眾，阻險毒害。易以為亂，難使從治。縣官羈縻，示令威服。田戶租賦，裁取供辦貴致遠珍，名珠、香藥、象牙、玳瑁、珊瑚、琉璃、鸚鵡、翡翠、孔雀奇物，充備寶玩，不必仰其賦入，以益中國也。然在九甸之外，長吏之選，類不精核。漢時法寬，多自放恣，故數反違法。珠崖之廢，起於長吏，睹其好髮，髠取為髢。及臣所見：南海黃蓋，為日南太守，下車以供設不豐，撾殺主簿，仍見驅逐。九真太守儋萌，為妻父周京作主人，並請大吏。酒酣作樂，功曹番歆，起舞屬京，京不肯起，歆猶迫強，萌忿杖歆，亡於郡內。歆弟苗，帥眾攻府，毒矢射萌，萌至物故。交阯太守上變，遣兵致討，卒不能克。又故刺史會稽朱符，多以鄉人虞褒、劉彥之徒，分作長吏。侵虐百姓，強賦於民。黃魚一枚，收稻一斛。百姓怨叛。山賊並出，攻州突郡。符走入海，流離喪亡。次得南陽張津，與荊州牧劉表為隙，兵弱敵強，歲歲興軍，諸將厭患，去留自在，津小檢攝，威武不足，為所陵侮，遂至殺沒。後得零陵賴恭，先輩仁謹，不曉時事。表又遣長沙吳巨為蒼梧太守，巨武夫輕悍，不為恭服，所取相怨，恨逐出恭，求步騭。是時津故將夷廖、錢博之徒尚多，騭以次治，綱紀適定，會仍召出。呂岱既至，有士氏之變，越軍南征。平討之日，改置長吏，章明王綱。威加萬里，大小承風。由此言之，綏邊撫裔，實有其人。牧伯之

任，既宜清能，荒流之表，禍福尤甚。今日交州，雖名粗定，尚有高涼宿賊。（高涼，見第十五章第三節。）其南海、蒼梧、郁林、珠官四郡界未綏，（郁林，今廣西貴縣。）依作寇盜，專為亡叛逋逃之藪。若岱不復南，新刺史宜得精密檢攝八郡，（高涼郡，漢末吳所分置，並前所言七郡為八郡。）方略智計，能稍稍以治高涼者，假其威寵，借之形勢，責其成效，庶幾補復。如但中人，近守常法，無奇數異術者，則群惡日滋，久遠成害。故國之安危，在於所任，不可不察也。」讀此疏，可略知交、廣民生、吏治之情形矣。赤烏二年（西元 239 年），（魏明帝景初三年。）十月，將軍蔣祕，南討夷賊，所領都督廖式，殺臨賀太守嚴綱等，與弟潛共攻零陵、桂陽，（漢郡，今湖南郴縣。）及搖動交州、蒼梧、郁林諸郡，眾數萬人。（〈孫權傳〉。）呂岱時在武昌，自表輒行。孫權遣使追拜岱交州牧，及遣諸將唐諮等絡繹相繼。攻討一年，破之，斬式等。（〈呂岱傳〉。十一年（西元 248 年），群齊王芳正始九年。）交址、九真夷賊攻役城邑，交部騷動。以陸胤為交州刺史、安南校尉。胤入南界，喻以恩信，務崇招納，交域清泰。至孫休永安元年（西元 258 年）（魏高貴鄉公甘露三年。）乃徵還。（〈胤傳〉。）五年（西元 262 年），（魏常道鄉公景元三年。）休使察戰到交址調孔雀、大豬。（註：察戰，吳官號。案其人姓名，似即《晉書·本紀》之鄧句，〈陶璜傳〉之鄧苟，見下。）先是交址太守孫諝，科郡上手工千餘人送建業，察戰至，恐復見取，郡吏呂興等，因此搧動兵民，招誘諸夷，殺諝。使使如魏請太守及兵。（〈休傳〉。《晉書·陶璜傳》云：諝貪暴，為百姓所患，會察戰鄧苟至，擅調孔雀三千頭送秣陵，興殺諝及苟，及郡內附。）七年（西元 264 年），（八月後為孫皓元興元年（西元 264 年）。魏常道鄉公咸熙元年。）吳復分交州置廣州。（〈孫休傳〉。仍統南海、蒼梧、郁林三郡，見《晉志》。）九月，魏以呂興為使持節都督交州諸軍事。（詔曰：「孫休遣使鄧句敕交址太守鎖送其民，發以為兵。吳將呂興，因民心

忿怒，又承王師平定巴蜀，即糾合豪桀，誅除句等。驅逐太守長吏，撫和吏民，以待國命。九真、日南，亦齊心響應，與興協同。興移書日南州郡，開示大計。兵臨合浦，告以禍福。遣都尉唐譜等詣進乘縣，因南中都督護軍霍弋上表自陳。」案蜀以李恢為建寧太守，遙領交州刺史，晉平蜀，亦以弋遙領交州，見《晉書・地理志》。）策命未至，興為下人所殺。（《魏志・本紀》。）然是歲，魏所置交址太守之郡。（〈孫皓傳〉。案〈華核傳〉：寶鼎二年（西元 267 年），核上疏言交州諸郡，國之南土，交址、九真二郡已沒，日南孤危，存亡難保，則其時日南尚屬吳。然《晉書・武帝紀》：泰始五年（西元 269 年），五月，曲赦交址、九真、日南三歲刑，則日南亦屬晉矣。）孫皓寶鼎三年（西元 268 年），（晉武帝泰始四年。）遣交州刺史劉俊、前部督修則等入擊交址。為晉毛炅等所破，皆死。兵散還合浦。（〈皓傳〉。《晉書・武帝紀》：泰始四年（西元 268 年），十月，吳將顧容寇郁林，太守毛炅大破之，斬其交州刺史劉俊，將軍修則。〈陶璜傳〉：呂興為功曹李統所殺，帝更以建寧爨谷為交址太守。谷又死，更遣巴西馬融代之。融病卒。南中監軍霍弋又遣犍為楊稷代融。與將軍毛炅、九真太守董元等自蜀出交址。破吳軍於占城，斬大都督修則、交州刺史劉俊。）建衡元年（西元 269 年），（晉泰始五年。）十一月，遣監軍虞氾、威南將軍薛珝、蒼梧太守陶璜由荊州；監軍李勖、督軍徐存從建安海道；（建安，見第八章第一節。）皆就合浦擊交址。二年（西元 270 年），（晉泰始六年。）春，李勖以建安道不通利，殺導將馮斐，引軍還。（四月，勖及徐存家屬皆伏誅。）三年（西元 271 年），（晉泰始七年。）氾、璜破交址，禽殺晉所置守將，九真、日南皆還屬。（〈孫皓傳〉。《晉書・本紀》：四月，九真太守董元為吳將虞氾所攻，軍敗，死之。七月，吳將陶璜等圍交趾，太守楊稷與郁林太守毛炅，及日南等三郡降於吳。案謂稷、炅降吳者，說出《漢晉春秋》。《華陽國志》則云：稷至合浦歐血死，炅不屈，為

191

吳所殺。見《三國志‧孫皓傳注》。《晉書‧陶璜傳》兼採二說。又云：炅密謀襲璜。事覺，被誅。）吳因用璜為交州刺史。九真郡功曹李祚保郡，璜遣攻之，逾時乃拔。皓以璜為交州牧。武平、九德、新昌，（九德，吳分九真郡立。破交趾後，又分交趾為新昌郡。諸將破扶嚴夷，置武平郡。皆在今越南境。）土地阻險，夷僚勁悍，歷世不賓，璜征討，開置三郡及九真屬國三十餘縣。徵璜為武昌都督，以合浦太守修允代之。交土人請留璜以千數，於是遣還。（《晉書‧璜傳》。）天紀三年（西元 279 年），（晉武帝咸寧五年。）夏，修允轉桂林太守，疾病，住廣州，先遣部曲督郭馬將五百兵至郡，安撫諸夷。允死，兵當分給，馬等累世舊軍，不樂離別；皓時又科實廣州戶口；馬與部曲將何典、王族、吳述、殷興等，因此恐動兵民，會聚人眾，攻殺廣州督虞授。馬自號都督交、廣二州諸軍事，興廣州刺史，述南海太守。典攻蒼梧，族攻始興。（見第三章第九節。）八月，以滕修領廣州牧，率萬人從東道討馬。與族遇於始興，未得前。皓又遣徐陵督陶濬璜弟。將七千人從西道。命交州牧陶璜部伍所領，及合浦、郁林諸郡兵，當與東西軍共擊馬。陶濬至武昌，聞北軍大出，停駐不前。（〈孫皓傳〉。）滕修赴難，至巴丘，（見第十三章第六節。）而皓已降，乃還，與廣州刺史閭豐、蒼梧太守王毅各送印綬。詔以修為廣州牧，委以南方事。修在南積年，為邊夷所附。太康九年（西元 288 年），卒。（《晉書‧修傳》。）皓既降晉，手書遣璜息融敕璜歸順。詔復本職。晉減州郡兵，璜上言曰：「交土荒裔，斗絕一方，或重譯而言，連山帶海。又南郡去州，海行千有餘里，外距林邑，才七百里，夷帥范熊，世為逋寇，自稱為王，數攻百姓。且連線扶南，種類猥多，朋黨相倚，負險不賓。往隸吳時，數作寇逆，攻破郡縣，殺害長吏。臣以尪駑，昔為故國改採，偏戍在南，十有餘年。雖前後征討，翦其魁桀，深山僻穴，尚有逋竄。又臣所統之卒，本七千餘人，南土溫溼，多有氣毒；加累年征討，死亡減耗；其見在者，

二千四百二十人。今四海混同，無思不服，當卷甲消刃，禮樂是務，而此州之人，識義者寡，厭其安樂，好為禍亂。又廣州南岸，周旋六千餘里，不賓屬者，乃五萬餘戶。及桂林不羈之輩，復當萬戶。至於服從官役，才五千餘家。二州唇齒，唯兵是鎮。又寧州興古，（見下。）接據上流，去交址郡千六百里，水陸並通，互相維衛。州兵未宜約損，以示單虛。」又以合浦郡土地磽确，無有田農，百姓唯以採珠為業，商賈去來，以珠貨米，而吳時珠禁甚嚴，慮百姓私散好珠，禁絕來去，人以飢困。又所調猥多，限每不充。今請上珠三分輸二，次者輸一，粗者蠲除。自十月訖二月，非採上珠之時，聽商旅往來如舊。並從之。璜在南三十年，威恩著於殊俗。及卒，朝廷以員外散騎常侍吾彥代璜。（〈彥傳〉．仕鎮二十餘年，威恩宣著，南州寧靜。）彥卒，又以員外散騎常侍顧祕代彥。（祕眾父，見〈眾傳〉。）祕卒，州人逼祕子參領州事。參尋卒。參弟壽求領州，州人不聽，固求之，遂領州。壽乃殺長史胡肇等。又將殺帳下督梁碩。碩走得免，起兵討壽，禽之。（付壽母，令鴆殺之。）碩乃迎璜子蒼梧太守威領刺史。在職甚得百姓心。三年卒。璜父基，吳交州刺史。威弟淑，子綏，後並為交州。自基至綏四世，為交州者五人。（〈璜傳〉。）威，《晉書‧忠義王諒傳》作咸，云：新昌太守梁碩，專威交土，迎立陶咸為刺史。咸卒，王敦以王機為刺史。碩發兵距機，自領交址太守。乃迎前刺史修則子湛行州事。敦以諒為交州刺史。諒既到境，湛退還九真。廣州刺史陶侃遣人誘湛來詣諒，諒斬之。碩率眾圍諒於龍編。（以上〈諒傳〉。）太寧元年（西元 323 年），五月，龍編陷，諒死之。六月，陶侃遣參軍高寶攻碩，斬之。（〈本紀〉。參看第三章第九節。）大元五年（西元 327 年），十月，初九真太守李遜，父子勇壯有權力，威制交土。聞刺史滕遜之當至，分遣二子，斷遏水陸津要。杜瑗者，朱鳶人，（漢朱縣，《晉志》作朱鳶，在今河內東南。）本屬京兆，祖元為寧浦太守，（寧浦，晉郡，今廣西橫縣西

南。）遂居交趾。瑗仕州府，為日南、九德、交趾太守。（是時為交趾太守。）收眾斬遜，州境獲寧。遜之居州十餘年及北還，以瑗為交州刺史。（參看下節。）義熙六年（西元 410 年），年八十四卒。府州綱佐，共推瑗第五子慧度行州府事。辭不就。七年（西元 411 年），除交州刺史。詔書未至，盧循襲破合浦，徑向交州。李遜子奕、脫等；引諸俚帥，眾五六千人，受循節度。慧度與弟交趾太守慧期，九真太守章民討破之。循中箭赴水死。斬李脫等。慧度儉約質素；為政纖密，有如治家；由是威惠霑洽，姦盜不起。宋少帝景平元年（西元 423 年），卒。以慧度子弘文為刺史。亦以寬和得眾。太祖元嘉四年（西元 427 年），以廷尉王徽為交州刺史。弘文就徵。會得重疾，行到廣州，卒。（《宋書·慧度傳》。）二十年（西元 424 年），以檀和之為刺史。二十三年（西元 427 年），伐林邑，破之，事見下節。《齊書，南夷傳》云：泰始初，刺史張牧卒，交趾人李長仁殺牧北來部曲，（《宋書·徐爰傳》云：悉誅北來流寓，無或免者。爰時徙交州，長仁素聞爰名，爰又以智計誆誘，乃得無患。）據交州叛。數年，病死。從弟叔獻嗣事，號令未行，遣使求刺史。宋朝以南海太守沈煥為交州刺史，以叔獻為煥寧遠司馬、武平、新昌二郡太守。叔獻得朝命，人情服從，遂發兵守險，不納煥。煥停郁林，病卒。太祖建元元年（西元 479 年），仍以叔獻為交州刺史，就安慰之。案《宋書·本紀》：泰始四年，三月，以孫奉伯為交州刺史。交州人李長仁據州叛。妖賊攻廣州，殺刺史羊南，陳伯紹討平之。八月，以劉勃為交州刺史。五年（西元 483 年），七月，以陳伯紹為交州刺史。七年（西元 485 年），二月，置百梁、（在今廣東合浦縣東。）蘇、（在合浦東北。）永寧、（在今廣東陽江縣境。）安昌、（在合浦北。）富昌、（未詳。）南流郡，（今廣西郁林縣。）又分廣、交州三郡（廣之臨漳，交之合浦、宋壽。）立越州。（《齊志》：鎮臨漳。案臨漳，宋郡，在今合浦東北。）蓋孫奉伯、劉勃、陳伯紹皆未能之鎮，故立越州以規交土

也。《齊書·太祖紀》：即位後遣使分行四方，以交、寧道遠不遣使。〈劉善明傳〉：善明表陳時事，以為「交州險夐，要荒之表，宋末政苛，遂至怨叛，今大化創始，宜懷以恩德，未應遠勞將士，搖動邊氓。且彼土所出，唯有珠寶，實非聖朝所須之急，討伐之事，謂宜且停。」蓋人祖本意在息民，又時交州唯有珠寶，太祖性儉，非其所重，故遂以姑息處之也。〈南夷傳〉又云：叔獻受命。既而斷割外國，貢獻寡少。世祖欲討之。永明元年（西元 483 年），以司農劉楷為交州刺史，發南康、廬陵、始興郡兵征交州。（南康，見第七章第五節。廬陵，見第三章第九節。）叔獻間道自湘川還朝。六年（西元 488 年），以始興太守房法乘代楷。法乘至鎮，屬病不理事。好讀書。長史伏登之因此擅權，改易將吏。錄事房季文白之。法乘大怒，系登之於獄。十餘日，登之厚賂法乘妹夫崔景叔得出。將部曲襲執法乘。啟法乘心疾動，不任親事。世祖仍以登之為交州刺史。蓋終不免於姑息矣。梁武帝天監四年（西元 505 年），二月，交州刺史李凱據州反，長史李畟討平之。十五年（西元 516 年），交州刺史李畟斬州反者阮宗孝，傳首京師。普通四年（西元 526 年），六月，分交州置愛州。（治九真。皆見〈本紀〉。）大同七年（西元 541 年），先是武林侯蕭諮為交州刺史，以裒刻失眾心。上人李賁連結數州豪傑，同時反，攻諮。諮輸賂，得還越州。臺遣高州刺史孫冏、新州刺史盧子雄將兵擊之。（兼採梁、陳《書·本紀》。高州治高涼，見第十五章第三節。新州梁置，今廣東新興縣。）時春草已生，瘴癘方起，子雄請待秋討之。廣州刺史新渝侯蕭映不聽，諮又促之。（時諮亦至廣州。）子雄等不得已，遂行。至合浦，死者十六七。眾並憚役潰散，禁之不可，乃引其餘兵退還。諮啟子雄及冏與賊交通，逗留不進。武帝敕於廣州賜死。（《陳書·杜僧明傳》。）子雄弟子略，與冏子姪及其主帥杜天合、杜僧明共舉兵，執南江督護沈，進寇廣州。（《陳書·武帝紀》。其事詳見〈杜僧明傳〉。）陳高祖時為西江督護，討平之。時又遣越

州刺史陳侯、羅州刺史寧巨、安州刺史李智、愛州刺史阮漢同徵賁。(羅州，見第十五章第三節。安州，未詳。)九年(西元543年)，四月，林邑王破德州，(治九德。)攻賁。賁將范脩破走之。十年(西元544年)，正月，賁於交趾竊位號，署置百官。(《梁書·本紀》。)詔陳高祖為交州司馬，領武平太守，與刺史楊南討。十一年(西元545年)，六月，軍至交州，破賁。中大同元年(西元546年)，四月，克交趾嘉寧城。賁竄入僚洞。屈獠斬賁，傳首京師。(《陳書·高祖紀》在太清元年(西元547年)，《梁書·本紀》在二年三月，蓋賁死於元年，〈紀〉於其傳首至京之日書之。)賁兄天寶，遁入九真。與劫帥李紹隆收餘兵二萬，殺德州刺史陳文戒；進圍愛州。高祖仍率眾討平之。越南國史，稱賁為前李氏。謂其七世祖為中國人，徙居大平。以大同十年(西元546年)自立，國號萬春，年號天德。賁死後，天寶自立為桃郎王。有趙光復者，亦於太清三年(西元549年)，自立為越王。敬帝紹泰元年(西元555年)，天寶死，無子，諸臣共立其族人李佛子。陳宣帝太建二年(西元556年)，襲禽趙光復。至隋文帝仁壽三年(西元603年)降隋。(據馮承鈞譯迦節《越南世系》，在《史地叢考續編》中，商務印書館本。)案李佛子之降，事見《隋書·本紀》及〈劉方傳〉。越南古史，原系依附中國史籍而成，其不足據，與朝鮮、日本之古史正同也。陳世交、廣之域，歐陽氏實擅大權，歐陽為廣州刺史，及其子紇之事已見前。弟盛為交州刺史。紇之平，交址夷僚，往往相聚為寇抄，阮卓孝使招慰，交趾多金翠珠貝珍怪之產，前後奉使者皆致之，唯卓挺身而還，衣裝無他，時論咸服其廉焉。以上所言，為交、廣緣海之地，為文明及財富所萃，政權亦託於是。大抵能樹威德者，皆久居其地之豪族，單車孤往，則形同羈旅，即使清能，亦多無以善其後，而貪暴者更無論矣。此其所以勢同割據，五代後卒至分裂而去也。至遠海之區，則啟闢尤廑。《齊書·州郡志》言：「廣州民戶不多，而俚、獠猥雜，皆樓居山險，

不肯賓服。」「越州俚、獠叢居，隱伏巖障，寇盜不賓，略無編戶。元徽二年（西元 474 年），以陳伯紹為刺史，始立州鎮，穿山為城門，威服俚、獠。土有瘴氣殺人。漢世，交州刺史每暑月輒避處高，今交土調和，越瘴獨甚。刺史嘗事戎馬，唯以戰伐為務。」此可見廣州之啟闢，不如交州，越州又落廣州之後。蓋其文化皆自海道傳來，交州出海中，故其啟闢較易也。

瓊州一島，漢武帝時，置儋耳、（今廣東儋縣。）珠崖二郡，昭帝時罷儋耳，元帝時又罷珠崖，已見《秦漢史》第五章第十六節。孫權欲取夷洲及珠崖，陸遜、全琮皆諫，（詳見第五節。）然亦烏五年（西元 242 年），仍遣將軍聶權、校尉陸凱以兵三萬討珠崖、儋耳。（《三國‧吳志‧權傳》。）是歲，遂置珠崖郡。晉平吳，省入合浦。宋文帝元嘉八年（西元 480 年），又立珠崖。〈南夷傳〉云：世祖大明中，合浦大帥陳檀歸順。四年（西元 476 年），檀表乞官軍征討未附。乃以檀為高興太守，（羅州治。）遣前朱提太守費沈，龍驤將軍武期率眾南伐，並通朱崖道。並無功。輒殺檀而返。沈下獄死。則亦僅等諸羈縻而已。

寧州之地，距中原窵遠，與交、廣無異，而又無海路可通，故其閉塞尤甚。自兩漢開闢之後，迄於南北朝，唯蜀漢之世，頗能控制之，則以其相距較近；又蜀土褊狹，軍資國用，勢不能不有藉於此；故能盡力經營也。晉世寧州之地，後漢時分越嶲、（見第十三章第四節。）益州、牂柯、（今貴州平越縣。）永昌（今雲南保山縣。）四郡，而以庲降為控扼之所。（《三國‧蜀志‧李恢傳注》云：臣松之訊之蜀人，云庲降地名，去蜀二千餘里。時未有寧州，號為南中，立此職以總攝之。晉泰始中，始分為寧州。案〈馬忠傳〉言：初建寧郡殺太守正昂，縛太守張裔於吳，故都督常住平夷縣，至忠乃移治味縣，似庲降都督本治益州也。平夷，今雲南曲靖縣。）雍闓之亂，殺太守正昂。蜀以張裔為太守，闓又執之，送於吳。吳

遙置闓為永昌太守，（《三國‧蜀志‧呂凱傳》。）而以劉璋子闡為益州刺史，處交、益界首。（諸葛亮平南中，闡還吳，為御史中丞，見《蜀志‧二牧傳》。）越巂夷王高定，牂牁太守朱褒亦叛。唯永昌五官掾功曹呂凱，與丞王伉閉境拒闓。諸葛亮欲自征之。長史王連諫：以為不毛之地，疫癘之鄉，不宜以一國之望，冒險而行。亮為留連久之。建興三年（西元 225 年），三月，卒自行。時李恢為庲降都督，領交州刺史，住平夷。亮由越巂，恢案道向建寧。諸縣大相糾合，圍恢軍於昆明。（未詳。）恢給以官軍糧盡，欲引還，乘其怠出擊，大破之。追奔逐北，南至槃江，（謝鐘英《三國疆域志補註》云：即今南盤江。）東接牂牁，與亮聲勢相連。時亮發在道，而雍闓為高定部曲所殺。亮至南，改益州為建寧，分建寧、永昌置雲南，（治弄棟，今雲南姚安縣。）建寧、牂牁置興古。（治溫，今雲南羅平縣。）表呂凱為雲南太守，（會為叛夷所害，子祥嗣。）王伉為永昌太守。軍還，南夷復叛，殺害守將。李恢身往撲討，盡惡類，徙其豪帥於成都。賦其叟、濮耕牛、戰馬、金、銀、犀革，充繼軍資，於時費用不乏。（案〈諸葛亮傳〉稱亮南征之功，亦曰「軍資所出，國以富饒」，可見當時之用兵，固欲絕後顧之憂，實亦利其賦入也。）七年（西元 229 年），以交州屬吳，解恢刺史，更領建寧太守。九年（西元 231 年），張翼為庲降都督。持法嚴，不得殊俗之歡心。十一年（西元 233 年），耆帥劉冑作亂。翼討之，不克。以馬忠代之，乃討斬冑。移治味縣。越巂叟夷數反，殺太守龔祿、焦璜，是後太守不敢之郡。（只住安定縣，去郡八百餘里。安定治所未詳。）除張嶷為太守。嶷誘以恩信，討其不服。在官三年，徙還故郡。定莋、（在今四川鹽源縣南。）臺登、（在今四川冕寧縣東。）卑水（在今四川會理縣東北。）三縣，舊出鹽、鐵及漆，夷徼久自錮食，嶷率所領奪取，署長吏焉。郡有舊道，經旄牛中（旄牛，漢縣，在今四川漢源縣南。）至成都，既平且近，絕已百餘年，（更由安上，既險且遠。安上，

謝鐘英云：當在峨邊、越巂間。）亦獲開通，復古亭驛。巂在郡十五年，
至延熙十七年（西元 255 年）乃還。永昌郡夷僚不賓，以霍弋領太守，率
偏軍討之，斬其豪帥，郡界寧靜。弋後領建寧太守，統南郡事。蜀亡降
魏，仍拜南中都督，委以本任，使救呂興，事已見前。案馬謖攻心之論，
諸葛亮七縱七禽之說，古今侈為美談，（《三國‧蜀志‧馬謖傳注》引《襄
陽記》曰：亮征南中，謖送之數十里。亮曰：「雖共謀之歷年，今可更惠良
規。」謖對曰：「南中恃其險阻，不服久矣。雖今日破之，明日復反耳。今
公方傾國北伐，以事強賊，彼知官勢內虛，其叛亦速。若殄盡遺類，以除
後患，既非仁者之情，且又不可倉卒也。夫用兵之道，攻心為上，攻城為
下；心戰為上，兵戰為下；願公服其心而已。」亮納其策，赦孟獲以服南
方，故終亮之世，南方不敢復反。《亮傳注》引《漢晉春秋》曰：亮在南中，
所在戰捷，間孟獲為夷漢所服，募生致之。既得，使觀於營陳之間，問
曰：「此軍何如？」獲對曰：「曩者不知虛實，故敗。今蒙賜觀看營陳，若
只如此，即定易勝耳。」亮笑，縱使更戰。七縱七禽，而亮猶遣獲。獲止
不去，曰：「公天威也，南人不復反矣。」遂至滇池。南中平，皆即其渠帥
而用之。或以諫亮。亮曰：「若留外人，則當留兵，兵留則無所食，一不
易也。加夷新傷破，父兄死喪，留外人而無兵者，必成禍患，二不易也。
又夷累有廢殺之罪，自嫌釁重，若留外人，終不相信，三不易也。今吾欲
使不留兵，不運糧，而綱紀粗定，夷漢粗安故耳。」粗安、粗定四字，最
可注意，所能期望者，原不過如此也。）其實反旆未幾，叛旗復舉，重煩
討伐，又歷多年，知志在賦取者，終非如厚往薄來之可以無猜也。鄧艾入
陰平，或以為南中七郡，阻險斗絕，易以自守，宜可奔南。譙周言：「若
至南方，外當拒敵，內供服御，費用張廣，他無所取，耗損諸夷必甚，甚
必速叛。」事乃已。晉既定蜀，泰始七年（西元 271 年），建為寧州。太康
三年（西元 282 年），廢寧入益，置南夷校尉以護之。《三國‧蜀志‧霍峻

傳注》引《漢晉春秋》;弋之孫彪,為晉越巂太守;《呂凱傳注》引《蜀世譜》:
凱子祥,為晉南夷校尉;祥子及孫,世守永昌;又《馬忠傳注》:子修,修
弟恢,恢子義,皆為晉建寧太守;蓋皆用舊人以撫之,故獲相安。惠帝太
安二年(西元 303 年),復立寧州。巴氏亂作,聲教始隔。永嘉元年(西元
424 年),南夷校尉李毅卒,寧州遂陷。治中毛孟求刺史於京都,詔以李
遜為之。遜仍據州與李雄相拒。遜死,州人立其子堅。陶侃使尹奉代之。
至成帝咸和八年(西元 333 年),乃為李壽所陷,已見第三章第六節。咸
康二年(西元 336 年),廣州刺史鄧嶽,遣督護王隨擊夜郎,(晉郡,今貴
州石阡縣西南。)新昌太守陶協擊興古,並克之。加督寧州。五年(西元
339 年),嶽又伐蜀,建寧人孟彥執李壽將霍彪以降。壽遣李奕攻牂牁,
太守謝恕固守,奕糧盡引還。後八歲,李氏滅,寧州還屬晉朝。符堅陷益
州,〈載記〉言西南夷邛、筰、夜郎等皆歸之,蓋嘗致其獻見,然堅實未
能有其地也。宋世蕭惠開督益、寧,(大明八年(西元 464 年)。)〈傳〉言
其欲收牂牁、越嶲,以為內地,綏討蠻、濮,開地徵租,然有志而未逮。
梁世武陵王紀居蜀,史言其南開寧州、越嶲,故能殖其財用,已見第十三
章第四節,此亦意在賦斂而已。其時徐文盛為寧州,〈傳〉云:州在僻遠,
所管群蠻,不識教義,貪欲財賄,劫篡相尋,前後刺史莫能制。文盛推心
撫慰,示以威德,夷僚感之,風俗遂改。當時自邊徼舉兵勤王者,實唯文
盛與陳高祖二人,其人蓋亦異才,惜乎未竟其用也。《齊書‧州郡志》云:
寧州道遠土瘠,蠻夷眾多,齊民甚少。諸爨氏強族,恃遠擅命,故數有土
反之虞。蓋客籍官於寧能舉其職亦少,故其後地遂為兩爨所擅焉。

林邑建國

　　秦、漢之開南越,所至之地,不為不遠,然其地陸路阻塞,交通皆藉
海道,其南境,海道距印度近而距中國已開發之地遠,故越三四百年,其

地之民族，遂有承襲印度之文化而謀自立者，林邑是也。《晉書‧林邑傳》
曰：林邑國，本漢時象林縣，則馬援鑄柱之處也。（漢象林縣，在今越南
之廣南。其地有茶蕎古城，考古者云即林邑之都，見鄂魯梭《占城史料補
遺》，在《西域南海史地考證譯叢續編》中，商務印書館本。《水經‧溫水
注》云：建武十九年（西元 43 年），馬援樹兩銅柱於象林南界，與西屠國
分，漢之南疆也。土人以其流寓，號曰馬流，世稱漢子孫也。又云：秦徙
餘民，染同夷俗，日南舊風，變易俱盡。蓋其地華人甚少，故漸為夷所同
化。）後漢末，功曹姓區，有子曰連，（《梁書》作達，《水經注》作逵。）
殺令，自立為王。子孫相承。（《水經注》云：自區逵以後，國無文史，
失其年代，世數難詳。）其後丁無嗣，外孫（《梁書》作外甥，《隋書》作
其甥。）范熊代立。熊死，子逸立。自孫權以來，不朝中國。至武帝太康
中，始來貢獻。咸康二年（西元 336 年），（《梁書》、《南史》作三年。）
范逸死，奴文篡位。文，日南西卷縣夷帥范椎奴也。（《齊》、《梁書》、
《南史》皆作范椎。西卷縣，在今越南承天府附近。）嘗牧牛澗中，獲二鯉
魚，化成鐵，用以為刀。刀成，乃對大石郭而祝之曰：「鯉魚變化，冶成
雙刀，石郭破者，是有神靈。」進斫之，石即瓦解。文知其神，乃懷之。
隨商賈往來，（《梁書》、《南史》云：范稚常使之商賈。）見上國制度。至
林邑，遂教逸作宮室、城邑及器械。（《梁書》、《南史》作及兵車器械。）
逸甚愛信之，使為將。文乃譖逸諸子，或徙或奔。及逸死，無嗣，文遂自
立為王。（《梁書》、《南史》云：文偽於鄰國迎王子；置毒於漿中而殺之，
遂脅國人自立。）於是乃攻大岐界、小岐界、式僕、徐狼、屈都、乾魯、
扶單等諸國，並之。（《梁書》云：舉兵攻旁小國，皆吞滅之。）有眾四五
萬人。近世治南洋史者，謂林邑即唐之環王，五代後之占城，在我雖有異
名，在彼則迄以占婆自號，（《唐書》：環王，亦名占婆。《西域記》名摩
訶瞻波。〈南海寄歸內法傳〉作占波。）未嘗有所謂林邑者。（馮承鈞譯馬
司培羅〈占婆史序〉。商務印書館本。）案《太平寰宇記》（卷百七十六。）

云：林邑國，本秦象郡林邑縣地，漢為象林縣，屬日南郡，而《水經注》述林邑事，有「後去象林、林邑之號」之文，則占婆建國之初，實曾以中國縣名，為其國號也。《三國・吳志・呂岱傳》，謂岱既定交州，遣從事南宣國化，徼外扶南、林邑、明堂諸王各遣使奉貢，則《晉書》謂自孫權以來，不朝中國者實非；或其所謂中國，乃指漢、魏而言也。《後漢書・南蠻傳》：和帝永元十二年（西元 100 年），四月，日南象林縣蠻夷二千餘人，寇掠百姓，燔燒官寺。郡縣發兵討擊，斬其渠率，餘眾乃降。於是置象林將兵長史，以防其患。順帝永和二年（西元 137 年），日南象林徼外蠻夷區憐等數千人攻象林縣，燒城寺，殺長吏。交址刺史樊演發交址、九真二郡兵萬餘人救之。兵士憚遠役，遂反。攻其府。會侍御史賈昌使在日南，即與州郡併力討之，不利。遂為所攻圍。明年，用李固議，拜祝良為九真太守，張喬為交址刺史，乃討平之。後張津為區景所殺，事見上節。然則像林徼外蠻夷，為患已久，而區氏為象林魁桀，故終至殺令而自立也。占婆古碑，尚有存者。馬司培羅謂考諸碑文，占婆有史以來第一王為釋利魔羅 criMara，或即區連云。（見《占婆史》第二章。）范為中國姓，抑系譯音，近人多有異說。（伯希和云：占婆碑文，國王名號，無一與范字相類者；馬司培羅謂范為 Varnan 對音；詳見費郎《葉調斯調與爪哇》，在《西域南海史地考證譯叢續編》中。其言似亦有理，然究不能謂中國史所載林邑諸王，必見於占波碑文中也。）予謂范文之知識，尚是得諸中國，則自此以前，以中國人入占波作大長，於勢甚順。范熊、范文，不必論其種姓如何，視為中國民族，固無不可也。

陶璜言范熊世為逋寇，則林邑之為邊患，由來已久，及范文立而愈烈。《晉書・林邑傳》言：文遣使通表入貢，其書皆胡字，此與〈本紀〉所書咸康六年十月，林邑獻馴象，當即一事。後七年而兵端啟。〈傳〉云：永和三年（西元 347 年），文率其眾，攻害日南。陷太守夏侯覽。殺五六千

人。餘奔九真。以覽屍祭天。剷平西卷縣城。遂據日南。告交州刺史朱蕃，《梁書》作朱藩。求以日南北鄙橫山為界。初徼外諸國，嘗齎寶物，自海路來貨賄，而交州刺史、日南太守多貪利侵侮，十折二三。至刺史姜壯時，（《梁書》、《南史》皆作姜莊。）使韓戢領日南太守，戢估較大半，又伐船調梜，聲云征伐，由是諸國恚憤。且林邑少田，貪日南之地。戢死，繼以謝擢，（《梁書》作謝稚。）侵刻如初。及覽至郡，（《梁書》云：臺遣覽為太守。）酖荒於酒，政教愈亂，故被破滅。既而文還林邑。是歲，朱蕃使督護劉雄戍於日南，文復攻陷之。四年（西元348年），文又襲九真，害十庶十八九。明年，徵西督護滕畯率交，廣之兵伐文於盧容，（縣名，當在承天府之南。）為文所敗，退次九真。其年，文死，子佛嗣。昇平末。廣州刺史滕含率眾伐之。佛懼，請降。含與盟而還。（含，修之孫，見〈修傳〉。）《梁書‧林邑傳》云：文殺夏侯覽，留日南三年，乃還林邑。朱蕃後遣劉雄戍日南，文復屠滅之。進寇九德，殘害吏民。遣使告蕃：願以日南北境橫山為界。蕃不許。又遣督護陶綏、李衢討之。文歸林邑。尋復屯日南。五年（西元349年），文死，子佛立。猶屯日南。桓溫遣督護滕畯、九真太守灌邃帥交、廣州兵討之。佛嬰城固守。邃令畯盛兵於前，邃率勁卒七百人自後逾壘而入。佛眾驚潰奔走。邃追至林邑。佛乃請降。留日南三年句，乃總其前後而言之，（自永和三年（西元347年）至五年（西元349年）。）此處所謂乃還林邑，與下文之文歸林邑，正是一事。然云尋復屯日南；又云文死，子佛立，猶屯日南；則自永和三年（西元418年）之後，林邑之兵，實迄未嘗去日南矣。（唯范文初還，劉雄未敗時嘗暫復，此時文實尚未據日南也。）滕畯之兵，《晉書》在范文時言其敗，而《梁書》在范佛時言其勝者？《水經注》言：永和五年（西元349年），桓溫遣督護滕畯，率交、廣兵伐范文於舊日南之盧容縣，為文所敗，退次九真，更治兵。文被創死，子佛代立。七年（西元351年），畯與交州刺

史楊平復進。軍壽泠浦。（在區粟城之南。區粟城，《水經注》云：即西卷縣。）入頓郎湖。（在四會浦口之西。四會浦口，今順安海。）討佛於日南故治。佛蟻聚，連壘五十餘里。畯、平破之。佛逃竄山藪，遣大帥面縛，請罪軍門。遣武士陳延勞佛，與盟而還。則畯征林邑，實經再駕，始敗終勝，（范文既以創死，則初役亦不得謂全敗。）《晉書》漏書其後一役，《梁書》又漏書其前一役也。〈本紀〉：永和九年（西元 353 年），三月，交州刺史阮敷討佛於日南，破其五十餘壘。《梁書·傳》云：昇平初，復為寇暴，刺史溫放之討破之。（放之，嶠子。《晉書·嶠傳》云：放之以貪求為交州，朝廷許之。既至南海，甚有威惠。將征林邑，交址太守杜寶，別駕阮朗並不從，放之以其沮眾，誅之。勒兵而進。遂破林邑而還。《水經注》事在昇平二年（西元 358 年），云水陸累戰，佛保城自守，重求請服，聽之。）〈本紀〉：三年（西元 359 年），十二月，放之又討林邑參離、耽潦，（蓋林邑屬夷。）並降之。此數事《晉書·傳》亦漏書。〈傳〉又云：至孝武寧康中，遣使貢獻。至義熙中，每歲又來寇日南、九真、九德諸郡，殺傷甚眾。交州遂致虛弱，而林邑亦用疲弊。佛死，子胡達立，上疏貢黃金盤碗及金鉦等物。一似佛死胡達立，在義熙之後者，其誤殊甚。〈杜慧度傳〉：慧度父瑗，平李遜之亂，交州刺史滕遜之乃得至州，已見上節。〈傳〉又云：遜之在前十餘年，與林邑累相攻伐。遜之將北還，林邑王范胡達攻破日南、九德、九真三郡，遂圍州城。時遜之去已遠。瑗與第三子爰之，悉力固守。多設權策，累戰，大破之。追討於九真、日南，連捷。故胡達走還林邑。乃以瑗為交州刺史。義熙六年（西元 410 年），年八十四，卒。李遜之叛，事在大元五年十月，其見殺在六年七月，遜之到官，必在六七年間，在州十餘年，約當太元之末，佛死而胡達繼，必在昇平二年（西元 358 年）至太元末年之間。《梁書·傳》云：安帝隆安三年（西元 399 年），佛孫須達，復寇日南，執太守炅源。又進寇九德，執太守曹炳。交址太守

杜瑗遣都督鄧逸等擊破之。即以瑗為刺史。則隆安三年（西元 399 年），林邑王位，又嬗於須達矣。《晉書・本紀》：太元七年（西元 382 年），三月，林邑范熊獻方物，此時在位者為佛為胡達不可知，要不得更有范熊，疑熊乃號而非名也。《梁書・傳》又云：義熙三年（西元 407 年），須達復寇日南，殺長史。瑗遣海邏督護阮斐討破之，斬獲甚眾。九年（西元 413 年），須達復寇九真。行郡事杜慧期慧度弟。與戰，斬其息交龍王甄知，及其將范健等。生俘須達息那能，及虜獲百餘人。〈本紀〉：是年三月，林邑范胡達寇九真，交州刺史杜慧度斬之，湖達蓋即甄知，亦號而非名也。《梁書・傳》云：自瑗卒後，林邑無歲不寇日南、九德諸郡，殺蕩甚多。交州遂致虛弱。〈杜慧度傳〉云：高祖踐阼之歲，慧度率文武萬人，南討林邑。所殺過半。前後被鈔略，悉得還本。林邑乞降。是役蓋亦一大舉，然兵端仍不戢。《宋書・林邑傳》云：高祖永初二年（西元 421 年），林邑王范陽邁遣使貢獻，即加除授。太祖元嘉初，侵暴日南、九德諸郡。八年（西元 427 年），又遣樓船百餘寇九德，入四會浦口。交州刺史阮彌之，遣隊主相道生三千人赴討。攻區粟城，不克而還。林邑欲伐交州，借兵於扶南，扶南不從。十年（西元 429 年），陽邁遣使上表獻方物，求領交州。詔答以道遠，不許。十二（西元 431 年）、十五（西元 434 年）、十六（西元 435 年）、十八年（西元 437 年），頻遣貢獻，而寇盜不已。所貢亦陋薄。太祖忿其違慢。二十三年（西元 442 年），使交州刺史檀和之伐之。遣太尉振武將軍宗慤受和之節度。和之遣府司馬蕭景憲為軍鋒，慤仍領景憲軍副。向區粟城，克之。乘勝進討，即克林邑。陽邁父子，並挺身奔逃。所獲珍異，皆是未名之寶。此役之後，林邑寇盜遂息，或謂中國之兵威，有以懾之，核其實，亦未必然。《齊書・林邑傳》云：永初二年（西元 421 年），林邑王范楊邁，初產，母夢人以金席藉之，光色奇麗，中國謂紫磨金，夷人謂之楊邁，故以為名。楊邁死，子咄立，篡其父，復改名楊邁。下敘檀

和之征林邑事。其下云：楊邁子孫相傳為王，未有位號。夷人范當根純攻奪其國，篡立為王。永明九年（西元 491 年），遣使貢獻金簟等物。詔可持節都督緣海諸軍事、安南將軍、林邑王。范楊邁子孫范諸農，率種人攻當根純，復得本國。十年（西元 492 年），以諸農為持節都督緣海諸軍事、安南將軍、林邑王。永泰元年（西元 498 年），諸農入朝，海中遭風溺死。以其子文款為假節、都督緣海諸軍事、林邑王。《梁書》則云：須達死，子敵真立。其弟敵鎧，攜母出奔。敵真追恨不能容其母、弟，舍國而之天竺，傳位於其甥。國相藏驎固諫，不從。其甥既立，而殺藏驎。藏驎子又攻殺之，而立敵鎧同母異父之弟曰文敵。文敵後為扶南王子當根純所殺。大臣范諸農，平其亂而自立為王。諸農死，子陽邁立。宋永和二年（西元 434 年），遣使貢獻，以陽邁為林邑王。陽邁死，子咄立。篡其父，復曰陽邁。下乃敘元嘉以來侵暴，及檀和之討伐之事。案自義熙九年（西元 413 年）至永初二年（西元 421 年），其間僅八年，似未能容敵真、敵鎧、藏驎、文敵、范當根純、范諸農之爭奪相殺，及諸農後兩世之傳襲。永明九年（西元 491 年）、十年（西元 492 年）之除授，明有當根純及諸農之名，必不致誤。《齊書·扶南傳》：永明二年（西元 484 年），其王闍邪跋摩上表曰：「臣有奴名鳩酬羅，委臣逸走，別在餘處，構結凶逆。遂破林邑，仍自立為王。伏願遣軍，討伐凶逆。臣亦自效微誠，助朝廷翦撲。若欲別立餘人為彼王者，伏聽敕旨。脫未欲灼然興兵者，伏願特賜敕在所，隨宜以少軍助臣，乘天之威，殄滅小賊。」此所謂鳩酬羅，與當根純當即一人。一云奴，一云王子者？或奴而見養為子；或實奴而詐稱王子；或又諱子叛父，稱之為奴也。然則《梁書》此段敘述必誤。陽邁本號而非名，（《占婆史》云：陽邁 yanmah，）意言金王也。故人人可以之自稱也。《齊書》死於永初二年（西元 421 年）之楊邁，似即須達；《梁書》范諸農之子陽邁，則即《齊書》之文款也。林邑在宋、齊之際，蓋內既有釁，外又遭扶南賊

子之侵寇，故無暇陵犯邊邑矣。《梁書》又云：孝武建元、（當作孝建。）
大明中，林邑王范神成，累遣長史，奉表貢獻。明帝泰豫元年（西元 472
年），又遣使獻方物。齊永明中，范文贊累遣使貢獻。神成、文贊，似即
敵真、文敵。二人皆須達之子，而未受封拜，故《齊書》云陽邁子孫相傳
為王，未有位號也。闍邪跋摩之表在永明二年（西元 484 年），則當根純
之篡奪林邑，必尚在其前，永明中文贊似不容累使貢獻，或國都雖見奪於
當根純，范文之子孫，仍能據一隅自守，諸農乃藉之而起，亦如後世新、
舊阮之事邪？《梁書》又云：天監九年（西元 510 年），文贊子天凱奉獻白
猴。詔以為持節都督緣海諸軍事、林邑王。十三年（西元 514 年），大凱繁
遣使獻方物，俄而病死，子弼毳跋摩立，奉表貢獻。普通七年（西元 526
年），王高式勝鎧遣使獻方物。中大通二年（西元 530 年），行林邑王高式
律陁羅跋摩遣使貢獻。詔皆以為持節督緣海諸軍事、綏南將軍、林邑王。
文贊果即文敵，則天凱非以子繼父乃繼義款之後，要仍為范文之子孫，
弼毳跋摩之名，忽易而為侏離之語，云系文贊之子，或不可信。（當時史
籍，於四裔世次多誤，參看第七節吐谷渾、第八節高昌等可見。）自此以
後，林邑諸王名號皆然。疑其國更有變故，而為史所不詳。王林邑者，自
中國民族易而為印度民族，或即在斯時也。林邑之自立，實由占婆民族，
受印度文化之濡染，程度稍高，不忍官吏之貪暴而叛去。《晉書‧林邑傳》
云：人皆保露徒跣，以黑色為美；〈隋書傳〉云：其人深目高鼻，髮拳色黑；
可見其民純系馬來人。其文化：如居處為閣，名曰干闌，門戶皆北向；男
女皆以橫幅吉貝繞要以下，謂之干漫，亦曰都縵；不設刑法，有罪者使象
蹋殺之；（《梁書》本傳。）自系馬來舊俗。然謂師君為婆羅門；（《齊書》
本傳。）其大姓亦號婆羅門；（《宋書》本傳。）女嫁者由婆羅門率婿與婦，
握手相付；（《齊書》。）其王著法服，加瓔珞，如佛像之飾；事乾尼道，
鑄金、銀人像，大十圍；（檀和之銷其金人，得黃金數十萬斤。《宋書》。）

人皆奉佛；文字同於天竺；（《隋書》本傳。）則純為來自印度之文化矣。種族既不相同，文化又復岐異，為之大長之范氏，即果系中國人，其不能持久，亦其宜也，況益以官吏之貪暴乎？既服於我之民族，復叛而去，論者恆以為可惜。然政治之管轄，僅一時之事，唯社會合約而化，乃可以長治久安。苟其不然，兵力雖強，政令雖酷，終不能永遠束縛也。文化本所以謀樂利，我之文化，果優於彼，彼自樂從。若其不然，安能強人以從我？文化既不相同，安能禁人之謀自立？若謂彼藉我之力而稍開化，轉圖叛我，實為孤恩。則我之啟發彼，果為我歟？抑為彼也？此世所謂先進之民族，不應不撫心自問者也。果以大公無我為心，則人自不知求自立而至於知求自立，正見我牖啟之功，以先知先覺自任者，正當欣然而笑耳。

海南諸國

《梁書·海南傳》云：海南諸國，大抵在交州南及西南大海洲上。相去近者三五千里，遠者二三萬里。其西與西域諸國接。漢元鼎中，遣伏波將軍路博德開百越，置日南郡，其徼外諸國，自武帝以來皆朝貢。後漢桓帝世，大秦、天竺，皆由此道遣使貢獻。及吳孫權時，遣宣化從事朱應，中郎康泰通焉。其所經及傳聞，則有百數十國。因立記傳。晉代通中國者蓋鮮，故不載史官。及宋、齊，至者十有餘國，始為之傳。自梁革運，其奉正朔，修貢職，航海歲至，逾於前代矣。今採其風俗粗著者，綴為《海南傳》云。案史官記載之多少，由於諸國修貢職者之多少，諸國修貢職者之多少，特其與朝廷交際之多少，民間航海之盛衰，則初不繫乎此也。〈傳〉以林邑居首，今以其本為中國郡縣，別為一節，其餘諸國，則著之於此。

海南諸國，扶南為大。扶南，今柬埔寨也。（《晉書·扶南傳》云：西去林邑三千餘里，在海大灣中。《齊書》云：在日南之南大海西蠻中，蠻

蓋彎之誤。《梁書》云：在日南郡之南海西大灣中，去日南可七千里，在林邑西南三千餘里。乍觀之，極似指今之泰國，故中外史家，多有以泰國釋之者，然非也。法艾莫捏《扶南考》曰：「凡中國史家所載扶南事述，證之柬埔寨，全相吻合，然從木有一端合於暹羅者。」艾莫涅《扶南考》，在《國聞譯證》第一冊中，開明書店本。）記扶南事者，以《梁書》為詳。其〈傳〉云：扶南國俗本裸，紋身被髮，不製衣裳。以女人為王，號曰柳葉。（《晉書》作葉柳。）年少壯健，有似男子。其南有徼國，（齊書作激國，《南史》同。《晉書》但云外國人。）有事鬼神者字混填。（《晉書》作混潰。）夢神賜之弓，乘賈人舶入海。混填晨起，即詣廟。於神樹下得弓。便依夢乘船入海。遂入扶南外邑。（《晉書》云：夢神賜之弓，又教乘舶入海。混潰旦詣神祠得弓，遂隨賈入泛海至扶南外邑。《齊書》云：夢神賜弓二張。）柳葉人眾見舶至，欲取之。混填即張弓射其舶，穿度一面，矢及侍者。（《齊書》云：貫船一面，通中人。）柳葉大懼，舉眾降。混填乃教柳葉穿布貫頭，形不復露。遂治其國。（伯希和《越南半島中國史文》引《吳時外國傳》曰：扶南之先，女人為主，名柳葉。有摸趺國人，字混慎，好事神，一心不懈。神感至意。夜夢人賜神弓一張，教載賈人舶入海。混慎晨入廟，於神樹下得弓，便載大船入海。神迴風令至扶南。柳葉欲劫取之。混慎舉神弓而射焉，貫船通渡。柳葉懼伏。混慎遂王扶南。此文見《太平御覽》卷三百四十七。伯希和云：《吳時外國傳》，即康泰《行記》之一名。柳葉似非譯音。若云譯意，柬埔寨無柳樹，何來柳葉？恐是椰葉之誤。明陳繼儒《珍珠船》云：訶陵以柳花為酒，柳花酒必是已見唐人記載之椰子花酒。設女王實名椰葉，則可推想扶南亦有一椰樹部落，與古占城同矣。混慎，他書作填或滇，康泰元文似作填，此為 Kaundinya 之漢譯無疑也。摸趺不見他書，必有誤。《御覽》又引康泰《扶南土俗》多條，大半在第七百八十七卷中。有一條，言混填初載賈人大舶入海之國名烏文國，

其元名似系 Uman 或 umun，然亦無考。一條云：橫趺國，在優鈸之東南。又云：優鈸國在天竺之東南，可五千里。城郭、珍玩、謠俗，與天竺同。橫趺、摸趺，字形相類，明是一國。以古來譯例求之，元名似系摸趺。此處所云天竺，設指全印度，則其東南五千里之優鈸，應在恆河以東。摸趺在優趺東南，似當求之馬來半島東岸。烏文亦在此處。唯未將康泰《行記》一切殘文及他可助考證文字詳考，不能盡廢在印度東岸之說也。伯希和此篇，在馮承鈞《西域南海史地考證譯叢》中。占婆古有二大部落：一曰檳榔，在賓童龍，一曰椰子，在其北，見馮譯《占婆史》第一章。）納柳葉為妻。生子分王七邑。其後王混盤況，以詐力間諸邑，令相疑阻，因舉兵攻並之。乃遣子孫，分治諸邑，號曰小王。盤況年九十餘乃死。立中子盤盤。以國事委其大將范蔓。盤盤立三年死。國人共舉蔓為王。蔓勇健，有權略。復以兵威攻伐旁國，咸服屬之。自號扶南大王。乃治作大船，窮漲海，（費郎云：即東起瓊州，西至麻六甲海峽之中國海，見所著《蘇門答剌古國考‧蘇門答剌史草》篇。馮承鈞譯，商務印書館本。）攻屈都昆、九稚、典孫等十餘國，開地五六千里。次當伐金隣國，（伯希和《扶南考》云：屈都昆之名，他處未見，僅見屈都乾、都昆、都軍等。屈都乾見《齊書‧林邑傳》及《太平御覽》卷七百九十。《水經注》卷三十六引《林邑記》，省稱屈都。此處之屈都昆，應即都昆。《通典》卷百八十八，《御覽》卷八百八十八，有邊斗一云斑斗，都昆一云都軍，拘利一云九離，比嵩四國。云：並隋時聞焉。扶南度金隣大灣，南行三千里，有此四國。都昆，應在馬來半島。九稚，蓋九離之訛，亦即《御覽》卷七百九十之句稚。典孫，即頓遜。金隣，《御覽》七百九十引《異物誌》云：一名金陳，去扶南可二千餘里。又引《外國傳》云：從扶南西去金陳二千餘里。《水經注》卷一引竺芝《扶南記》云：林陽國，陸地距金隣國二千里。《御覽》卷七百八十七引康泰《扶南土俗》云：扶南之西南，有林陽國，去扶南七千

里。又引《南州異物誌》云：林陽，在扶南西七千餘里。義淨〈南海寄歸內法傳〉，亦有金隣之名，日本僧人註解，謂即此傳之金洲，則為梵文之 Suvarnadvipa，今之 Palembang 矣。伯希和此篇，亦馮承鈞譯，在《史地叢考續編》中。）蔓遇疾，遣太子金生代行。蔓姊子旃，時為二千人將，因篡蔓自立。遣人詐金生而殺之。蔓死時，有乳下兒，名長，在民間。至年二十，乃結國中壯士襲殺旃。旃大將范尋，又殺長而自立。吳時，遣中郎將康泰、宣化從事朱應使於尋國。國人猶裸，唯婦人著貫頭。泰、應謂曰：「國中實佳，但人褻露可怪耳。」尋始令國內男子著橫幅。橫幅，今干縵也。案《三國・吳志・孫權傳》：赤烏六年（西元 243 年），十二月，扶南王范旃遣使獻樂人及方物，（〈呂岱傳〉言扶南奉貢，已見上節。岱之召還，在黃龍三年（西元 231 年），則扶南入貢，應在黃龍三年以前。唯史家敘事，不能皆具年月，〈岱傳〉或系要其終而言之，則扶南初入貢，或即在此年，小木可知也。）則范旃篡立，略當吳大帝之時。其先須容一老壽之盤況及盤盤三年；自此上溯，必尚有數世；則混填年代，必不得甚近。扶南之建國，尚當在林邑之先也。《晉書・扶南傳》云：武帝泰始初，遣使貢獻。太康中，又頻來。（〈武帝紀〉：泰始四年（西元 468 年），扶南、林邑各遣使來獻。此後書其至者，為太康六年（西元 285 年）、七年（西元 286 年）、八年（西元 287 年）。《梁書》云：晉武帝太康中，尋始遣使貢獻，誤。）穆帝昇平初，復有竺旃檀稱王，遣使貢馴象。帝以殊方異獸，恐為人患，詔還之。此事〈紀〉在昇平元年（西元 357 年），竺旃檀作天竺旃檀，竺蓋天竺之省稱也。其後〈紀〉於太元十四年（西元 389 年），又書其來獻方物，而不言其王為何人。《梁書》亦叔竺旃檀貢馴象事，下云：其後主憍陳如，本天竺婆羅門也。有神語曰：應王扶南。憍陳如心悅。南至盤盤。（見下。）扶南人聞之，舉國欣戴，迎而立焉。復改制度，用天竺法。按竺旃檀當是印度人，當其時，天竺治法，必已頗行於扶南矣，特

至憍陳如而更盛耳。《梁書》又云：憍陳如死，後王持梨陀跋摩，宋文帝世，奉表獻方物。（《宋書・夷蠻傳》云：元嘉十一（西元 434 年）、十二（西元 435 年）、十五年（西元 438 年），國王持黎跋摩遣使奉獻。）《齊書・南夷傳》云：宋末，扶南王姓憍陳如，名闍邪跋摩，遣商貨至廣州。天竺道人那伽仙附載欲歸國。遭風至林邑，掠其財物皆盡。那伽仙閒道得達扶南。（案此敘事即系據其表辭。）永明二年（西元 484 年），闍邪跋摩遣那伽仙上表，已見上節。梁天監二年（西元 503 年），跋摩復遣使送珊瑚佛像，並獻方物。詔以為安南將軍、扶南王。十年（西元 511 年）、十三年（西元 514 年），跋摩累遣使貢獻。其年死。庶子留陁跋摩殺其嫡弟自立。其後十六年（西元 517 年）、十八年（西元 519 年）、普通元年（西元 520 年）、中大通二年（西元 530 年）、天同元年（西元 535 年）、五年（西元 539 年），又遣使來，皆見本傳。陳高祖永定三年（西元 559 年），宣帝太建四年（西元 572 年），後主禎明二年（西元 588 年），皆使獻方物，見〈本紀〉。艾莫涅《扶南考》，謂中國於四裔，同時或時極相近者，多以異名稱之，層見疊出。使能名號歸一，國數必可大減。彼謂《文獻通考》紀狼牙修事云：立國以來，四百餘年。後嗣衰弱。王族有賢者，國人歸之。王聞，乃加因執。其鎖無故自斷。王以為神，不敢害。逐出境。遂奔天竺。天竺妻以長女。俄而狼牙修王死，大臣迎還為王。二十餘年死。子婆加達多立。天監十四年（西元 515 年），遣使阿撒多奉表。（案此亦《梁書・海南傳》之文。）狼牙修即扶南，賢王即憍陳如，此說似大早計。彼又謂憍陳如之印度名曰甘婆 Kambu，從大自在天神 Siva 處得一婦，即柬埔寨梵文碑之班羅。Per 因此，古代傳說，其國名甘婆地 PaysdeKambu，教徒名甘婆闍 Kambujas。（意即系出甘婆之人。）此為其五世紀時之名，後遂以甘白智名國云。（甘白智，柬埔寨古名。）憍陳如登位後，號持留陁跋摩' Srutavarman，意即聖經之保衛者。柬埔寨列王，皆以跋摩 Varman 字為

尊號結尾，自此王啟之也。持梨陀跋摩' Sresthavarman 意為善人與婆羅門
教士之保護者。後代碑文，稱其居持梨陀補羅' Sresthapura，意即婆羅門
城。留陀跋摩 Rudravarman 自附於憍陳如之女之統系，必持梨陀跋摩之戚
屬而非其子。碑刻中亦頌揚其功烈云。

《梁書·扶南傳》云：其南界三千餘里有頓遜國。在海崎上。地方千
里。城去海十里。有五王，並羈屬扶南。（艾莫涅云：史萊格 Schlegel）謂
即今答納薩利或旦那賽林，是也，唯南境當展至麻六甲半島。頓遜之東界
通交州，其西界按天竺、安息。徼外諸國，往還交市。所以然者？頓遜回
入海中千餘里，漲海無崖岸，船舶未曾得徑過也。其市東西交會，日有萬
餘人。珍物寶貨，無所不有。頓遜之外，大海洲中，又有毗騫國。去扶南
八千里。（艾莫涅曰：即白古。言距扶南八千里者，自扶南之毗騫，當繞
行麻六甲半島全部也。伯希和云：此國似在 Iraouaddy 江及印度洋緣岸。）
傳其王身長丈二，頭長三尺，自古來不死，莫知其年。王神聖，國人善
惡，及將來事，王皆知之，是以無敢欺者。南方號曰長頸王。（《南史·劉
杳傳》：沈約云：「何承天纂文奇博，其載張仲師及長頸王事，此何所出？」
杳曰：「仲師長尺二寸，唯出《論衡》；長頸是毗騫王，朱建安《扶南以南
記》云：古來至今不死。」約即取二書尋檢，一如杳言。朱建安《扶南以南
記》，即朱應《扶南異物誌》也。國俗有室屋、衣服，噉粳米。其人言語，
小異扶南。艾莫涅曰：此猶言猛種）Mons 或白古種 Pégouans 言語，與吉
蔑族 Khmers 言語相似也，至今日始知其確。國法刑罪人，並於王前噉其
肉。國內不受估客，有往者亦殺而噉之，是以商旅不敢至。王常樓居，不
血食，不事鬼神。其子孫生死如常人，唯王不死。扶南王數遣使與書相報
答。王亦能作天竺書。書可三千言，說其宿命所由，與佛經相似，並論善
事。又傳扶南東界即大漲海。海中有大洲。洲上有諸薄國。國東有馬五
洲。復東行漲海千餘里，有自然火洲。其上有樹生火中。洲左近人，剝取

其皮,紡績作布。極得數尺,以為手巾。與焦麻無異,而色微青黑。若小垢汙,則投火中,復更精潔。或作燈炷,用之不知盡。(案此即火浣布,乃石綿所制,昔人不知其故,自然火洲,蓋上有火山,因附會而為此說也。《蘇門答剌古國考》云:《通典》卷百十八,《御覽》卷七百八十八,有國名杜薄。在扶南東漲海中,直渡海數十日而至。伯希和以為社薄之訛。社薄,古音讀如 Jabak,為闍婆迦 (Jāvaka)、闍婆格 (Zābag) 之對音。印度《羅摩延書》Rāmāyana 有耶婆洲,(Yavadvipa) 耶婆 (Yava) 之名,昔人釋為爪哇,然中有七國莊嚴,黃金為飾之語,南海西部諸洲,有金礦者唯一蘇門答剌。蘇門答剌昔名耶婆,轉為闍婆,又轉為闍婆迦,諸薄古音讀若 Cubak,應亦為闍婆迦之訛譯,則亦應在蘇門答剌矣。)凡此諸國,殆皆因扶南而傳聞者也。其自宋至陳,來朝貢者:有訶羅施、(元嘉七年(西元 430 年)來獻。史載其表辭。王名堅鎧。所遣二人,一名毗紉,一名婆田。呵羅單國,元嘉七年(西元 430 年)亦來獻,無表文及王與使者之名。十年(西元 433 年)奉表,王名毗沙跋摩。後為子所篡奪。十三年(西元 436 年),又上表求買鎧仗、袍襖及馬,所遣使者,亦名毗紉。頗疑訶羅陁、呵羅單實一國,而史誤析為二也。)呵羅單、(元嘉七年(西元 430 年)、十年(西元 433 年)、十三年(西元 436 年)來。後又一來。二十六年(西元 449 年),與磐皇、磐達同被除授。二十九年(西元 452 年)又來。治闍婆洲。〈本紀〉紀其十一年(西元 431 年)、十四年(西元 434 年)來,而無十三年(西元 433 年)來之事。十年(西元 430 年)有闍婆洲來,疑亦即呵羅單,而史誤析之也。)磐皇、(元嘉二十八年(西元 451 年),孝建三年(西元 456 年),大明三年(西元 459 年)、八年(西元 464 年),泰始二年(西元 466 年)來。〈紀〉載其元嘉十九(西元 442 年)、二十六年(西元 449 年)來,孝建之來在二年(西元 455 年)。)磐達、(元嘉二十六年(西元 449 年)來,二十八年(西元 451 年)再來。〈紀〉十二年(西元 435 年)

來,而二十八年(西元451年)只一來。)闍婆婆達、(元嘉十二年(西元435年)來。〈紀〉作闍婆娑達,《南史》作闍婆達。)盤盤、(元嘉、孝建、大明中,大通元年(西元529年)、四年(西元532年)來。四年《南史》作六年。陳宣帝太建四年(西元572年),後主至德二年(西元584年)來,見〈紀〉。《唐書》:盤盤,北與環王,南與狼牙修接。艾莫涅云:今之槃直(Padjai〔Phonthiet〕)、邦利(Panri)、邦朗(Panrang)諸穀道,皆從盤盤一名,變化而來。)丹丹、(中大通二年(西元530年)、大同元年(西元535年)來。陳宣帝太建四年(西元572年)來,十三年(西元581年)來,後主至德二年(西元584年)來。見〈紀〉。)幹陁利、(宋孝武世,梁天監元年(西元502年)、十七年(西元508年),普通元年(西元520年)來。陳文帝天嘉十年來,見〈紀〉。此國或云在爪哇,或云在蘇門答刺。艾莫涅云:即後之赤土,居湄南江下游,今泰國之地也。)狼牙修、(天監十四年(西元515年)來。〈紀〉又載其普通四年(西元523年)、中大通三年(西元531年)來。陳廢帝光大元年(西元561年)來,見〈紀〉。)婆利、(天監十六年(西元517年)、普通三年(西元522年)來,艾莫涅云:即安南古著作家所記之Balsi,為扶南之別名。其遣使之年,皆與扶南同。〈傳〉云:王姓憍陳如,自古未通中國,問其先及年數,不能記焉,而言白淨王夫人即其國女也。艾莫涅云:白淨王夫人即柳葉,案此似近武斷。)投和,(《陳書‧後主紀》:至德元年十二月,頭和國來,當即此。馮承鈞云:此國在湄南江流域。)大抵在今馬來半島、蘇門答刺、爪哇之境。諸國人皆黑色,中國謂之崑崙,入奴籍者頗多。(《晉書‧孝武文李太后傳》:為宮人,在織坊中,形長而色黑,宮人皆謂之崑崙,此以黑色者為崑崙也。《宋書‧王玄謨傳》:孝武寵一崑崙奴子,常在左右,令以杖擊群臣,此以崑崙為奴之證。然用崑崙為奴者,初不必帝王之家,故唐人小說,多有所謂崑崙奴者。《齊書‧王琨傳》:父懌不慧,侍婢生琨,名為崑崙,蓋

幾於以奴視之矣。《南史・孔范傳》：後主多出金帛，募人立功，范素於武士不接，莫有至者，唯負販輕薄多從之；高麗、百濟、崑崙諸夷並受督。當時外人流入中國為奴者固多，時又習以奴從軍也。馬來人膚色雖黑，其骨格仍有類白種人者，則亦謂之胡。《宋書・鄧琬傳》，劉胡以顏面坳黑似胡，故以為名是也。近人《唐人用黑奴考》云：今日歐洲各國，通稱黑人曰尼刻羅（Negro）。此字出於西班牙。非洲黑人，種類甚多。所謂尼刻羅者，居於赤道線，北至撒哈拉，西至幾內亞緣岸，東至阿比西尼亞。自古販賣黑奴者，以幾內亞緣岸為大市。今幾內亞海岸緣非洲熱帶，有黑人曰刻羅 Kroo，或稱刻弄門 Krumen。西班牙所謂尼革羅，其原蓋出於此。本專稱一種，後乃為泛稱耳。唐人詩「生下崑崙兒」，昆字讀入聲，猶麒麟兒之麒讀入聲也。）然其文明程度，並不甚低。（如扶南初雖裸體，然此乃因其地氣候炎熱，無須乎衣，非不能製衣也。《晉書》言其性質直，不為寇盜，以耕種為務，則已進於耕農矣。又言其好雕文刻鏤，亦有書記、府庫。《齊書》云：伐木起屋。國王居重閣。以木柵為城。海邊生大箬葉，長八九尺，編其葉以覆屋。人民亦為閣居。為船八九丈，廣栽六七尺，頭尾似魚。則其營造之技，亦不可謂拙。以善造船，故能航海。《齊書・荀伯玉傳》言：張景真度絲錦與崑崙營貨。《北齊書・魏收傳》：收以託附陳使封孝琰，牒令其門客與行，遇崑崙舶得奇貨，罪當死，以贖論。可見是時，崑崙人在海道經商亦頗盛也。）大抵皆得諸印度者也。（《宋》、《梁書》所載各國表文，多可見其信佛。毗騫王能作天竺書，已見前。《晉書・扶南傳》云：文字有類於胡，即非天竺文，亦必出於天竺文者也。那伽仙之來也，言其國俗事摩醯首羅天神，神常降於摩耽山。《梁書・扶南傳》云：俗事天神，天神以銅為像，二面者四手，四面者八手，手各有所持，或小兒，或鳥獸，或日月，即是物也。此亦天竺人所奉事。《摩醯首羅》，名見阿育王經。）此時交州既多喪亂，官吏又習於侵刻，故來廣州者漸多，

（《齊書‧東南夷傳》云：「扶南人不便戰，常為林邑所侵暴，不得與交州通，故其使罕至。」扶南未必自陸道通交州，此所侵擊者亦海舶也。訶羅陁堅鎧之表曰：「臣國先時，人眾殷盛，不為諸國，所見陵迫。今轉衰弱，鄰國競侵。伏願聖主，遠垂覆護；並市易往返，不為禁閉。若見哀念，願時遣還，令此諸國，不見輕侮，亦令大王，名聲普聞。扶危救弱，正是今日。今遣二人，是臣同心，有所宣啟，誠實可信，願敕廣州，時遣舶還，不令所在，有所陵奪。」其渴望通商，而又厚有望於廣州可見。）朝貢之盛，亦未必不出於此也。

斯時南海之航業，蓋以印度為最盛，故其與中國之往還亦漸煩。《梁書》云：漢和帝時，天竺數遣使貢獻。後西域反叛，遂絕。至桓帝延熹二年（西元 159 年）、四年（西元 161 年），頻從日南徼外來獻。魏、晉世絕不復通。唯吳時，扶南王范旃，遣親人蘇物使其國。從扶南發投拘利口，循海大灣正西北入，歷海邊數國，可一年餘，到天竺江口，此當指恆河。逆水行七千里乃至焉。天竺王驚曰：「海濱極遠，猶有此人？」即呼令觀視國內。仍差陳宋等二人，以月支馬四匹報旃，遣物等還。積四年方至。其時吳遣中郎康泰使扶南，及見陳宋等，具問天竺土俗，云：「佛道所興國也。左右嘉維舍衛、葉波等十六大國，去天竺或二三千里，共尊奉之，以為在天地之中也。」天監初，其王屈多，遣長史竺羅達奉表獻琉璃唾壺、雜香、吉貝等物。（〈本紀〉：中天竺，天監二年來（西元 503 年），蓋即此國。又有北天竺，天監三年（西元 504 年）來。《陳書‧紀》：宣帝太建四年（西元 572 年），天竺來。）案《宋書》載天竺迦毗梨國國王月愛，元嘉五年（西元 428 年），遣使奉表，（亦見〈本紀〉。）其表辭，與屈多之表，幾於全同，明系一國。迦毗黎與嘉維舍衛，皆即《佛國記》所謂迦維羅衛。其城東五十里為佛生處。呂澂《印度佛教史略》曰：「釋迦族住處，在羅泊提河（Rapti）東北，面積約三百二十方里。盧尼河（Rohini，今 Kohna

河。）貫其間，遂分十家，各為一小城主。河西北劫比羅伐窣睹（Kapila-vastu）最強，即釋尊家也。劫比羅伐窣覩，在今畢拍羅婆（Pipr va）。西曆千八百九十八年一月，佩毗（W.C.Peppé）於尼波羅（Nepal）南境，北緯二十七度三十七分，東經八十三度八分之地，掘得一石匱。中藏石瓶、石函等物。有一瓶，納於鐵、水晶等層疊之函內，以黃金華葉安置佛骨。觀其名，則佛陀世尊舍利之函，而釋迦族所供養者也。石匱所在，正當法顯所指之迦比羅衛，（劫比羅伐窣睹之俗稱。）因得定佛之生地焉。」然則中國與佛國之交通，由來舊矣。《宋書》於迦毗黎國之下，又載蘇摩黎、（元嘉十八年來（西元 441 年）。）斤陁利、（孝建二年來（西元 455 年）。）婆黎（元徽元年（西元 473 年）來。）三國，似以為屬於天竺者，然斤陁利似即幹陁利；婆黎〈本紀〉作婆利，恐即一國，馮承鈞云：「婆利一作薄利，即今爪哇東之 Bali 島，則皆非印度之地也。」（馮說見《蘇門答剌古國考‧附錄》。）師子國，今錫蘭。晉義熙初，宋元嘉六年（西元 435 年）、（此據《梁書》。《宋書》云元嘉五年（西元 428 年），《南史》同。）十二年（西元441 年），梁大通元年皆來貢。

漢桓帝時，大秦遣使自日南徼外通中國，已見《秦漢史》第九章第四節。《梁書》云：漢世唯一通焉。其國人行賈，往往至扶南、日南、交趾。其南徼諸國人，少有到大秦者。孫權黃武五年（西元 226 年），有大秦賈人字秦論，來到交趾。交趾太守吳邈遣送詣權。權問方土謠俗，論具以事對。時諸葛恪討丹陽，獲黝、歙短人，（黝、歙，見第十三章第三節，第九章第六節。）論見之，曰：「大秦希見此人。」權以男女各十人，差吏會稽劉咸送論。咸於道物故。論乃徑還本國。自此至南北朝末，史迄未更記大秦之來，蓋其人僅至交趾，不詣揚郡，故其事跡無傳於後也。

海道交通

　　凡物，有可欲，則人從而求之。《宋書·夷蠻傳》曰：「晉氏南移，河、隴夐隔，戎夷梗路，外域天斷。若夫大秦、天竺，迥出西溟，二漢銜投，特艱斯路，而商貨所資，或出交部。泛海陵波，因風遠至，山琛水寶，由茲自出。通犀、翠羽之珍，蛇珠、火布之異，千名萬品，並世主之所虛心。故舟舶繼路，商使交屬。太祖以南琛不至，遠名師旅。（此可見宋文帝之征林邑，不盡因其侵掠邊境也。）泉浦之捷，威震滄溟，未名之寶，人充府實。」《齊書·東南夷傳》亦曰：「南夷雜種，分嶼建國，四方珍怪，莫此為先。藏山隱海，環寶溢目，商舶遠至，委輸南州，故交、廣富實，牣積土府。」然則不徒彼求通商賈、利賜與而來，即時主亦未嘗不甘心焉，欲益財用而充玩好矣。此其往還之所以盛歟？然當時海路所通，初不止此。

　　《三國·吳志·孫權傳》：黃龍二年（西元 230 年），遣將軍衛溫、諸葛直將甲士萬人，浮海求夷洲及亶洲。亶洲在海中。長老傳言：秦始皇帝遣方士徐福，將童男、童女數千人，入海求蓬萊神山及仙藥，止此洲不還，世相承有數萬家。其上人民，時有至會稽貨市；會稽東縣人，亦有遭風流移至亶洲者。所在絕遠，卒不可得至，但得夷洲數千人還。〈陸遜傳〉云：權欲遣偏師取夷洲及珠崖，皆以諮遜。遜上疏曰：「臣愚以為四海未定，當須民力，以濟時務。今兵興歷年，見眾損減，陛下憂勞聖慮，忘寢與食，將遠事夷洲，以定大事，臣反覆思唯，未見其利。萬里襲取，風波難測。民易水土，必致疾疫。今驅見眾，經涉不毛，欲益更損，欲利反害。又珠崖絕險，民猶禽獸，得其民不足濟事，無其兵不足虧眾。今江東見眾，自足圖事，但當畜力而後動耳。昔桓王創基，兵不一旅，而開大業；陛下承運，拓定江表。臣聞治亂討逆，須兵為威；農桑衣食，民之本業；而干戈未戢，民有飢寒，臣愚以為宜養育士民，寬其租賦；眾克在和，義

以勸勇，則河、渭可平，九有一統矣。」權遂征夷洲，得不補失。〈全琮傳〉曰：權將圖珠崖及夷洲，皆先問琮。琮曰：「以聖朝之威，何向而不克？然殊方異域，隔絕瘴海，水土氣毒，自古有之，兵入民出，必生疾病，轉相汙染，往者懼不能反。所獲何可多致？猥虧江岸之兵，以冀萬一之利，愚臣猶所不安。」權不聽。軍行經歲，士眾疾疫，死者十有八九，權深悔之。是則，權之勞師，志在益眾，二洲必非絕遠，且必多有華人可知。《後漢書·東夷傳》，述夷洲、亶洲事，略同〈權傳〉，蓋所本者同。（唯末云「所在絕遠，不可往來」則誤。又《後書》亶作澶，乃因其在海中而加水旁耳。亶、澶之音，當與撣同，乃民族之名，與暹、蜀、寶、叟等，說見《秦漢史》第九章第四節。）又云：「會稽海外有東鯷人，分為二十餘國，」此疑在今舟山群島中。《注》引沈瑩《臨海水土志》曰：「夷洲在臨海東南，去郡二千里。土地無霜雪，草木不死。四面是山溪。人皆髡髮穿耳，女人不穿耳。土地饒沃，既生五穀，又多魚肉。有犬，尾短如麕尾狀。此夷舅姑子婦，臥息共一大床，略不相避。地有銅鐵，唯用鹿格為矛以戰鬥，摩礪青石以作弓矢。取生魚肉，雜貯大瓦器，以鹽滷之，歷月餘日乃啖食之，以為上餚也。」述其風俗、物產甚悉，且有鄉方、道里可稽，可見民間必多往來。亶洲人能時至會稽，所在亦必非絕遠，但將卒憚勞，不能至耳。沈瑩述夷洲居民，全為夷族，而二將所掠，即得數千人，珠崖曾為郡縣者可知，陸遜之言，必非其實，此孫權所以甘心焉而後卒復立為郡也。然則吳朝遣將，雖云無功，人民之移殖海外者，則不少矣。世多以徐福不歸為止於日本，此特以日本與所謂三神山者，差堪比擬，而姑妄言之；日本紀伊國有徐福祠，熊野山有徐福墓，亦其欲自託於我時之附會；觀孫權欲取夷洲、亶洲事，便知其誣。何者？吳時日本，與南方尚無往來，權既志在益眾，使長老傳言，其地果與日本相近，必不肯勞師遠征也。《淮南王書》亦載徐福事；吳中父老，又有止於澶洲之

說，且其說得諸其人之來貨市者，非盡無稽；則徐福所將之眾，或竟在會稽、臨海之表，未可知也，特難鑿指為今何地耳。（將來設在海島中掘得古蹟，亦未必其終不可知也。）《隋書·倭傳》：煬帝遣文林郎裴清使於其國。度百濟。行至竹島，南望聃羅國。聃，（《北史》作耽，今濟州島。）經都斯麻國，迥在大海。又東至一支國。（今一岐。）又東至竹斯國。又東至秦王國。其人同於華夏，以為夷洲，疑不能明也。此自億測，不足為據，然當時華人有移植於日本之地者，則又可見矣。故知海路所通，史之所志，實什不及一也。

　　東北海路，所至亦不為不遠，但非自吳往耳。《梁書·倭傳》云：其南有侏儒國，人長三四尺。又南有黑齒國、裸國，去倭四千餘里，船行可一年。又西南萬里有海人，身黑眼白，裸而醜，其肉美，行者或射而食之。案此說亦是舊聞。《三國志·倭傳》云：女王國東渡海千餘里，復有國，皆倭種。（《後漢書》云：自女王國東，度海千餘里至拘奴國，雖皆倭種，而不屬女王。）又有侏儒國，在其南，人長三四尺，去女王四千餘里。（《後書》云：自女王國南四千餘里至朱儒國。）又有裸國、黑齒國，復在其東南，船行一年可至。（《後書》云：自朱儒東南行船，一年，至裸國、黑齒國。）此《梁書》所本也。然如《國志》之說，侏儒在倭東之國之南，不得徑云在倭南；裸國、黑齒國，更在侏儒之東南，更不得云在倭南；《梁書》之措辭，為不審矣。侏儒之種，中國自古有之，上節所述黝、歙短人，即其一事。唐世道州尚有矮民，以之充貢，陽城為州，乃奏免之，事見《唐書·城傳》。白居易《新樂府》，亦有一章詠其事。希勒格（Gustaaf Schlegel）《中國史籍中未詳諸國考證》，（馮承鈞譯，商務印書館本。）謂此種人散布於鄂霍次克海、日本海緣岸，如黑龍江流域、朝鮮、日本北海道、千島、堪察加、庫頁等地皆是。《三國·魏志·韓傳》云：又有州胡，在馬韓之西海中大島上。（濟州。）其人差短小。言語不與韓同。

皆髡頭如鮮卑。但衣韋。好養牛及豬。其衣有上無下。（《後書》說同，而
辭較略。）希勒格引司特萊（Steller）《北堪察加遊記》，謂千島列島之國後
島，土人僅衣海鳥皮所制上衣，與此相符。又米耳尼（S.Milne）於日本亞
洲協會記錄中，記占守島之民，亦謂其上衣為鳥皮所制，下服則仰給於過
往船舶，蓋猶其遺俗云。案近歲有在聖勞倫斯發現千五百年前短人之村落
者，其遺物皆與西伯利亞緣海居民同。而據最近所發現，則瓊州列島中，
尚有此等短人。（民國二十五年十一月二十五日，《上海大美晚報》譯《大
陸報》，謂有中國人三，與一海關英員，乘快艇入海。遙見一小洲，即赴
之，登岸遊覽。未數武，即有短人迎面而來。短人見生人，即以訊號告其
同儕。頃刻間，短人集者數百。其人最長者不及三尺。皆嗜酒。島中乏
鹽，然有一種植物，可取鹽汁。人極和善。日用所須，皆能自給云。）知
古者僬僥、靖人等記載，為不誣矣。黑齒蓋南海之民，有涅齒之俗者。裸
國則熱帶中人，固多如是。此等國蓋皆在今北太平洋中。記載者雖未嘗身
至其地，然既有此傳聞，則必有曾至其地者無疑。然東行海路之所極，尚
不止此。

　　《梁書·東夷傳》云：紋身國，在倭東北七千餘里。人體有文如獸。其
額上有三文，文直者貴，文小者賤。土俗歡樂。物豐而賤。行客不齎糧。
有屋宇，無城郭。其王所居，飾以金銀珍麗。繞屋為塹，廣一丈，實以水
銀，雨則流於水銀之上。市用珍寶。犯輕罪者則鞭杖，犯死罪則置猛獸食
之，有枉則猛獸避而不食，經宿則赦之。大漢國，在紋身國東五千餘里。
無兵戈，不攻戰。風俗並與紋身國同，而言語異。扶桑國者：齊永元元年
（西元 499 年），其國有沙門慧深，來至荊州，說云：扶桑在大漢國東二萬
餘里，地在中國之東。其土多扶桑木，故以為名。扶桑葉似桐，而初生如
筍，國人食之。實如梨而赤。績其皮為布，以為衣，亦以為綿。作板屋，
無城郭。有文字，以扶桑皮為紙。無兵甲，不攻戰。其國法有南北獄。若

犯輕者入南獄，重罪者入北獄。有赦則赦南獄，不赦北獄。在北獄者，男女相配，生男八歲為奴，生女九歲為婢，犯罪之身，至死不出。貴人有罪，國乃大會，坐罪人於坑，對之宴食，分訣若死別焉。以灰繞之，其一重則一身屏退，二重則及子孫，三重則及七世。名國土為乙祁。貴人，第一者為大對盧，第二者為小對盧，第三者為納咄沙。國王行有鼓角導從。其衣色隨年改易，甲乙年青，丙丁年赤，戊己年黃，庚辛年白，壬癸年黑。有牛，角甚長，以角載物，至勝二十斛。車有馬車、牛車、鹿車。國人養鹿，如中國畜牛，以乳為酪。為桑梨，經年不壞。多蒲桃。其地無鐵，有銅，不貴金銀。市無租估。其婚姻：婿往女家門外作屋，晨夕灑掃。經年而女不悅，即驅之。相悅，乃成婚。婚禮大抵與中國同。親喪，七日不食；祖父母喪，五日不食；兄弟、伯叔、姑姊妹，三日不食。設靈為神像，朝夕拜奠。不制衰絰。嗣王立，三年不視國事。其俗舊無佛法，宋大明二年（西元 458 年），罽賓國有比丘五人，遊行至其國，流通佛法經像，教令出家，風俗遂改。慧深又云：扶桑東千餘里有女國。容貌端正，色甚潔白。身體有毛，髮長委地。至二三月，競入水，則妊娠，六七月產子。女人胸前無乳。項後生毛，根白，毛中有汁，以乳子。一百日能行，三四年則成人矣。見人驚避，偏畏丈夫。食鹹草如禽獸。鹹草葉似邪蒿，而氣香、味鹹。天監六年（西元 507 年），有晉安人（晉安，見第十三章第七節。）渡海，為風所飄，至一島。登岸，有人居止。女則如中國，而言語不可曉。男則人聲而狗頭，其聲如吠。其食有小豆。其衣如布。築土為牆，其形圓，其戶如竇云。紋身、大漢、扶桑三國，以鄉方、道里核之，其必在今美洲無疑。顧仍有創異說者。《中國史乘中未詳諸國考證》，以紋身為千島群島中之得撫島，大漢為堪察加，扶桑為庫頁島。其論扶桑木即楮；蒲桃為玫瑰果；長角載重之牛為馴鹿；南北獄為蝦夷之法；以及居室之制婚喪之禮，皆可見之於庫頁、堪察加及蝦夷；說似甚辯。然謂扶

桑在大漢東二萬餘里之大漢；乃《唐書》斛薛條下之大漢，地在今列那河及葉尼塞河流域，則未諳中國文史義例，乃外人讀中國書隔膜處，其說必不可通。舊史之道里、鄉方，固不審諦，史家亦自言之，（《宋書·夷蠻傳》云：「南夷、西南夷，大抵在交州之南及西南，居大海中洲上。相去或三五千里，遠者二三萬里。乘舶舉帆，道里不可詳知。外國諸夷，雖言里數，非定實也。」案史籍所載道里，有得之經行之人者，有得諸傳聞之辭者。得諸傳聞者，其辭或近實，或誇侈、訛繆，其信否不能一律，要在探其原而審核之，不能一筆抹殺，視作豪無根據之談也。得諸經行之人者，其言大抵近實，唯古里較今里小，又所言者皆人行之道，非天空鳥跡，故乍觀之恆覺其誇侈耳。近今西洋史家治中國史者，亦多謂此等記載，並無大差。其折算之法，大致平地五里合一英哩，山地六里合一英哩。）然其誤亦有所極，必不能大繆不然，至於如此也。紋身、大漢，蓋皆古之越族。扶桑則對盧之名，婿屋之俗，皆同句驪；（《三國·魏志·高句麗傳》：其置官，有對盧則不置沛者，有沛者則不置對盧。其俗作婚姻，女家作小屋於大屋後，名婿屋。婿暮至女家戶外，自名跪拜，乞得就女宿。如是者再三，女父母乃聽。使就小屋中宿。旁頓錢帛。至生子已長大，乃將婦歸家。）嗣王立三年不親政事尤為殷代諒暗遺制；必貉族之東遷者無疑。紋身、大漢、扶桑之法俗、物產，雖可見諸今之千島、堪察加、庫頁，不能謂今千島、堪察加、庫頁之法俗、物產，不能見諸古之美洲也。希勒格又論：「所謂女國者，實海獸而非人。海熊、海狗等產乳海濱，此入水則妊娠之說所由來也。此種海獸，無乳房，乳頭有四，兩兩隱布於下腹厚毛之中，此胸前無乳之說所由來也。海師除五月十五至六月十五日交尾、產子之時，見人即避，則偏畏丈夫之說所由來也。所食鹹草為海帶。聲如狗吠，歐洲遊歷之人及治博物之學者亦云然。項後生毛，似指蝦夷。食禾而土戶如寶，則堪察加人如是。慧深此所言者，非得諸親歷，而聞諸蝦夷，

故實事與神話相雜云。」其說頗為精審。然必實指其地為千島,則亦有可商。今所見諸一地之事物,不能謂自古已來,必限於此一地也。居無城郭,市無租估,行不齎糧,國無攻戰,未之逮也,而有志焉,讀之能無穆然罦然於大道之行乎?(古女國非一。三國・魏志・沃沮傳》云:王頎別遣追討宮,盡其東界。問其耆老:「海東復有人不?」耆老言:「國人嘗乘船捕魚,遭風見吹,數十日,東得一島。上有人,言語不相曉。其俗嘗以七月取童女沉海。」又言:「有一國,亦在海中,純女無男。」又說:「得一布衣,從海中浮出,其身如中國人衣,其兩袖長三丈。」又得一破船,隨波山在海岸邊,有一人,項中復有面,生得之,與語不相通,不食而死。其域皆在沃沮東大海中。《後漢書》云:又說海中有女國,無男人。或傳其國有神井,窺之輒生子云。希勒格《扶桑國考證》云:「兩袖長三丈,或三尺之誤。蝦夷衣袖甚長。」其《女人國考證》云:「神井窺之輒生子,蓋礦泉可治不孕之傳訛,此俗日本及歐洲皆有之。」其說良是。唯謂兩袖長三丈為三尺之訛,似尚未審。三丈固侈言之,然三尺則不足異矣。)

移殖西半球者,固以越、貉二族為最早,然中國人之至西半球,亦遠在哥倫布之前。章太炎《法顯發見西半球說》云:近法蘭西《蒙陁穆跌輪報》言:始發見亞美利加洲者,非哥倫布而為支那人。自來考歷史者,皆見近不見遠,徒以高名歸哥氏。案紀元四百五十八年,支那有佛教僧五眾,自東亞海岸直行六千五百海里而上陸。其主僧稱法顯。紀元五百二年,公其行記於世,今已傳譯至歐洲。據其所述,上陸地確即今墨西哥。今考墨西哥文化,尚有支那文物、制度之蛻形。見有婆羅門裝飾,又有大佛像等,不知何年製造。今案所謂行記者,則《佛國記》。其發見美洲之跡,當在東歸失路時。錄其元文如下:弘始二年,歲在己亥,與慧景、道整、慧應、慧嵬等同契至天竺尋求戒律。初發長安,六年到中印國。停經六年,到師子國。同行分披,或留或亡。即載商人大舶上,可有二百餘

人。得好信風東下。三日，便直大風，舶漏水入。商人大怖。命在須臾。如是大風，晝夜十三日，到一島邊。潮退之後，見船漏處，即補塞之。於是復前。大海瀰漫無邊，不識東西，唯望日月、星宿而進。若陰雨時，為逐風去，亦無所準。當夜暗時，但見大浪相搏，晃若火色。商人荒遽，不知那向。海深無底，又無下石住處。至天晴已，乃知東西，還復望正而進。若直伏石，則無活路。如是九十許日，乃到一國，名耶婆提。其國外道、婆羅門興盛，佛法不足言。停此國五月日，復隨他商人大舶上，亦二百許人。齎五十日糧。以四月十六日發。東北行趣廣州。一月餘日，夜鼓二時，遇黑風暴雨。於時天多連陰，海師相望僻誤，遂經七十餘日。即便西北行求岸。晝夜十二日，到長廣郡界牢山南岸。得好水菜，知是漢地。或言未至廣州，或言已過，莫知所定。即乘小舶入浦覓人。得兩獵人，即將歸，令法顯譯語問之。答言此青州長廣郡界，統屬晉家。是歲甲寅，晉義熙十二年（西元 416 年）矣。案師子國即今錫蘭，本欲自錫蘭東歸廣州，乃反為風所播，東向耶婆提國。耶婆提者，以今對音擬之，即南美耶科陁爾國（Ecuador），直墨西哥南，而東濱太平洋。科音作婆者？六代人婆、和兩音多相溷，如婆藪槃豆一譯作和修槃頭是。耶婆提正音耶和提，明即耶科陁爾矣。世傳墨西哥舊為大國，幅員至廣，耶科陁爾在當時，為墨西哥屬地無疑。所以知耶婆提必在美洲，非南洋郡島者？自師子國還向廣州，為期不過四十六日。據《唐書·地理志》：廣州東南海行，二百里至屯門山。乃帆風西行。二日至九州石。又南，二日至象石。又西南，二日行，至占大勞山。山在環王國東二百里海中。又南行，二日至陵山。又一日行，至門毒國。又一日行，至古笪國。又半日行，至奔陁浪洲。又兩日行，到軍突弄山。又五日，至海峽，蕃人謂之質。東行，四五日至訶陵國。又西出峽，三日至葛葛僧祇國。四五日行，至勝鄧洲。又西五日行，至婆露國。又六日行，至婆國伽藍洲。又北，四日行，至師子

國。法顯失道，商舶齎五十日糧，蓋仍依師子、廣州水程為準。是則由師子國至廣州，最遲不過五十日也。今據法顯所述：遭大風，晝夜十三日，始至一島，又九十日而至耶婆提國，合前三日計之，已得一百六十日，是東行倍程可知。況南洋與師子國間，塗次悉有洲島，往往相屬。當時帆船，皆旁海岸而行，未有直放大洋者。今言海深無底，不可下石，而九十日中，又不見駢海島嶼，明陷入太平洋中，非南洋群島。逮至耶婆提國，猶不知為西半球地，復向東北取道，又行百餘日，始折而西。夫自美洲東行又百許日，則還繞大西洋而歸矣。當時海師，不了地體渾圓，唯向東方求徑，還繞泰西，行進既久，乃軼青州海岸之東，始向西北折行，十二日方達牢山南岸，是顯非特發見美洲，又旋繞地球一帀也。不然，由師子國至廣州，程塗只五十日，而東行一百六日，乃至耶婆提國，復由耶婆提國東行一百餘日，始達中國近海，是為期已二百餘日，不應迂迴至此。由此知《蒙陁穆跌輪報》所說可信。哥倫布以求印度妄而得此，法顯以返自印度妄而得此，亦異世同情哉！然據《佛國記》，耶婆提國已先有婆羅門，特無佛法，則法顯以前，必有印度人遇風漂播至此者，故婆羅門教得傳其地，特所謂大佛像者，或法顯停留五月時所遺耳。又觀美洲山脈，橫貫南北者，在北美曰落迦（Rocky Mountains），至南美則曰昂底斯（Andes）。落迦本印度稱山之語，如補陁落迦咀落迦、彌多落迦、揭地落迦是也。落迦義本為見，引伸則為世界。落迦岡底斯為西藏大山，即蔥嶺所自起，以綿亙萬里得名。美之山脈，莫長於昂底斯，正與蔥嶺等。明昂底斯亦即岡底斯之音轉。斯皆以梵語命山，益明婆羅門嘗先至美洲，特以姓名不著，而尸其名者獨在法顯，斯可為梵土前哲悲，亦為漢土尊宿幸矣。（《大炎文錄別錄》二。長廣，見第四章第三節。）章氏之說如此，信否難遽質言，然墨西哥、祕魯等美洲古文明之國，發見中國人像、佛像、寺廟、宅舍遺述，及他古物者，實非一次。華人之至美洲在哥倫布之先，實無足疑，特

不知較印度人先後何如耳。又無論中國人印度人至美洲先後如何，必皆在貉族之後，（即一二人先之，成群移殖，亦必落其後。）亦似無足疑也。（近人筆記云：《梁書》扶桑國，近西人諾哀曼（Neumann）推度其地，謂即墨西哥，未知確否。特墨西哥建國甚早，與閩、粵緣海諸地同緯線，在齊、梁時，亦非不可與中華交通。《梁書》言扶桑葉似桐，初生如筍，績其皮為布，以為衣，亦以為綿，其文字以扶桑皮為紙。今考墨西哥德產，植物有摩伽（Maguey），其學名曰 AgaveAmericane，土人亦名百歲花，謂經百歲始一花。其物多纖維，古墨西哥象形文字，皆書於摩伽葉。此猶印度之貝葉，埃及之巴比利葉。謂摩伽即扶桑，亦近附會。但齊、梁時東行二萬餘里，果有文物之國，墨西哥外，實無地以當之，此諾哀曼氏所以疑扶桑為墨西哥也。

北方諸異族之同化

晉南北朝之世，為我族同化異族最盛之時，無南北一也。世之論者，恆謂南北民族，強弱不同；北方諸族，性質強悍，故能割據土地，篡竊政權；南方諸族，則只能蟠據山谷，竊出為患而已。其實不然。北方地形平坦，利合大群；又政治樞機，列代在北；一遇變亂，異族之桀黠者，自亦能操戈而起。南方則社會之進化較遲，又非政治樞機所在，大局變亂之際，其擾攘遠不如北方之烈，異族之未同化者，多自成一區，不與漢人相雜，既有自安之地，何苦廁身變亂之中？此其割據土地，篡竊政權之事，所以絕無而僅有也。然不論何族，好爭鬥者總只少數，此乃境遇使然，失其本性，其大多數，固皆安居樂業，自謀生理，與世無爭者也。明乎此，則知所謂五胡者，看似日以搏噬為事，實亦僅其少數人，其大多數，固仍在平和中同化矣。

　　五胡之中，入居塞內最早者為匈奴。《晉書·北狄傳》云：「呼韓邪失國，攜率部落，入臣於漢。漢嘉其意，割並州北界以安之。於是匈奴五千餘落，入居朔方諸郡，與漢人雜處。其部落，隨所居郡縣，使宰牧之，與編戶大同，而不輸貢賦。」此等人多能從事田作，（如石勒微時，為郎敬、寧驅力耕是也，見第二章第二節。當時諸胡所以可執賣者，亦以其能事田作也。史又言勒與李陽鄰居，歲爭麻地，互相毆擊。〈王恂傳〉言大原諸郡，以匈奴人為田客，動有百數。此皆入居內地者。劉衛辰請田內地，春來秋去，則近塞者，亦稍事耕農矣。事見第六章第三節。）使大局安定，未始不可在平和中同化，無如楊、賈、八王，紛紛搆難，於是匈奴之本可安居樂業者，遂亦見牽率而日事鬥爭矣，史所載屠谷、休屠諸種是也。（匈奴雜居內地者，晉、南北朝諸史，不復以匈奴稱之，而多稱其種姓。其中屠谷擾亂最烈，蓋以其舊為單于，統領諸種故也。）其自安生理者，則亦如南方諸蠻，相率為入山必深、入林必密之計。史家為特立一傳者，為《周書》之稽胡，餘則統稱為山胡，其種類亦非寡少也。〈稽胡傳〉曰：「稽胡，一曰步落稽。蓋匈奴別種，劉元海五部之苗裔也。或云：山戎、赤狄之後。」二說自當以前說為是。若如後說，兩漢、三國史家，不得一言不及也。〈傳〉又云：「自離石以西，安定以東，方七八百里，居山谷間，種類繁熾。（離石，見第三章第四節。安定，見第二章第二節。）其俗土著，亦知種田。又與華民錯居，其渠帥頗識文字。然語類夷狄，因譯乃通。雖分統郡縣，列於編戶，然輕其徭賦，有異齊民。山谷阻深者，又未盡役屬，而凶悍、恃險，數為寇亂。」此等情形，實所謂山胡者之所同，而非稽胡之所獨，蓋稽胡原不過山胡之一，特以占地較廣，種落較繁，史家乃特為之傳爾。稽胡酋長，聲勢最盛者，為魏末之劉蠡升。孝昌中，（梁武帝普通六年（西元527年）至大通二年（西元530年）。）居雲陽谷，（在今山西左雲縣境。）自稱天子，立年號，署百官。屬魏氏政亂，力不

能討，蠡升遂分遣部眾，抄掠居民。汾、晉之間，略無寧歲。（汾州，見第十二章第三節。晉州，見第十二章第八節。）齊神武遷鄴，始密圖之。偽許以女妻其太子。蠡升信之，遣其子詣鄴。神武厚為之禮，緩其婚期。蠡升既恃和親，不為之備。大統元年，（陳文帝天嘉六年（西元565年）。）三月，神武潛師襲之。蠡升率輕騎出外徵兵，為其北部王所殺。其眾復立其第三子南海王為主，率兵拒戰。神武擊滅之。建德五年（西元576年），（陳宣帝太建八年。）周高祖敗齊師於晉州，乘勝逐北，齊人所棄甲仗，未暇收斂，稽胡乘間竊出，並盜而有之。乃立蠡升孫沒鐸為主，號聖武皇帝。六年（西元577年），高祖定東夏，將討之。議欲窮其巢穴。齊王憲以為種類既多，又山谷阻絕，王師一舉，未可盡除，且當翦其魁首，餘加慰撫。高祖然之。乃以憲為行軍元帥，督趙王招、譙王儉、滕王逌等討之。招禽沒鐸。劉蠡升一支之患，蓋自此而息。其居河西者，亦稍為周所討破，皆見〈傳〉。山胡之煩大舉者，在魏世有白龍，（白龍在西河，魏延和二（西元433年）、三年（西元434年），即宋元嘉十年、十一年討滅之，事見《魏書·本紀》及〈娥清〉、〈奚眷〉、〈陳建〉等傳。薛安都亦嘗與於是役，見《宋書》本傳。）在齊世有石樓。（石樓，山名，在今山西石樓縣東南。《北齊書》云：其山絕險，自魏世所不能至。文宣於天保五年（西元554年），即梁元帝承聖三年討平之，見〈本紀〉及〈薛循義傳〉。）此皆其特強大者，故重煩兵力而後服，餘則皆假以歲月，逐漸同化者也。《魏書·景穆十二王傳》：京兆王子推之子遙，肅宗初，遷冀州刺史。（冀州，見第十一章第四節。）以諸胡先無籍貫，悉令造籍。既設籍，遂欲稅之，以充軍用。胡人不願，乃共搆遙。〈劉潔傳〉：潔與建寧王崇，於三城胡部中，（三城，見第六章第七節。）簡兵六千，將以戍姑臧。胡不從命，千餘人叛走。潔與崇擊誅之，虜其男女數千人。《周書·楊忠傳》：保定四年（西元563年），（陳天嘉四年。）命忠出沃野以應突厥。（事見第十四章

第六節。）時軍糧少，諸將憂之，忠曰：「當權以濟事耳。」乃招稽胡諸首領咸會，使王傑盛軍容，鳴鼓而至。忠陽怪而問之。傑曰：「大塚宰已平洛陽，天子聞銀、夏之間，生胡擾亂，使傑就公討之。」（銀州，周置，在今陝西米脂縣北。夏州，見第十二章第三節。）又令突厥使者馳至，告曰：「可汗留兵十餘萬在長城下，故遣問公，若有稽胡不服，欲來共公破之。」坐者皆懼。忠慰喻而遣之。於是諸胡相率歸命，饋輸填積。此可見胡人皆能從征戍，供賦役，伐胡者之所利，正在此也。齊文宣九錫之命曰：「胡人別種，蔓延山谷，酋渠萬旅，廣袤千里，馮險不共，恣其桀點，有樂淳風，相攜叩款，粟帛之調，工府充積，」其所以招徠之之亡也，情見乎辭矣。劉蠡升之，《魏書》云獲逋逃二萬餘戶，《北史》云胡、魏五萬戶，則所謂逋逃者，實專指漢人言之。《隋書・侯莫陳穎傳》：周武帝時，從滕王逌擊龍泉文成叛胡，（龍泉，周郡，在今山西隰縣北。文成，城名，在今山西吉縣北。）與豆盧勣分路而進。先是稽胡叛亂，輒略邊人為奴婢。至是，詔胡有厭匿良人者誅，籍沒其妻子。有人言為胡村所隱，勣將誅之，以穎言而止。然則山胡中漢人實不少，其情形正與山越同，此其所以一出山即能列為編戶也。然誅胡雖有利，能入山窮討者亦少，多恃其自出耳。此觀於有能以德意招撫，山民自樂出山者之多而可知也。（《周書・韓果傳》云：從大軍破稽胡於北山。胡地險阻，人跡罕至，果進兵窮討，散其種落，稽胡憚果勁健，號為著翅人，可見探入窮搜者之少。〈韋孝寬傳〉言：汾州之北，離石之南，悉是生胡，鈔掠居人，阻斷河路。孝寬深患之，而地入於齊，無方誅翦。乃當要處，置一大城，遣開府姚嶽監築之。云地入於齊，無方誅翦，乃藉口之辭，其實即在境內，亦不過如是。《隋書・郭榮傳》：宇文護以稽胡數為寇，使榮綏集之，榮於上郡延安築五城，遏其要路，即其證也。當時誅翦山胡者，殺戮殊慘。如石樓之平，《齊書》云斬首數萬級，《北史》云男子自十二以上皆斬，即其一例。

然叛亂初不因此而減，可見虐殺之無益。《魏書·尉撥傳》：撥為杏城鎮將，在任九年，大得民和，山民一千餘家，上郡屠各、盧水胡八百餘落，盡附為民。闓第二節所言劉道產之事觀之，可見南北之無異情也。延安，西魏廣安縣，隋世改曰延安，此蓋作史者依當時地名書之。唐時復改曰延長，即今陝西延長縣也。杏城，見第三章第八節。）故曰：北之山胡，南之山越，名雖殊，其實一也。

氐、羌二族，居處相雜，故其種姓，殆不可分。（如仇池本氐地，然當時述仇池事者多連稱氐、羌，《魏書·呂羅漢傳》云：仇池氐、羌反，其一例也。）其散布之區，實較匈奴為廣。風塵動盪之際，幾於無役不與焉。（如大興四年（西元 321 年）劉曜攻涼州，張茂參軍陳斡謂其精卒寡少，多是氐、羌烏合之眾。茂以斡為平虜護軍，斡發氐、羌之眾擊曜，走之。咸和初，張駿遣辛巖等會韓璞攻秦州諸郡，曜遣劉胤拒之。巖謂我擁眾數萬，藉氐、羌之銳，宜速戰以滅之，不可以久，久則變生。璞不聽。胤聞之，大喜。後璞遣巖分兵運糧，胤遂乘機擊破之。其策璞，謂其羌、胡皆叛，不為之用。璞既敗，胤遂乘勝濟河，攻陷令居，入據振武，河西大震。駿遣皇甫該拒之。會劉曜東討石生，長安空虛，駿欲襲秦、雍。索珣諫，謂曜雖東征，胤猶守本，慮其憑氐、羌以拒。是涼、趙相爭，彼此皆藉氐、羌為用也。宋高祖至長安，傳弘之於姚泓馳道內緩服戲馬，羌、胡觀者數千人，並驚惋嘆息。奚斤據長安，秦、隴氐、羌，多叛赫連昌詣斤降，昌遂卒無以自立。元嘉二十七年（西元 450 年）之役，龐季明以秦之冠族，羌人多懷之，求入長安，招徠關、陝。及其有功，四山羌、胡，咸皆請奮。此等事不勝列舉。令居，見第五章第一節。振武，城名，在今甘肅永登縣西北。）然其山居自力於衣食者，亦不為少。《魏書·劉藻傳》言：藻為秦州刺史。（秦州，見第十一章第三節。）秦人恃險，率多粗暴。或拒課輸，或害長吏。目前守宰，率皆依州遙領，不入郡縣。藻開示恩

信，誅戮豪橫，羌、氐憚之。守宰始得居其舊所。〈李洪之傳〉言：洪之為秦、益二州刺史。（益州，見第十一章第四節。）赤葩渴郎羌，深居山谷，雖相羈縻，王人罕到。洪之芟山為道，廣十餘步，示以軍行之勢。乃興軍臨其境。山人驚擾。洪之將數十騎至其里閭，撫其妻子，問其疾苦，因資遺之。眾羌喜悅，求編課調，所入十倍於常。此等雖曰梗化，實皆自安耕鑿，內亂不與焉者也。當時官吏務出之者，亦不過利其賦役。《周書‧達奚寔傳》云：大軍伐蜀，以寔行南岐州事，（南岐州，見第十二章第九節。）兼都軍糧。先是山氐生獷，不共賦役，歷世羈縻，莫能制御。寔導之以政，氐人感悅，並從賦稅。於是大軍糧餼，咸取給焉。〈趙昶傳〉云：拜安夷郡守，帶長蛇鎮將。（安夷，見第六章第六節。）氐族荒獷，世號難治。昶威懷以禮，莫不悅服。期歲之後，樂從軍者千餘人。〈劉璠傳〉：璠左遷同和郡守，（後魏臨洮郡，西魏改曰同和，在今甘肅岷縣東北。）善於撫御，蒞職未期，生羌降附者五百餘家。蔡公廣時鎮隴右，嘉璠善政，及遷鎮陝州，（後魏置，今河南陝縣。）欲取璠自隨，羌人樂從者七百人，聞者莫不嘆異。皆其事也。蜀人居處，本與氐人相雜，當時亦有北遷者，以河東薛氏為大宗，事見第八章第五節。薛永宗之敗，蜀人可謂受一大創，然其聲勢仍不減。尒朱兆召齊神武，神武辭以山蜀未平，尒朱天光入關，仍患蜀賊斷路可見。

　　五胡之中，鮮卑入山者似最少。尉元以彭城戍兵，多是胡人，欲換取南豫州徙民，又以中州鮮卑，增其兵數，見《魏書》本傳。《通鑑》言：高歡善調和漢、鮮卑人。語鮮卑則曰：「漢民是汝奴，夫為汝耕，婦為汝織，輸汝粟帛，令汝溫飽，汝何為陵之？」語華人則曰：「鮮卑是汝作客，得汝一斛粟，一匹絹，為汝擊賊，令汝安寧，汝何為疾之？」（梁武帝大同三年（西元 537 年）。）韓陵之戰，高昂自領鄉人部曲，歡欲參以鮮卑。（詳見第一章。）文宣簡六坊之人。每一人必當百人。任其臨陳必死，然後取

之,謂之百保鮮卑。(《隋書・食貨志》。《北齊書・文宣紀》但云左右宿衛,置百保軍士,《北史》同。然《隋志》又云:簡華人之勇力絕倫者,謂之勇夫,以備邊要,則宿衛之士,自系簡任鮮卑也。)皆可見當時鬥兵,實以鮮卑為主。即可推想鮮卑人多以從軍為務。此蓋魏與周、齊酋長皆系鮮卑人使然,然鮮卑之死於鋒鏑者,亦恐視他胡人為獨多矣。

　　五胡之眾,非至南北朝之末,悉行同化也,隋、唐之世,存者實猶多。隋高祖開皇元年(西元 581 年),嘗發稽胡修築長城。豆盧勣之子毓,為漢王諒主簿,諒反,毓閉城拒之,遣稽胡守堞。《隋書・虞慶則》、〈宇文慶〉、〈侯莫陳穎〉、〈慕容三藏〉諸傳,多載其征撫山胡之事。隋末,離石胡劉苗王叛,(見《隋書・本紀》大業十年(西元 614 年)。)其子季真、六兒,相繼攘竊,至唐初始平。(《唐書》有傳。)唐兵之起也,稽胡五萬略宜春,(謂宜春苑,在長安南。)竇軌討破之。又有劉迦論者,據雕陰,(隋郡,唐改為綏州,今陝西綏德縣。)與稽胡劉鷂子聲勢相倚,(見《舊唐書・屈突通傳》。)至太宗取涇陽,(隋縣,今陝西涇陽縣。)乃擊破之。馬三寶從平京師,亦別擊破叛胡劉拔真於北山。稽胡大帥劉仚成,部落數萬,為邊害,隱太子討之,破之鄜州,(今陝西鄜縣。)詐誅六千餘人。(事在武德三(西元 620 年)、四年(西元 621 年),見《新書・本紀》。)仚成降梁師都,師都信讒殺之,其下乃多叛來降。時又揚言將增置州縣,須有城邑,課群胡執版築,而陰勒兵執殺之。(《新》、《舊書・隱太子傳》。)高宗永淳三年(西元 684 年),綏州城平縣人白鐵餘率步落稽以叛,程務挺討禽之。(據《舊書・務挺傳》,《新書》云綏州步落稽白鐵餘。城平,縣名,今陝西清澗縣。)僕固懷恩上書,尚有鄜、坊稽胡草擾之語,(坊州,今陝西中部縣。)是所謂山胡、稽胡者,唐中葉後,尚未盡同化也。《隋書・地理志》言:漢陽、(後魏郡,今甘肅禮縣。)臨洮、宕昌、(今甘肅岷縣南。武都、今甘肅武都縣東南。)同昌、(今甘肅文縣西北。)河池、(今陝西鳳縣。)順政、(今陝西略陽縣。)義城、(今四川廣元縣。)

平武、(今四川平武縣。)汶山(今四川茂縣。)諸郡,皆連雜氐、羌,人尤勁悍,性多質直,是秦、隴間之氐、羌,未同化者尚多也。〈豆盧勣傳〉言:周武帝嗣位,拜邛州刺史,(邛州,周置,今四川邛崍縣。)未之官,渭源燒當羌因饑饉作亂,(漢首陽縣,西魏改日渭源,在今甘肅渭源縣東北。)以勣有才略,轉渭州刺史。(渭州,見第十二章第七節。)《唐書·薛舉傳》:岷山羌鐘利俗,以眾三萬降。夫燒當與鐘,乃羌種姓之甚古者,而至南北朝末唐初猶存。又《隋書·地理志》言:上洛、(隋郡,見第三章第五節。)弘農,(今河南陝縣。)本與三輔同俗,自漢高發巴、蜀之人定三秦,遷巴之渠帥七姓,居於商、洛之地,由是風俗不改其壤。其人自巴來者,風俗猶同巴郡。(見第二章第六節。)淅陽、(隋郡,今河南淅川縣東南。)清陽(隋郡,今河南南陽縣北。)亦頗同其俗云。以商、洛之異俗,溯源於漢初之移民,似失之遠,然晉、南北朝之世,所謂河東蜀者,迄未盡化,則可見也。又《舊唐書·吐蕃傳》:大曆四年(西元 769 年),九月,以吐蕃侵擾,豫為邊備,降敕令郭子儀以上郡、(即鄜州。北地、今甘肅寧縣。)四塞、(未詳。)五原(未詳。)義渠、稽胡、鮮卑雜種步馬五萬,嚴會枸邑。(今陝西枸邑縣。)義渠種人,此時尚有存焉者不,事甚可疑,稽胡、鮮卑之未盡化,則統觀史蹟,不足疑也。同化之全功,亦可謂難竟矣。此等部族,讀史者多淡焉若忘,史家亦無復記載,何哉?海內一統,風塵不擾,諸部落皆安居樂業,與華人以平和相處,固無復形跡可見也。然則謂五胡入中國,而中國必為之擾亂者,豈理也哉?

羌渾諸國

　　地形平坦之處,交通易而利合大群,故其民之進化速,山嶺崎嶇之地則反是。匈奴、西羌,同為強悍善戰之民族,而其國勢強弱不同,由此

也。至晉世，乃有漠南游牧之族，移居西羌故地者，時曰吐谷渾。吐谷渾者，慕容廆庶兄。以與廆不協，西附陰山。（《宋書》云：奕洛韓有二子：長曰吐谷渾，少曰若洛廆。若洛廆別為慕容氏。渾庶長，廆正嫡。父在時，分七百戶與渾。渾與廆二部俱牧馬，馬鬥相傷，廆怒，遣信謂渾曰：「先公處分，與兄異部牧馬，何不相遠，而致鬥爭相傷？」渾曰：「馬是畜生，食草飲水，春氣發動，所以致鬥。鬥在於馬，而怒及人邪？乖別甚易，今當去汝萬里。」於是擁馬西行，日移一頓。頓八十里。經數頓，廆悔悟，深自咎責，遣舊父老及長史乙那樓追渾令還。渾曰：「我乃祖以來，樹德遼右；又卜筮之言：先公有二子，福祚並流子孫；我是卑庶，理無並大，今以馬致別，殆天所啟。諸君試擁馬令東，馬若還東，我當相隨去。」樓喜，拜曰：「處可寒。」虜言處可寒，宋言尒官家也。即使所從二千騎共遮馬令回。不盈三百步，欻然悲鳴突走，聲若頹山。如是者十餘輩，一向一遠。樓力屈，又跪曰：「可寒，此非復人事。」渾謂其部落曰：「我兄弟子孫，並應昌盛。廆當傳子及曾孫、玄孫，其間可百餘年，我乃玄孫間始當顯耳。」於是遂西附陰山。《晉書》記此事，情節同而辭較略。奕洛韓作涉歸。《北史》云：涉歸，一名奕洛韓。七百戶，《魏書》、《北史》皆同，《晉書》作一千七百家。吐谷渾開國之事，人事也，而頗帶神話性質矣。觀此，可知野蠻部族之先祖，稍附會為神者之所由也。）屬永嘉之亂，度隴而西，據今甘肅、青海、四川三省間地。（《晉書》云：其後子孫據有西零以西，甘松之界，極乎白蘭數千里。《宋書》云：渾既上隴，出罕開、西零。西零今之西平郡，罕開今枹罕縣。自枹罕以東千餘里，暨甘松，西至河南，南界昂城、龍涸。自洮水西南極白蘭。《齊書》云：其南界龍涸城，去成都千餘里。大戍有四：一在清水川，一在赤水，一在澆河，一在吐屈真川，皆子弟所治。其王治慕駕川。《梁書》云：度枹罕，出涼州西南，至赤水而居之。其地則張掖之南，隴西之西。在河之南，故

以為號。其界東至疊州，西鄰于闐，北接高昌，東北通秦嶺，方數千里。案西零即先零，與罕升皆羌種名。甘松，見第五章第二節。西平，見第二章第二節。枹罕，見第五章第一節。昂城，未詳。龍涸，亦作龍鵠，在今四川松潘縣。清水川，丁謙《齊書·夷貉傳考證》云：「即湟水上源博羅剋剋河，《隋書》作伏羅川。」又云：「赤水在青海西，今烏闌烏蘇，烏闌譯言赤，烏蘇譯言水。」澆河，見第六章第六節。吐屈真川，《宋書》作屈真川，云有鹽池。丁謙云：「吐字疑衍。今青海有柴集河，西流入鹽池。」《宋書》又云：其國雖隨水草，大抵治慕駕州。丁謙云：「駕字為賀字之訛。《晉書》作莫何川，今青海東南謨和尒布拉克河。」疊州，周置，在今青海東南境。）西北雜種，謂之阿柴虜，或號為野虜。（《晉書》之文。《齊書》云：「漢建武中，匈奴奴婢亡匿在涼州界雜種數千人，虜名奴婢為賚，一謂之賚虜。」柴、賚似一音之轉。《通典》作阿賚虜。）吐谷渾年七十二卒。有子六十人，長曰吐延，嗣。性酷忍，為羌酋姜聰所刺。屬其將紇拔泥；撫其子葉延，速保白蘭。葉延嗣位，史稱其頗識書記，（《梁書》之文。《魏書》云：「頗視書傳。」《晉書》云：「好問天地造化、帝王年曆。」《晉書·吐谷渾傳》，緣飾失實最甚，然其言亦必有因，其人蓋頗有思想。）曰：「《禮》云：公孫之子，得以王父字為氏，」遂以吐谷渾為氏焉。卒，長子闢奚嗣。（此據《晉書》本傳。《宋書》作碎奚，《魏書》同。《晉書·苻堅載記》亦作碎奚。）三弟皆專恣，長史鐘惡地誅之。（據《晉書》。《宋書》云：「諸大將共誅之。」）闢奚以憂卒。闢奚始受拜於苻堅。（為安遠將軍。）卒，子視連立。通聘於乞伏乾歸。乾歸拜為白蘭王。史言視連以父以憂卒，不知政事，不飲酒遊田者七年，又載鐘惡地諫辭，蓋大權仍在惡地之手矣。視連卒，長子視羆嗣。（據《晉書》。《魏書》云弟。）乞伏乾歸拜為都督龍涸以西諸軍事、沙州牧、白蘭王。（《宋書》云：「其國西有黃沙，南北一百二十里，東南七十里，不生草木，沙州因此為號。」《魏書》

云：「部內有黃沙，周迴數百里。」胡三省云：黃沙在澆河郡西南一百七十里，見《通鑑》義熙元年（西元 405 年）《注》。）不受。遣眾擊之。視羆大敗，退保白蘭。晉、南北朝時四裔封爵，多就所居部族，錫以王號，觀此，知吐渾自葉延以後，迄保白蘭，視羆蓋復圖進取，故為乾歸所忌也。視羆卒，子樹洛干年少，傳位於弟烏紇提。（一名大孩。）性耎弱。耽酒淫色，不恤國事。乞伏乾歸之入長安也，烏紇提屢抄其境。乾歸怒，率騎討之。烏紇提大敗，亡失萬餘口。按視羆自言：控弦之士二萬。游牧部族，丁男皆能控弦，其數約當口數五之一。（觀兩《漢書》所載南匈奴與西域諸國口數及勝兵人數可見。此等小國及不甚進化之部族，戶口之數，恆較詳實也。）亡失萬餘口，則失其眾十一矣。烏紇提保於南涼，遂卒於胡國。樹洛干立，率所部數千家奔歸莫何川。自稱大都督、車騎大將軍、大單于、吐谷渾王。化行所部，眾庶樂業。號為戊寅可汗。沙、漒雜種，莫不歸附。（《清一統志》云：洮水出漒臺山，兼漒川之名，其地亦謂之洮漒。其西接黃河，亦謂之沙漒。）乞伏乾歸甚忌之。率騎二萬，攻之於赤水。樹洛干大敗。遂降乾歸。乾歸拜為赤水都護。觀乾歸此授，知樹洛干是時居於赤水也。後屢為乞伏熾磐所敗，又保白蘭，慚憤發病而卒。據《晉書》所載：葉延在位二十三年，闢奚二十五年，視連十五年視羆十一年，烏紇提八年，樹洛干九年。《宋書》云：「樹洛干立，自稱車騎將軍，義熙初也。」姑以為義熙元年（西元 405 年）。前此列代年數，以踰年改元之例推之，則葉延元年（西元 322 年）為晉元帝永昌元年，闢奚元年（西元 346 年）為穆帝永和二年，視連元年（西元 371 年）為簡文帝咸安元年，視羆元年（西元 386 年）為孝武帝大元十一年，烏紇提元年（西元 397 年）為安帝隆安元年，而樹洛干卒於義熙九年（西元 413 年）。若以當年改元之法計之，則葉延元年（西元 322 年）為成帝咸和二年，闢奚元年（西元 346 年）為永和五年，視連元年（西元 374 年）為孝武帝寧康二年，視羆元年

（西元 388 年）為其太元十三年，烏紇提元年（西元 398 年）為隆安二年。
案乞伏乾歸之立，在太元十三年（西元 388 年），如踰年改元之例所推，則
視連不及受其封拜。然則吐谷渾歷主，應以當年改元也。樹洛乾死，《晉
書》云：世子拾虔嗣，《宋書》云：弟阿豺立。案阿豺三傳之後，其位仍歸
於樹洛干之子拾寅，見下。或謂拾虔乃拾寅之誤，然《魏書·吐谷渾傳》，
多同《宋書》，蓋其所本者同。《魏書》記阿豺臨死，召諸子弟告之曰：「先
公車騎，舍其子虔，以大業屬吾，吾豈敢忘先公之舉而私於緯代，」則拾
虔確有其人，豈其暫立而為阿豺所廢邪？譙縱亂蜀，阿豺遣其從子敕來泥
拓土至龍涸、平康。（平康，周縣，屬松州，在今四川松潘縣西。此據《宋
書》本傳。案譙縱亡於義熙九年（西元 413 年），正阿豺立之歲，豺蓋乘縱
之亡而拓土也。《魏書》云：阿豺兼併氐、羌，地方數千里，號為強國。
少帝景平中，〈本紀〉在元年。）阿豺遣使上表獻方物。詔以為沙州刺史、
澆河公。未及拜受，太祖元嘉二年（西元 425 年），又詔加除命。未至而阿
豺死。（《魏書》云在元嘉三年（西元 426 年），《通鑑》系元嘉元年十月。）
弟慕立。（據《宋書》。《魏書》云：「烏紇提立，而妻樹洛干母，生二子：慕、
利延，」則慕為阿豺同母異父弟，下文又云：兄子慕立，蓋前史有此異說，
而《魏書》雜採之也。慕，《宋書·文帝紀》元嘉九年（西元 432 年）作慕
容，則慕為慕容之略。吐谷渾之後，亦以慕容為氏，〈傳〉云若洛廆別為
慕容氏，非矣。）七年（西元 430 年），以為沙州刺史、隴西公。（九年進
為王。）慕前後屢遣兵擊乞伏茂蔓。茂蔓率部落東奔隴右。慕據有其地。
赫連定為索虜所攻，擁秦戶口十餘萬，西次罕升，欲向涼州。慕拒擊，大
破之，生禽定。拓跋燾使求定，慕與之。（《魏書·本紀》，事在延和元年
（西元 432 年），宋元嘉九年也。《魏書》云：慕招集秦、涼亡業之人，及
羌戎、雜夷，眾至五六百落。南通蜀漢，北交涼州、赫連，部眾轉盛。）
魏封為西秦王。（神四年（西元 431 年），宋元嘉八年。）元嘉十二年（西

元 435 年），卒。（《魏書》：慕卒於太延二年（西元 436 年），則為十三年。）弟慕利延立。（《宋書・文帝紀》作慕容延，見元嘉十五（西元 438 年）、十六年（西元 439 年）。）十六年（西元 439 年），改封河南王。魏改封為西平王。《魏書》云：「世祖征涼州，慕利延懼，率其部人，西遁沙漠。世祖以慕利延兄有擒赫連定之功，遣使宣喻，乃還。」案吐谷渾是時，既受封拜於魏，何所猜疑，而欲遁逃？足見虜行師之暴也。《魏書》又云：「慕利延兄子緯代，懼慕利延害己，與使者謀，欲歸國，慕利延覺而殺之。緯代弟叱力延等八人，逃歸京師請兵。世祖拜叱力延歸義王，詔晉王伏羅率諸將討之。慕利延走白蘭。（事在真君五年（西元 444 年），即宋元嘉二十一年。）後復遣高涼王那等討之。慕利延遂入于闐。（真君六年（西元 445 年），宋元嘉二十二年。據《魏書・本紀》，是役擒其世子被囊。）殺其王，死者數萬人。南征罽賓。遣使通劉義隆求援，獻烏丸帽、女國金酒器、胡王金釧等物。義隆賜以牽車。七年（西元 446 年），遂還舊土。」《宋書》記此事在元嘉二十七年（西元 450 年），云：「慕延遣使上表，云若不自固者，欲率部曲入龍涸越巂門。太祖許以虜至不自立，聽入越巂。」蓋慕延得此許，乃敢歸國也。（慕延之歸國，當在元嘉二十八年（西元 451 年），魏正平元年。）慕延卒，樹洛乾子拾寅立。始邑於伏羅川。《梁書》云：「乃用書契，起城池，築宮殿。其小王並立宅。」《魏書》云：「其居止出入，竊擬王者。」其文明，蓋得諸于闐、罽賓邪？宋仍封為河南王，魏亦封為西平王。《魏書》云：後拾寅自恃險遠，頗不恭命。高宗時，定陽侯曹安表：拾寅今保白蘭，多良牛馬，若擊之，可以大獲。議者咸以先帝再征，竟不能克。今在白蘭，不犯王塞，不為人患。若遣使招慰，必求為臣妾，可不勞而定。安曰：「臣昔為澆河戍將，與之相近，明其意勢。若分軍出其左右，拾寅必走南山。（謂其所居南方之山。）不過十日，牛馬草盡，人無所食，眾必潰叛，可一舉而定也。」從之。詔陽平王新城等出南道，南郡

公李惠、給事中公孫拔及安出北道。拾寅走南山。諸軍濟河追之,多病,引還。(魏大安元年(西元455年),宋孝武帝孝建二年也。拾寅,《魏書‧本紀》作什寅。)顯祖復詔上黨王長孫觀等率州郡兵討拾寅。軍至曼頭山,(在今青海東北境。胡三省曰:「河源郡有曼頭城,蓋因山得名也。」案河源,隋煬帝平吐谷渾所置四郡之一。)拾寅來逆戰。觀等縱兵擊敗之。拾寅宵遁。(〈紀〉在皇興四年(西元470年),宋明帝泰始六年。)於是思悔,復修藩職。遣別駕康盤龍奉表朝貢。顯祖幽之,不報其使。拾寅部落大饑,屢寇澆河。詔皮歡喜為前鋒,長孫觀為大都督以討之。觀等軍入拾寅境,芟其秋稼。拾寅窘怖,遣子詣軍,表求改過。觀等以聞。顯祖下詔切責之,徵其任子。拾寅遣子斤入侍。(〈本紀〉作費斗斤。此次用兵,事在太和三年(西元479年)、四年(西元480年),齊高帝建元元年(西元479年)、二年(西元480年)也。時顯祖為太上皇。又《魏書‧紀》:太和六年(西元482年),白蘭王吐谷渾翼世以誣罔伏誅,其事他無所見。)顯祖尋遣斤還。拾寅後復擾掠邊人,遣其將良利守洮陽。晉縣後周置郡,今甘肅臨潭縣。枹罕鎮將楊鐘葵詣書責之。拾寅表求令洮陽貢其土物。顯祖許之。自是歲修職貢。統觀魏文成、獻文二世之用兵,蓋純出於邊將之貪功徼利,屢勤師旅,卒無成功,反蹙洮陽之戍,亦可笑矣。齊高帝建元三年(西元481年),(魏太和五年。)拾寅卒,子度易侯立。(此從《梁書》,《魏書》同。《齊書》作易度侯。)伐宕昌。魏讓之。令所掠口累,部送時還。度易侯奉詔。卒,子休留茂立。《齊書》云:永明八年(西元490年),授爵號。《梁書》作休留代。(本傳、〈本紀〉皆同。〈本紀〉見天監元年(西元502年)。)《魏書》無此一世,云度易侯死,子伏連籌立。《梁書》伏連籌作休運籌。案《周書》言自吐谷渾至伏連籌一十四世,明《魏書》奪此一世。蓋休留茂與魏無父涉,魏史遂有此誤也。《魏書》云:「伏連籌內修職貢,外並戎狄,塞表之中,號為強富。準擬天朝,樹置官司,稱制諸國,

241

以自誇大。」《梁書》載其表於益州立九層佛寺。又云:「其地與益州鄰,常通商賈。民慕其利,多往從之。教其書記,為之辭譯,稍桀黠矣。」蓋又漸染中國之文化矣。伏連籌修洮陽、泥和,(胡三省曰:即《水經注》迷和城,洮水徑其南,又徑洮陽城東。)置戍。魏師討之,二戍請降。(事在太和十五年(西元491年),見〈紀〉。齊武帝永明九年。)《魏書》云:「終世宗世,至於正光,(梁普通元年(西元520年)至五年(西元525年)。)犛牛蜀馬及西南之珍,無歲不至。後莫折念生反,河西路絕。涼州城人萬千菩提等東應念生,囚刺史宋穎。穎密求援於伏連籌。伏連籌親率大眾救之,遂獲保全。自介以後,關徹不通,貢獻路絕。」《梁書》伏連籌後,有呵羅真、(伏連籌子,大通三年(西元529年)除授。〈本紀〉中大通元年(西元529年)作阿羅真。)佛輔(呵羅真子。〈本紀〉見中大通二年(西元530年)。)二世,而《魏書》云「伏連籌死,子誇呂立」,其致誤之由,蓋亦與其奪休留茂一世同也。《魏書》言誇呂始自號為可汗。居伏俟城,在青海西十五里。地兼鄯善、且末。東西三千里,南北千餘里。蓋其極盛之時。又云:「齊獻武王作相,招懷荒遠。蠕蠕既附於國,誇呂遣使致敬。獻武王徵其朝貢。誇呂乃遣使人假道蠕蠕頻來。又薦其從妹。靜帝納以為嬪。遣員外散騎常侍傅靈欄使於其國。(《文苑・溫子昇傳》云:「陽夏太守傳標使吐谷渾,見其國王床頭有書數卷,乃是子昇文也,」則誇呂亦通文墨。)誇呂又請婚。乃以濟南王匡孫女為廣樂公主以妻之。此後朝貢不絕。」其於西魏:大統中,(梁大同元年(西元535年)至大寶二年(西元551年)。)再遣使獻馬及牛羊等。然猶寇抄不止,緣邊多被其害。廢帝二年(西元553年),(梁承聖二年)誇呂通使於齊。源州刺史史寧,覘知其還,率輕騎襲之於州西赤泉,獲其僕射乞伏觸、扳將軍翟潘密,商胡二百四十人,駞騾六百頭,雜綵絲絹以萬計。恭帝二年(西元555年),(梁紹泰元年,)突厥木汗可汗假道涼州襲吐谷渾。周太祖令寧率騎隨之。

至番禾，（番禾，見第七章第八節。後魏置郡，後周廢郡置鎮。）吐渾已覺，奔於南山。木汗將分兵追之，寧說其取樹敦、賀真二城，木汗從之。寧入樹敦，木汗破賀真。史言樹敦是渾舊都，多諸珍藏，木汗亦大獲珍寶，蓋皆志在剽掠而已。武成初，（陳武帝永定三年（西元 559 年）。）賀蘭祥攻拔其洮陽、洪和二城，（洪和，疑即泥和。）置洮州而還。天和初，（陳文帝天嘉元年（西元 560 年）。）其龍涸王莫昌率眾降，以其地為扶州。建德五年（西元 576 年），（陳宣帝太建八年。）其國大亂。高祖詔皇太子征之。軍渡青海，至伏俟城。誇呂遁走。虜其餘眾而還。案誇呂以隋開皇十一年（西元 591 年）卒，《隋書》言其在位百年，則此時誇呂年已老。隋世吐谷渾屢有內釁，蓋皆其耄荒使然，此時已肇其端矣。《晉書》云：吐谷渾有城郭而不居，隨逐水草，廬帳為屋，以肉酪為糧。《魏書》云：亦知種田。有大麥、粟、豆。北界氣候多寒，唯得蕪菁、大麥。《齊書》云：多畜，逐水草，無城郭，後稍為宮室，而人民猶以氈廬百子帳為行屋。（《梁書》云：有屋宇，雜以百子帳，即氈廬也。）蓋雖略知稼穡，終以畜牧為主。《晉書》又言其國無常稅，呼叫不給，輒斂富室商人，取足而止，此純乎羌人之習。其慕效中國或又取法乎西域，蓋皆其王室、貴人所為，不能逮下也。其所重者商賈，所貪者貨財。《宋書》謂其「徒以商譯往來，故禮同北面，」「雖復貢篚歲臻，事唯賈道，」然則《梁書》言其使或歲再三至，或再歲一至，蓋正以賈道故，乃為是紛紛然。慕曾表魏朝，言「爵秩雖崇，而土不增廓，車騎既飾，而財不周賞，」魏朝令公卿會議，不肯多與，自是貢獻頗簡；其通齊之使，實與商胡俱；俱可為《宋書》之言作左證。《宋書》又云：「金闕氈眊，非用斯急；送迓煩擾，獲不如亡。」蓋慨乎言之矣。或曰：《齊書·芮芮傳》，言中國與之通使，常由河南道抵益州。建元元年（西元 479 年），太祖遣王世武拜授拾寅，仍往芮芮，賜書云：「想即資遣，使得時達。」永明三年（西元 485 年），又遣給事中丘冠

先往使，並送芮芮使。其殷勤於河南，蓋欲藉通芮芮，其欲通芮芮，則所以牽制索虜也。然芮芮牽制索盧，為力幾何，江東君臣，不應不知。丘冠先之往使也，得玉長三尺二寸，厚一尺一寸，史家頗豔稱之，則天朝士夫，亦曷嘗不重異物？冠先後拜授休留茂，並行弔禮，遂不得其死。史云：「休留茂逼令先拜，冠先屬色不肯，休留茂恥其國人，執冠先，於絕巖上推墮深谷而死。」吐谷渾非夜郎自大者流，既徒志在賜與，安得爭此虛文？然則冠先之死，又惡知其究因何事邪？

　　吐谷渾為外來之族，故其文明程度稍高，其鄰近諸族，則仍多率其榛狉之舊。諸族最近吐渾者為白蘭。《周書》云：「白蘭，羌之別種也。其地東北接吐谷渾，西北至利模徒，南界鄂。風俗、物產，與宕昌略同。」其與中國通，唯周保定元年（西元 561 年），（陳天嘉二年。）曾一遣使獻犀甲、鐵鎧而已。《北史》云：「吐谷渾北有乙弗勿敵國。（《魏書》作乙弗敵國。）國有屈海，周迴千餘里。眾有萬落。風俗與吐谷渾同。然不識五穀，唯食魚及蘇子。（蘇子狀若中國枸杞子，或赤或黑。）有契翰一部，風俗亦同。白蘭山西北，又有可蘭國。（《魏書》作阿蘭國。）風俗亦同。目不識五色，耳不聞五聲，是夷蠻戎狄中之醜類也。土無所出，直大養群畜，而戶落亦可萬餘。人頑弱，不知鬥戰。忽見異人，舉國便走。性如野獸。體輕工走，逐不可得。」此皆今青海東南境之部族也。（利模徒、鄂，地皆無考。《宋書》云：吐谷渾之地，自甘松及洮水西南極白蘭，則白蘭當在今松潘縣西北四川、青海界上。白蘭山蓋即其所居之地，則可蘭當在青海東南境；乙弗勿敵當在青海北境，南山之南。屈海不易實指。丁謙《魏書‧外國傳考證》以玉門縣東北花海子當之，恐非。玉門乃西域商胡往來孔道，居其地者，斷不至不識五穀也。）其在川、甘界上者，有宕昌、鄧至，程度稍高。《魏書‧宕昌傳》云：「其地東接中華，西通西域，南北數千里。姓別自為部落。酋帥皆有地分，不相統攝。宕昌即其一也，」此

苞今川、甘、青海界上之地而總言之。又云:「其地自仇池以西,東西千里,廦水以南,南北八百里。地多山阜。人二萬餘落。」則專指宕昌言之也。(《水經注》:羌水徑宕昌城,又東南徑武階,武階今武都縣,宕昌在武都西北,即今西固縣地。羌水,今白龍江也。)此一大區域中之情況,《魏書》總述之曰:「俗皆土著,居有屋宇。其屋,織犛牛尾及䍧羊毛覆之。國無法令,又無徭賦。唯戰伐之時,乃相屯聚,不然,則各事生業,不相往來。皆衣裘褐。牧養犛牛、羊、豕,以供其食。父子、伯叔、兄弟死,即以繼母、叔母、及嫂、弟婦等為妻。俗無文字,但候草木榮落,記其歲時。三年一相聚,殺牛、羊以祭天。」其進化之遲滯,蓋全因其所居之閉塞也。宕昌蓋因地近仇池,故開發較早。《魏書》本傳曰:「有梁懃者,(《周書》作梁勒。)世為酋帥,得羌豪心,乃自稱王焉。懃孫彌忽,世祖初,遣子彌黃奉表求內附。世祖嘉之,遣使拜彌忽為宕昌王,賜彌黃爵甘松侯。彌忽死,孫虎子立。」(《北史》作彪子,避唐諱。)案〈世祖紀〉:太平真君九年(西元448年),(宋元嘉二十五年。)宕昌羌酋梁瑾慈遣使內附,並貢方物。《宋書·孝武帝紀》:大明元年(西元457年),以梁瑾蔥為河州刺史,宕昌王。(《梁書》本傳作梁瓘忽。《南史》作梁瑾忽。)五年(西元461年),以宕昌王梁唐子為河州刺史。瑾蔥、瑾慈,似即彌忽;唐子似即虎子也。《魏書·傳》又云:「虎子死,彌治立。虎子弟羊子,先奔吐谷渾。吐谷渾遣兵送羊子,欲奪彌治位。彌治遣使請救。世祖詔武都鎮將宇文生救之。羊子退走。彌治死,子彌機立。」《宋書·後廢帝紀》:元徽四年(西元476年),十月,以宕昌王梁彌機為河、涼二州刺史,此除授,或在其篡立之初也。(南朝自此率以河、涼二州刺史、宕昌王授其主,齊武帝永明元年(西元483年),亦以此授彌機。)《齊書·武帝紀》:永明三年(西元485年),以行宕昌王梁彌頡為河、涼二州刺史。本傳同。是歲為魏孝文帝大和九年(西元485年)。《魏書·本紀》:七月,遣使拜

宕昌王梁彌機兄子彌承為其國王。〈穆崇傳〉：崇玄孫亮，為仇池鎮將。時
宕昌王梁彌機死，子彌博立。為吐谷渾所逼，來奔仇池。亮以彌機蕃教素
著，矜其亡滅；彌博凶悖，氐、羌所棄；彌機兄子彌承，戎民歸樂，表請
納之。高祖從焉。於是率騎三萬，次於龍涸，擊走吐谷渾，立彌承而還。
《齊書‧本紀》：永明六年（西元 488 年），亦以彌承為河州刺史，而不詳魏
替彌博立彌承之事，然彌頡嘗一繼位，則《魏書》又不詳，疑其為彌博出
亡後吐谷渾所立也。十年（西元 486 年），（魏太和十六年。）彌承朝於魏。
又使求軍儀及伎、雜書於齊。詔軍器致之未易；內伎不堪涉遠；祕閣圖書，
例不外出；賜以《五經》集註、論各一部。《梁書‧武帝紀》：天監元年（西
元 502 年），宕昌王梁彌進號，蓋頡之誤；四年（西元 505 年），四月，以
行宕昌王梁彌博為河、涼二州刺史宕昌王；（本傳同。）則彌承之後，彌
頡、彌博，復相繼在位，《齊書》謂「彌頡卒，乃以彌承為王，」疏矣。彌
博死，子彌泰立。大同十年（西元 544 年），復授以父爵位。《周書‧宕昌
傳》云：自彌忽至佮定九世，（彌忽、虎子、彌治、彌機、彌承、彌頡、
彌博、彌泰、佮定。）每修職貢不絕。後見兩魏分隔，遂懷背誕。永熙
末，（梁中大通六年（西元 534 年）。）乃引吐谷渾寇金城。（佮定，〈文帝紀〉
作企定，云引吐谷渾寇金城。渭州及南秦州氐、羌連結，所在蜂起。金
城，見第二章第二節。渭州，見第十二章第七節。南秦州，見第十二章第
三節。）大統初，又率其種人入寇。行臺趙貴督儀同侯莫陳順等擊破之。
佮定懼，稱藩請罪。太祖舍之，拜撫軍將軍。四年（西元 538 年），（梁大
同四年。）以佮定為南洮州刺史。後改洮州為岷州，仍以佮定為刺史。七
年（西元 541 年），（梁大同七年。）佮定又舉兵入寇。獨孤信時鎮隴右，
詔信率眾便討之。軍未至而佮定為其下所殺。信進兵破其餘黨。（〈信傳〉
亦作企定，云企定子弟收其餘眾。）朝廷方欲招懷殊俗，乃更以其弟彌定
為宕昌王。十六年（西元 550 年），彌定宗人獠甘襲奪其位。彌定來奔。先

是羌酋傍乞鐵忽等，因企定反叛之際，遂擁眾據渠林川。(〈宇文貴傳〉作渠株川。云納彌定後，於渠株川置岷州，不知本宕昌地為鐵忽所據？抑鐵忽平後，岷州移治也？)與渭州民鄭五醜，搧動諸羌，阻兵逆命。至是，詔大將軍宇文貴、豆盧寧，涼州刺史史寧等率兵討獠甘等，並擒斬之納彌定而還。(此亦見〈宇文貴〉、〈豆盧寧〉、〈史寧〉、〈趙剛〉、〈趙昶傳〉。)保定四年(西元 564 年)，(陳天嘉五年。)彌定寇洮州，總管李賢擊走之。是歲，彌定又引吐谷渾寇石門戍。(甘肅臨潭縣南有石門山。)賢復破之。高祖怒，詔大將軍田弘討滅之。以其地為宕州。(見上節。)鄧至，《魏書》云：白水羌也。世為羌豪。因地名號，自稱鄧至。其地自亭街以東，平武以西，汶嶺以北，宕昌以南。(亭街，未詳。平武，漢縣，在今四川平武縣東。汶嶺即岷山。《水經注·漾水篇》：白水東南徑鄧至城南，又東南徑陰平故城南，則鄧至城在陰平西北。)土風、習俗，亦與宕昌同。其王像舒治，遣使內附。高祖拜龍驤將軍、鄧至王。遣貢不絕。案其見於《魏書·本紀》者：又有像舒彭。太和十七年(西元 493 年)，(齊永明十一年。)遣子舊詣闕朝貢，並求以位授舊。詔許之。世宗永平二年(西元 509 年)，(梁天監八年。)八月，丁未，鄧至國遣使朝獻。戊申，以鄧至國世子像覽蹄為其國王。蓋其初立時也。《梁書》亦有傳，云：宋文帝時，王象屈耽遣使獻馬。《齊書》附〈宕昌傳〉，云：建元元年(西元 479 年)，征虜將軍西涼州刺史羌王像舒彭進為持節平西將軍，後叛降虜。然〈武帝紀〉：永明元年(西元 483 年)，二月，以東羌王像舒彭為西涼州刺史，則復來歸順矣。梁天監元年(西元 502 年)，始封為鄧至王。五年(西元 493 年)，遣使來獻。(見〈紀〉及本傳。)《周書》云：自舒治至簷桁十一世。魏恭帝元年(西元 554 年)，(梁承聖三年。)簷桁失國來奔。太祖令章武公導率兵送復之。《魏書》云：鄧至之西，有赫羊等二十國，時遣使朝貢，朝廷皆授以雜號將軍、子男、渠帥之名。《北史》云：赫羊部內，初有一羊，

形甚大，色至鮮赤，故因為國名，其說似近附會。又舉諸國之名曰：東亭街、大赤水、寒宕、石河、薄陵、下習山、倉驤、覃水，云風俗粗獷，與鄧至國不同焉。亦不能備二十之數也。

西域諸國

兩漢之世，中國與西域之交通，可謂極盛，其後雖遭喪亂，往還實迄未嘗絕，不過記載有詳略而已。晉遷江左，與西域之交通，自不能如建都長安、洛陽時之盛。據有涼州之國，往還雖密，然偏隔割據，運祚短促，記載不詳。唯魏據北方較久，故其記載，亦較詳實焉。《魏書·西域傳》：（《魏書》此卷亡，實皆錄自《北史》。）世祖時，遣董琬、高明等出使，（見下。）還，具言凡所經見及傳聞旁國，云：「西域自漢武時五十餘國，後稍相并，至大延中，為十六國。分其地為四域：自蔥嶺以東，流沙以西為一域；蔥嶺以西，海曲以東為一域；者舌以南，（者舌，今塔什干。）月氏以北為一域；兩海之間，（兩海，謂咸海、裏海。）水澤以南為一域。內諸小渠長，蓋以百數？其出西域，本有二道，後更為四：出自玉門，（見第六章第六節。）渡流沙，西行，二千里至鄯善，（在今羅布泊南。）為一道；自玉門渡流沙，北行，一千二百里至車師，（前部在廣安城西，後部在濟木薩南。）為一道；從莎車西行，（莎車，今莎車縣。）百里至蔥嶺，西一千三百里至伽倍，（故月氏休密翕侯地，見下。）為一道；自莎車西南五百里，蔥嶺西南千三百里，至波路，（《西域記》鉢露羅，今 Balti。）為一道。」案四域之中，第一為天山南路，第二苞今波斯、阿富汗及印度，（海曲之海，指波斯灣。）第三指天山北路及咸海以東土耳其斯單，第四，謂鹹海、裏海間地，皆漢世所已通。四道中之第一、第二兩道，漢世不之數；第三、第四兩道，實即漢世之南道；故其名增於漢，而實減之。

然此自指使譯所經，民間商旅之往來，未必有異於故也。

四域之中，與中國關係最密者，自為第一域。《魏書》云至大延中為十六國者，蓋專指此域言之。唯董琬、高明之還，西域與之俱來者凡十六國，則未知當時天山南路國數果為十六？抑因其來朝之數，姑妄言之？《魏書》記載大荒。（見下。）實令人不能無疑也。漢、魏之世，諸國互相吞併之事，已見《秦漢史》第十二章第十節。至晉世，天山南路之國，以車師、鄯善、焉耆、（今焉耆縣。）龜茲、（今庫車縣。）疏勒、（今疏勒縣。）于闐（今和闐縣南。）為大。

都護之職，自漢衰而廢，魏世，以涼州刺史領戊己校尉，護西域，而晉因之，亦見《秦漢史》第十二章第十節。故是時中國與西域之交通，以涼州為關鍵。張氏割據河西，至駿之世，始有事於西域。時戊己校尉趙貞，不附於駿，駿擊禽之。又使其將楊宣出討。《晉書·焉耆傳》云：武帝太康中，其王龍安，遣子入侍。安夫人，獪胡之女。（獪胡，未詳。）姬身十二月，剖脅生子曰會。立為世子。會少而勇桀。安病篤，謂會曰：「我嘗為龜茲王白山所辱，不忘於心，汝能雪之，乃吾子也。」及會立，襲滅白山。遂據其國，遣子熙歸本國為王。會有膽氣籌略，遂霸西胡。蔥嶺以東，莫不率服。然恃勇輕率。嘗出宿於外，為龜茲國人羅雲所殺。其後張駿遣沙州刺史楊宣（前涼沙州，治敦煌。）率眾疆理西域。宣以部將張植為前鋒，所向風靡。軍次其國。熙距戰，為植所敗。率其群下四萬人肉袒降於宣。案〈張駿傳〉言：駿使宣伐龜茲、鄯善，〈龜茲傳〉不載其事，鄯善則無傳，〈本紀〉亦但書駿伐焉耆降之，（穆帝永和元年（西元 345年）。）蓋其勤兵力者，唯焉耆為大？〈駿傳〉言：西域諸國獻汗血馬、火浣布、犛牛、孔雀、巨象及諸珍異二百餘品，此等非徒蔥嶺以東所能致；〈石勒載記〉言：駿使送高昌、（見第六章第二節。）於寘、鄯善、大宛使，獻其方物；則其與蔥嶺以西諸國，往還必密。〈龜茲傳〉云惠、懷末，以

中國亂，遣使貢方物於張重華，重華不在惠、懷之世，其說必誤，（疑其間有奪文。）然其貢方物於重華，當不虛也。亦可見張氏與西域交通之盛矣。張氏亡，苻堅據有涼州，遣呂光討定西域，已見第六章第六節。時則鄯善王休密馱、車師前部王彌寘為光鄉導。光進至焉耆，其王泥流，率其旁國請降。（此據〈光載記〉：〈焉耆傳〉述熙降楊宣事後云：「呂光討西域，復降於光，及光僭位，熙又遣子入侍，」兩舉熙名，不應皆誤，蓋泥流其蕃名，熙其漢名也。）龜茲王帛純距光。（此亦據〈光載記〉。〈龜茲傳〉作白純。）光進攻城。帛純傾國財寶，請救獪胡。獪胡弟吶龍侯將媢率騎二十餘萬，並引溫宿、尉頭等國王，合七十餘萬以救之。（溫宿、尉頭，皆在今烏什縣。）戰於城西，大敗之。帛純收其珍寶而走。王侯降者三十餘國。諸國憚光威名，貢款屬路。（此指龜茲旁國。）乃立帛純弟震為王以安之。桀黠胡王，昔所未賓者，不遠萬里，皆來歸附，上漢所賜節傳。（此指較遠之國。）光皆表而易之。堅聞光平西域，以為都督玉門已西諸軍事、西域校尉，道絕不通。（〈堅載記〉同。）光既平龜茲，有留焉之志。乃大饗文武，博議進止。眾咸請還。乃以駝二萬餘頭，（《魏書‧光傳》作二千餘頭。）致外國珍寶及奇伎異戲，殊禽怪獸，千有餘品，駿馬萬餘匹而還。（上文云：「光見其宮室壯麗，命參軍段業著〈龜茲宮賦〉以譏之。胡人奢侈，厚於養生。家有蒲桃酒，或至千斛，經十年不敗。士卒淪沒酒藏者相繼矣。」然則光之欲留，乃溺其繁盛耳。肆掠東歸，何殊盜賊？然非獨光如此，古來通西域者，蓋無不有貪其財寶之意存焉。苻堅初慕漢文，卻大宛天馬之貢，卒違群臣之諫而用兵，亦如是而已矣。見第六章第四節及第六節。）群議以高昌雖在西垂，地居形勝，外接胡虜，易生翻覆，宜命子弟鎮之。光乃以子覆為都督玉門已西諸軍、西域大都護，鎮高昌，命大臣子弟隨之。後涼分裂，敦煌為李暠所據，擊玉門已西諸城，皆下之。遂屯玉門、陽關，在敦煌西。廣田積穀。鄯善、前部王皆遣使貢其

方物。沮渠蒙遜滅李氏，鄯善王比龍入朝，西域三十六國，皆稱臣貢獻。（《宋書‧氐胡傳》之文。案是時西域，蔥嶺以東，實無三十六國，若合蔥嶺以西言之，則又不止此數，此特沿襲舊文，猶言故三十六國之地之諸國耳。〈苻堅載記〉云：「呂光討平西域三十六國，所獲珍寶以萬萬計，」亦此例也。）茂虔亡，無諱據鄯善，又襲據高昌，安周又陷車師，已見第七章第八節。至此而割據諸國與西域之關係終矣。

魏通西域，始於大武時。大延元年（西元 435 年），（宋文帝元嘉十二年。）五月，遣使二十輩使西域。二年（西元 436 年），（宋元嘉十三年。）八月，又遣使六輩使西域。自是來者頗多。（據〈本紀〉。〈西域傳〉曰：太祖初，經營中原，未暇及於四表。既而西戎之貢不至，有司奏依漢氏故事，請通西域，可以振威德於荒外，又可致奇貨於天府。太祖曰：漢氏不保境安人，乃遠開西域，使海內虛耗，何利之有？今若通之，前弊復加百姓矣。遂不從。歷太宗世，竟不招納。大延中，魏德益以遠聞，西域龜茲、疏勒、烏孫、悅般、渴槃陁、鄯善、焉者、車師、粟特諸國王始遣使來獻。世祖以西域漢世雖通，有求則卑辭而來，無欲則驕慢王命，此其自知絕遠，大兵不可至故也，若報使往來，終無所益。欲不遣使。有司奏九國不憚遐險，遠貢方物，當與其進，安可豫抑後來？乃從之。於是始遣行人王恩生、許綱等西使。恩生出流沙，為蠕蠕所執，竟不果達。又遣散騎侍郎董琬、高明等多齎金帛，出鄯善，招撫九國，厚賜之。初琬等受詔：便道之國，可往赴之。琬過九國，北行至烏孫國，其王得朝廷所賜，拜受甚悅。謂琬曰：傳聞破洛那、者古，皆思魏德，欲稱臣致貢，但患其路無由耳。今使君等既到此，可往二國，副其慕仰之誠，琬於是自向破洛那，遣明使者舌。烏孫王為發導譯達二國。琬等宣詔慰賜之。已而琬、明東還，烏孫、破洛那之屬，遣使與琬俱來貢獻者，十有六國。自後相繼而來，不間於歲。國使亦數十輩矣。此文之善於塗飾，真可發一大噱。據

〈本紀〉：鄯善之來，在大延元年六月，粟特之來在八月，均在使出之後，世祖豈逆知其將至而欲不報？有司豈逆知其將至，而請勿抑其後來邪？曲筆獻媚如此，真可謂穢史矣。）沮渠牧犍亡，無諱據敦煌。真君三年（西元442年），（宋元嘉十九年。）又渡流沙據鄯善，西域為所隔，歷年不至。五年（西元444年），（宋元嘉二十一年。）無諱卒。六年（西元445年），（宋元嘉二十二年。）遣萬度歸襲鄯善，執其王。以韓拔為西戎校尉、鄯善王以鎮之。（〈西域傳〉即在是年，〈本紀〉在九年。事見第七章第八節。）〈西域傳〉云：涼州既平，鄯善國以為唇亡齒寒，自然之道也。今武威為魏所滅，次及我也。若通其使人，知我國事，取亡必近。不如絕之，可以支久。乃斷塞行路。西域貢獻，歷年不入。後平鄯善，行人復通。據〈本紀〉：太延五年（西元439年），尚有鄯善、龜茲、疏勒、焉者、粟特、渴槃陁、破洛那、悉居半等遣使朝貢，真君元年（西元440年）至四年（西元443年），則絕無之，五年三月，乃遣使者四輩使西域，是歲十二月，乃書粟特國遣使朝貢，蓋全為無諱所隔也。鄯善是時，國且為武威遺孽所據，豈有因其滅亡，轉慮唇亡齒寒之理？真所謂鄉壁虛造，信口開河者矣。〈鄯善傳〉云：「無諱謀渡流沙，遣其弟安周擊鄯善。王比龍恐懼欲降。會魏使者自天竺、罽賓還，俱會鄯善，勸比龍拒之。遂與連戰。安周不能克，退保東城。後比龍懼，率眾西奔且末，其世子乃應安周。鄯善人頗剽劫之，令不得通。」鄯善人頗剽劫之上有奪文，此所剽劫者，非魏通西域則西域朝貢之使，其事初非鄯善人所為，故魏伐鄯善，其王真達出降，魏人仍厚待之也。）九年（西元448年），（宋元嘉二十五年。）又遣萬度歸討焉者。（〈傳〉云：恃地多險，頗剽劫中國使。）其王鳩屍卑那奔龜茲。（鳩屍卑那，龜茲婿。）度歸遂討龜茲，（〈傳〉云：其東關城戍，寇竊非一。）大獲駝馬而還。自是西域復通。然西域要害，在於伊吾，（見第六章第六節。）漢世實恃此以衛涼州，魏世，柔然蟠據西北，形勢極逼，乃其重鎮

不過敦煌。文成大安二年（西元 456 年），（宋孝武帝孝建三年。）敦煌鎮將尉眷擊伊吾，雖克其城，然眷子多侯，仍為鎮將，上疏求取伊吾，斷蠕蠕通西域之路，高祖善其計，卒不能用。高昌自張軌以來為郡縣，至魏世乃自立為國，而受制於柔然。顯祖末，柔然攻于闐，于闐遣使求救，魏亦不能出兵。然則魏世守備之規，經略之計，不逮漢朝遠矣。〈食貨志〉言：萬度歸伐焉耆，其王單騎奔龜茲，舉國臣民，負錢懷貨，一時降款，（此乃脅奪其錢貨耳。）獲其奇寶異玩以巨萬，駝馬、雜畜，不可勝數。（〈傳〉云：焉耆為國，斗絕一隅，不亂日久，獲其珍奇異玩，殊方譎詭不識之物，橐駝、馬、牛、雜畜巨萬。）度歸遂入龜茲，復獲其殊方瑰詭之物億萬已上。又言：自魏德既廣，西域、東夷，貢其珍物，充於王府，神龜、正光之際，府藏盈溢。虜除貨財、玩好之外，豈有所知邪？

　　高昌之立國於西域，其事頗有關係。〈魏書傳〉云：世祖時，有闞爽者，自為高昌太守。大延中，遣散騎侍郎王恩生等使高昌，為蠕蠕所執。真君中，爽為沮渠無諱所襲，奪據之。無諱死，弟安周代立。和平元年（西元 460 年），（宋孝武帝大明四年。）為蠕蠕所並。蠕蠕以闞伯周為高昌王。其稱王自此始也。大和初，伯周死，子義成立。歲餘，為其兄首歸所殺，自立為高昌王。五年（西元 464 年），（齊高帝建元三年。）高車王可至羅殺首歸兄弟，以敦煌人張孟明為王。後為國人所殺，立刻儒為主。以鞏顧禮、麴嘉為左右長史。二十一年（西元 480 年），（齊明帝建武四年。）遣司馬王體玄奉表朝貢，請師迎接，求舉國內徙。高祖納之。遣明威將軍韓安保率騎千餘赴之。至羊棧水，儒遣禮、嘉率步騎一千五百迎安保，去高昌四百里，而安保不至。禮等還高昌，安保亦還伊吾。安保遣韓興安等十二人使高昌。儒復遣顧禮將其世子義舒迎安保。至白棘城，去高昌百六十里。而高昌舊人，情戀本土，不願東遷，相與殺儒，而立麴嘉為王。嘉字靈鳳，金城榆中人。（榆中，漢縣，今甘肅榆中縣西北。）既立，

又臣於蠕蠕那蓋。顧禮與義舒隨安保至洛陽。及蠕蠕主伏圖為高車所殺，嘉又臣高車。初前部胡人，悉為高車所徙，入於焉耆，焉耆又為嚈噠所破滅，國人分散，眾不自立，請王於嘉。嘉遣第二子為焉耆王以主之。永平元年（西元 571 年），（梁武帝天監十年。）嘉遣兄子私署左衛將軍、田地太守孝亮朝京師，（田地城，漢之柳中，今魯克沁。）仍求內徙，乞軍迎援。於是遣龍驤將軍孟威發涼州兵三千人迎之。至伊吾，失期而反。於後十餘遣使，款誠備至。唯賜優旨，卒不重迎。延昌中，（梁天監十一年（西元 512 年）至十四年（西元 515 年）。）以嘉為持節、平西將軍、瓜州刺史、泰臨縣開國伯，私署王如故。熙平初，（梁天監十五年（西元 516 年）。）遣使朝獻。詔曰：卿地隔關山，境接荒漠，頻請朝援，徙國內遷，雖來誠可嘉，即於理未愜。何者？彼之甿庶，是漢、魏遺黎。自晉氏不綱，因難播越，成家立國，世積已久。惡徙重遷，人懷戀舊。今若動之，恐異同之變，爰在肘腋，不得便如來表。神龜元年（西元 518 年），（梁天監十七年。）冬，孝亮復表求援內徙。朝廷不許。嘉又遣使奉表。自以邊遐，不習典誥，求借五經、諸史，並請國子助教劉燮以為博士。肅宗許之。嘉死，子堅立。（堅，《梁書》作子堅。）永熙後乃隔絕。《周書》：大統十四年（西元 548 年），詔以其世子玄喜為王。恭帝二年（西元 555 年），又以其田地公茂嗣位。《隋書》云：堅死，子伯雅立。案《梁書》言魏嘉在位二十四年，自其立之年齊明帝建武四年（西元 497 年）起計，當卒於梁普通元年（西元 520 年），下距《隋書》所記大業五年伯雅來朝之歲，凡九十年。嘉先仕馬儒，立年不得甚少；嘉非早世，則堅之繼位，亦非沖齡；伯雅能入朝於隋，亦必尚未衰眊；其間似不能歷九十年之久，必《隋書》誤奪也。（《梁書》言大同中子堅遣使來獻，大同紀元，與西魏之大統恰同，然則堅之死，當在大統十三、四年間，即梁之太清元（西元 547 年）、二年（西元 548 年）也。）《梁書·高倡傳》云：國人言語，與中國略同。有

五經、歷代史、諸子、集。《周書》云：文字亦同華夏，兼用胡書。有《毛詩》、《論語》、《孝經》，置學官弟子，以相教授。雖習讀之，而皆為胡語。案《魏書》言其國有八城，皆有華人，蓋華人自華言，胡人自胡語也。然《梁書》又言其人面貌類高麗，則實非深目高鼻之族，特久居胡中，習其言語耳。《魏書‧于闐傳》云：「自高昌以西，諸國人等，深目高鼻，唯此一國，貌不甚胡，頗類華夏。」案漢世西域，胡人雖多，華人亦不少，說見《秦漢史》第五章第四節。據《魏書》此文，似魏、晉以後，華人頗減，胡人稍增，蓋其移殖有難易使然。晉、南北朝之世，華人之居西域者，必以高昌、于闐為巨擘矣。《梁書》云：其官有四鎮將軍及雜號將軍、長史、司馬、門下校郎、中兵校郎、通事舍人、通事令史、諮議、校尉、主簿，置四十六鎮；姻有六禮；《周書》云：其刑法、風俗、婚姻、喪葬，與華夏小異而大同；可見其法俗尚多承中華之舊。唯辮髮垂之於背，（《梁書》又云：女子頭髮，辮而不垂，《周書》云：丈夫從胡法，婦人略同華夏，蓋指此。）實為胡俗。然伯雅朝隋歸國，曾下令國中，解辮削袵，雖云竟畏鐵勒不敢改，（《隋書》本傳。）其心固未嘗忘華夏也。

蔥嶺以西之地，始擅於大月氏，而後入於嚈噠。《後漢書‧大月氏傳》曰：初月氏為匈奴所滅，遂遷於大夏，分其國為休密、雙靡、貴霜、肹頓、都密，凡五部翕侯。（《漢書》：休密治和墨城，雙靡治雙靡城，貴霜治護澡城，肹頓治薄茅城，高附治高附城。《後書》高附作都密，餘同。《魏書》：伽倍，故休密翕侯，都和墨城，在莎車西。折薛莫孫，故雙靡翕侯，都雙靡城，在伽倍西。鉗敦，故貴霜翕侯，都護澡城，在折薛莫孫西。弗敵沙，故肹頓翕侯，都薄茅城，在鉗敦西。閻浮，故高附翕侯，都高附城，在弗敵沙南。沙畹《大月氏都城考》云：休密，即唐之護密，今之 Wakhan。雙靡，即宋雲《行記》之賒彌，玄奘《西域記》之商彌，今之 Tchitral。貴霜，在健馱羅（Gandhara）北境。弗郎克（Frankc）云即健馱

羅。肸頓，在喀布林河（Kaboulrond）支流 Pandjshlr 河之 Parwan 地方。都密，在喀布爾附近，唯與喀布爾有別。見馮承鈞《史地叢考》。白鳥庫吉云：休密，即 Sarik-chaupan。貴霜為 Wakhan 之西部。合二者為 Wakhan，即《魏書》之鉢和，《唐書》之鑊偘。雙靡為 Mastoj。薄茅當作薄第，為 Badaxshan。高附為 Jamgan。見羽溪了諦《西域之佛教》第二章。賀昌群譯，商務印書館本。）後百餘歲，貴霜翕侯丘就卻攻滅四翕侯，自立為王，國號貴霜王。（此王字疑涉下「諸國稱之皆曰貴霜王」而衍。）侵安息，取高附地。又滅濮達、（《西域之佛教》第二章云：即烏弋山離，今阿富汗南境及旁遮普之一部。）罽賓，（克什米尒之西北，今健馱羅地方。）悉有其國。丘就卻年八十餘死，子閻膏珍代為王。覆滅天竺，置將一人監領之。月氏自是之後，最為富盛。諸國稱之，皆曰貴霜王。漢本其故號，言大月氏云。《三國志・四裔傳注》引《魏略・西戎傳》曰：罽賓國、大夏國、高附國、天竺國，皆並屬大月氏，說與此合。丘就卻與閻膏珍之年代，不易確定，要當在後漢安帝以前，以《後書・西域傳・序》，自云本於安帝末班勇所記也。西域史籍亦乏，近世治月氏史者，多珍視其泉幣。謂丘就卻之名，與見於泉幣之 KujulaKadphises 相當；閻膏珍之名，與 Wema Kadphises 相當。此外尚有迦膩色迦 Kaniska、胡韋色迦 Huviska、韋蘇特婆 Vasudeva 三王。近年在馬圖刺（Mathura）及山岻（Saachi），得有刻文，又有韋西斯迦（Vasishka）：Vasashka：Vasushka 之名，或謂其當次迦膩色迦、或胡韋色迦之後，或謂即韋蘇特婆。諸王中，迦膩色迦為傳布佛教名王，苦心探索其年代者尤多。或謂在丘就卻、閻膏珍之前，或謂在其後。或又謂迦膩色迦有二：一在丘就卻、閻膏珍之前，一在其後。眾說紛紜，莫衷一是。日本羽溪了諦所撰《西域之佛教》第二章第二節，曾撮舉其大要，讀之可見其概。欲與中國史籍相印合，尚不易豪發無遺憾。要之謂大月氏之興起，在兩漢之際，其強盛迄於晉初，當無大差也。柔然興，月氏

乃稍見侵削。《魏書·大月氏傳》云：都盧監氏城。（《史記》、《後漢書》
作藍氏城，《漢書》作監氏城，《北史》作剩監氏城，今班勒紇（Balkh）。）
北與蠕蠕接，數為所侵，西徙都薄羅城。（馮承鈞譯沙畹《西突厥史料》
第四篇注云：「沙畹原以嚈噠都城為 Badhaghis，後又改訂為 Faizabad，
第《北史》有「蓋王舍城也」一語，印度境外，有王舍城之號者，只縛喝
羅 Balkh，此亦即大月氏都城薄羅，茲為改正於此。」商務印書館本。）其
王寄多羅勇武，遂興師越大山，南侵北天竺，自乾陀羅以北五國，盡役屬
之。蓋其勢初蹙於北，而猶盛張於南焉。及嚈噠興，月氏復為所齧食，而
其勢不可支矣。

《北史》云：康國者，康居之後也。遷徙無常，不恆故地。自漢以來，
相承不絕。其王本姓溫，月氏人也。舊居祁連山北昭武城，因被匈奴所
破，西逾蔥嶺，遂有其國。（《唐書》：一曰薩末鞬，亦曰颯秣建，元魏所
謂悉萬斤者，今之撒馬兒罕也。）枝庶分王。故康國左右諸國，並以昭武
為姓，示不忘本也。其所舉諸國，曰安，（《唐書》：安，一曰布豁，又曰
捕喝，元魏謂忸密者，今布哈爾。）曰鏺汗，（《唐書》：寧遠，本拔汗那，
或曰撥汗，元魏時謂破洛那。案今《魏書》、《北史》傳文皆奪破字，云洛
那國，故大宛國也，都貴山城，在疏勒西北。沙畹云：拔汗那，今之 Fer-
ghanah 見《西突厥史料》第三篇。白鳥庫吉云：漢貴山城，在 Khodjend 東
北約百三十英哩之 Kasan，見桑原騭藏《張騫西征考》。楊煉譯，商務印書
館本。）曰米（《唐書》：或曰彌末，又曰彌秣賀。馮承鈞云：Maimargh 之
對音，見所著《新唐書·西域羈縻府州考》，在《史地叢考》中。曰史，《唐
書》：或曰佉沙，又曰羯霜那。馮承鈞云：今之 Shehrsebz。）曰曹，（《唐
書》有東、西、中曹，云西曹者，隋時曹也，治瑟底痕城。馮承鈞云：Is-
chtikhan 之對音。）曰何，（《唐書》：或曰屈霜你迦，又曰貴霜匿，即康居
小王附墨城，永徽時，以其地為貴霜州。馮承鈞云：此貴霜為 Koschana，

非昔貴霜翕侯治地，亦非《唐書・地理志》大汗都督府之附墨州。）曰烏那遏，（《隋書》云：都烏滸水南。烏滸水，今阿母河。）曰穆，（《隋書》云：都烏滸水西。）曰漕，（烈維、沙畹《罽賓考》云：即《大唐西域記》之漕矩吒，在今 Ghazni 地方。此篇亦在《史地叢考》中。）凡九。《唐書》則以康及安、曹、石、（或曰柘支，曰柘折，曰赭時。馮承鈞曰：今之塔什干。）米、何、火尋、（或曰貨利習彌，又曰過利。馮承鈞曰：即 Kharism 之對音。居烏滸水之陽，即今之 Urgeny。）戊地、（馮承鈞曰：即《西域記》之伐地，古之木鹿，今之 Merv。）史為昭武九姓，而雲康之始為突厥所破。案昭武漢縣，屬張掖。《後書・梁慬傳注》云：昭武故城，在張掖西北，其地屬今之高臺縣，乃月氏故地，非康居故地，雲康為康居之地可，雲康為康居之後則誤，且與其王為月氏人之說，自相矛盾矣。月氏西遷，蓋自今伊犁河域達媯水之濱，未嘗經蔥嶺，云西逾蔥嶺亦誤。《唐書》覺其不合，改匈奴為突厥，然逮突厥之興，祁連山北，久無月氏矣。楚固失之，齊亦未為得也。月氏西遷之後，只聞分國為五部翕侯，未聞以枝庶分王各邑。然則昭武諸國之立，乃在月氏西遷又遭破壞之後，無復共主，乃分崩離析而為是諸小國也。或曰：《魏略・西戎傳》言：「敦煌、西域之南山中，從婼羌西至蔥嶺西數千里，有月氏餘種，」（《三國・魏志・四裔傳注》引。）所謂西逾蔥嶺者，安知非指此種人言之；案《後書・羌傳》云：「湟中月氏胡，其先大月氏之別也。舊在張掖、酒泉地。月氏王為匈奴冒頓所殺，餘種分散，西逾蔥嶺。其贏弱者南入山阻，依諸羌居止。遂與共婚姻。及霍去病破匈奴，取西河地，開湟中，於是月氏來降。與漢人錯居。被服、飲食、言語，略與羌同。亦以父名母姓為種。」此文亦必有所本，西逾蔥嶺，明指月氏初破敗時言之，此乃古人措辭不審，不必曲為之諱。湟中月氏胡，特其來降之一小支，其餘蓋皆在南山羌中。《魏略》下文云：「蔥茈羌，白馬、黃牛羌，各有酋豪，北與諸國接，不知其道里廣狹，」

然則云自婼羌至於蔥嶺皆有月氏餘種，亦不過約略之辭，蓋以月氏與羌同處，乃以羌之所至，即為月氏之所至，其實月氏蹤跡，能否西抵蔥嶺，尚有可疑也。與羌同居之月氏，皆為羌所化。其處境閉塞，故其文明程度甚低。然四塞之區，外兵罕至，故其處境實甚寬閒，從古不聞遷徙。與謂昭武諸國，系此等月氏餘種，遷徙而去，似不如謂為月氏西遷之後，更遭破敗，乃離析而成此諸國之為得也。

囐噠，《梁書》謂之滑國，其緣起史甚茫昧。《梁書・滑國傳》云：車師之別種也。漢永建元年（西元 126 年），八滑從班勇擊北虜有功，勇上八滑為後部親漢侯。（事見《俊書・西域車師傳》。）自魏・晉以來，不通中國。至天監十五年（西元 516 年），其王厭帶夷慄陁始遣使獻方物。普通元年（西元 520 年），又遣使獻黃師子、白貂裘、波斯錦等物。七年（西元 526 年），又奉表貢獻。元魏之屈桑乾，（見第四章第二節。）滑猶為小國，屬芮芮。後稍強大。征其旁國波斯、盤盤、（《宋書》芮芮附〈索虜傳〉後，云：其東有盤盤國、趙昌國，渡流沙萬里，即此國也。《西突厥史料》云：「盤盤南海國名，不應列人西域諸國之間，疑有錯簡，」誤。）罽賓、焉耆、龜茲、疏勒、姑墨、（今阿克蘇縣。）于闐、句盤（疑即渴槃陀，今蒲犁縣。）等國，開地千餘里。案滑國距車師甚遠，果其本居後部，其遷徙而西，安得一無事跡可見？《梁書》又有白題國，云：其先蓋匈奴之別種胡也。漢灌嬰與匈奴戰，斬白題騎一人。今在滑國東，去滑六日行，西極波斯，其可疑亦與滑國同。今案〈裴子野傳〉云：西北徼外，有白題及滑國，遣使由岷山道入貢。（白題入貢，事在普通三年（西元 522 年），見本傳。）此二國歷代弗賓，莫知所出。子野曰：「漢潁陰侯斬胡白題將一人，服虔《注》曰：白題胡名也；又漢定遠侯擊虜，八滑從之，此其後乎？」時人服其博識。然則以滑國為八滑之後，特穿鑿附會之談，作史者據為典要，俱矣。（《梁書》又有末國，云：「漢世且末國也，

北與丁零,東與白題,西與波斯接,」其地理亦全然不合。丁謙《梁書·夷貊傳考證》謂即米國,說頗似之,乃因末字附會為且末,亦裴子野之智也。)〈滑國傳〉云:少女子,兄弟共妻。《魏書·嚈噠傳》云:其俗兄弟共一妻。夫無兄弟者,其妻戴一角帽,若有兄弟者,依其多少之數,更加角焉。(《隋書·挹怛傳》略同。《梁書》云:頭上刻木為角,長六尺,以金銀飾之。)一妻多夫之俗,較一夫一妻、一夫多妻為少,苟其有之,必同族也。〈嚈噠傳〉云:大月氏之種類也。(《隋書》同。)亦曰高車之別種。其原出於塞北,自金山而南。(金山,今阿爾泰山。)與《梁書》以滑國為八滑之後,同一無據。《通典·邊防典》云:按劉瑾《梁典》,滑國姓嚈噠,後裔以姓為國號,轉訛又謂之挹怛焉。《注》云:其本原:或云車師之種,或云高車之種,或云大月氏之種。又韋節《西蕃記》云:親問其國人,並自稱挹闐。又按《漢書》:陳湯征郅支,康居副王挹闐鈔其後,則此或康居之種類。然傳自遠國,夷語訛舛,年代綿邈,莫知根實,不可得而辨也。以挹怛為康居之後,正與裴子野之智同。韋節親聞,說自可據。因此知噠怛二字,音與闐同;於邑雙聲,於於同字;嚈噠、挹怛,殆于闐之異譯也。(其王名厭帶夷慄陁,厭帶蓋其姓。《唐書·地理志》:突厥羈縻州葛邏州,以葛邏挹怛部置,蓋挹怛餘眾,屬於葛邏者也。《西突厥史料》第四篇云:五世紀中葉,嚈噠居烏滸河域,漸強大,為波斯大敵。四百八十四年,其王 Akschounwar,大敗波斯,波斯王 Pirouz 戰死。此王在 ThéophanedeByzance 著述中,名 Ephthalanos。彼謂嚈噠 Hephthalites 之名,即出此王。《梁書·滑國傳》:其王厭帶夷慄陁。《唐書》云:嚈噠王姓也,後裔以姓為國。合此三證,知嚈噠之稱,唯見於五世紀末年之故。蓋以適當 Akschounwar 戰勝之後,此王之姓,不作 Hephthal,即作 Heth-ailit 也。案四百八十四年,為齊武帝永明二年(西元 484 年)。)據《梁書·諸夷傳》所載:滑國法俗,有類于闐者三焉:王與妻並坐接客,一也。滑

女人被裘,于闐婦人皆辮髮,衣裘袴,二也。〈滑傳〉云:其跪一拜而止,此事無甚足異,史家未必特著其文,〈于闐傳〉云:其人恭,想見則跪,其跪則一膝至地,疑〈滑傳〉文有訛誤,其俗實與于闐同,(此非東夷之拜則曳一足,乃古武坐致右憲左之類。)三也。又〈渴盤陁傳〉云:風俗與于闐相類,著長身小袖袍、小口袴,而〈滑傳〉亦云:著小袖長身袍。又〈高昌傳〉云:著長身小袖袍、縵襠褲,〈武興傳〉云:長身小袖袍、小口袴;則此為甘肅南境之通俗,蔓延於南山之北,蔥嶺之西。(〈芮芮傳〉亦云:小袖袍、小口袴、深雍靴。靴為胡俗,小袖袍、小口袴,或受諸高昌等。)滑,「言語待河南人譯然後通,」(《梁書》本傳。又云:無文字,以木為契,與旁國通,則使旁國胡為胡書,此亦足證謂其出於車師、高車、月氏等之誤,諸國皆久與文明之國接,非復刻木為契者矣。《魏書》云:其語與蠕蠕及高車諸胡不同,又足證其非同族。)其來又自岷山道,其故居所在,自略可推測。一妻多夫,易行女系,女系固非即女權,然女權究易昌大,且女子易為族長,因此亦易為國主。《魏書·吐谷渾傳》云:北又有女王國,以女為主,人所不知,其傳云然,謂女王國在吐谷渾北,顯有訛誤。(或北為誤字,或系編次之誤,或則傳寫簡錯。此條若不在此處,則「北又有」之文,非謂其在吐谷渾之北矣。)《北史》云:白蘭西南二千五百里,隔大嶺,又度四十里海,有女王國,與其〈西域傳〉謂于闐南去女國二千里,《隋書·女國傳》謂其在蔥嶺之南者相符,其地蓋在今後藏。(此女國在後藏境,而西川之西。尚有一女國。在唐西山八國中。西山八國:曰女,曰訶陵,曰南水,曰白狗,曰逋租,曰弱水,曰清遠,曰咄霸。見《唐書·韋皋傳》,云皆因皋請入朝。據《舊書·本紀》,事在德宗貞元九年(西元793年),唯云六蠻,無清遠、咄霸,蓋二國之附在後也。又訶陵作哥鄰。)《北史》言女國土著,宜桑麻,熟五穀。而《魏書》言嘛噠無城邑,依隨水草,以氈為屋,夏遷涼土,冬逐暖處。《梁書》亦

云：滑無城郭，氈屋為居，東向開戶。蓋藏地一妻多夫之族，有耕農，有游牧，游牧者遷徙較易，北出天山南路，先陷于闐，乃越蔥嶺而西，至於《魏書》所云嚈噠之都拔底延城。（巴達克山之異譯。）謂之滑國者？《唐書·地理志》：大汗都督府，以嚈噠部活路城置，此即《西域記》之活國，Aboulféda 地誌云：為吐火羅都城，舊為嚈噠國，（《西突厥史料》第三篇。）梁武帝時其主蓋居焉，而以其名自通，故《梁書》稱為滑國也。《梁書》又有周古柯、呵跋檀、胡密丹三國，（周古柯，未詳。呵跋檀，或云即渴盤陀。胡密丹，即護蜜。）云皆滑旁小國。普通元年（西元 520 年），使使隨滑來獻方物，又云：凡滑旁之國，衣服、容貌，皆與滑同，蓋其相率俱出者。此國之強盛，蓋當南北朝之初。《魏書》言：西域康居、于闐、沙勒、（即疏勒。）安息，及諸小國三十許，皆役屬之。（《周書》云：于闐、安息等大小二十餘國皆役屬之。）《朱居波》、（沙畹云：今哈爾噶里克 Karghalik，見《西突厥史料》第二篇。〈傳〉云：役屬嚈噠。）〈渴盤陀〉、（〈傳〉云：附於嚈噠。）〈鉢和〉、（〈傳〉云：亦為嚈噠所統。）〈賒彌〉（〈傳〉云：亦附嚈噠。）〈傳〉言其皆臣附焉。〈乾陀傳〉云：（乾陀，即健馱羅。）本名業波，為嚈噠所破，因改焉。其王本是敕勒，臨國已三世矣，蓋嚈噠所樹置也。焉者見破，事已見前。嚈噠又與柔然合從，以攻高車，事見下節。皆可見其威力之廣：其破亡在南北朝之末。《周書》云：大統十二年（西元 546 年），（梁武帝中大同元年。）遣使獻其方物。魏廢帝二年（西元 553 年），（梁元帝承聖二年。）明帝二年（西元 559 年），（陳武帝永定三年。）並遣使來獻。後為突厥所破，部落分散，職貢遂絕。其事當在陳文帝之世也。（《西突厥史料》第四篇云：「突厥既滅蠕蠕，嚈噠失一大外援。波斯王 Khosrou Anouschirwan，欲雪其祖敗亡之恥，乃娶突厥可汗女，與盟，共謀嚈噠。陀拔 Tabari《紀年》云：Sindjibou，為突厥最勇健之可汗，統軍最眾。敗嚈噠而殺其王者，即此人。彌南 Ménandre

《希臘史殘卷》，謂 Silziboul 與嚈噠戰甫終，即宣告將往擊 AVares，事在五百六十二年。又謂五百六十八年，Dizaboul 可汗使告嚈噠已滅。則嚈噠之滅，應在五百六十三至五百六十七年。」案五百六十三年，乃陳文帝天嘉四年（西元 563 年），五百六十七年，則陳廢帝光大元年（西元 567 年）也。嚈噠滅亡之年，東西史籍相合。Silziboul 與 Dizaboul 即系一人，沙畹云：即《隋書》之室點密，見下節。）

在《魏書》所云第三、第四兩域中，引起軒然大波者，似為匈奴。《魏書·悅般傳》云：在烏孫西北。其先，匈奴北單于之部落也。為竇憲所逐。北單于度金微山，西走康居。其羸弱不能去者，住龜茲北。地方數千里，眾可二十餘萬。涼州人猶謂之單于王。其風俗、言語，與高車同，而其人清潔於胡。（俗翦髮齊眉，以醍醐塗之，昱昱然光澤。日三澡漱，然後飲食。）與蠕蠕結好。其王嘗將數千人入蠕蠕國，欲與大檀想見。入其界百餘里，見其部人不浣衣，不絆髮，婦人舌舐器物。王謂其從臣曰：「汝曹誑我，入此狗國中。」乃馳還。大檀遣騎追之，不及。自是相仇讎，數相征討。真君九年（西元 448 年），（宋文帝元嘉二十五年。）遣使朝獻。並送幻人，稱能割人喉脈令斷，擊人頭令骨陷，皆血出，或數升，或盈斗，以草藥內其口中，令嚼咽之，須臾血止，養創一月復常，又無瘢痕。世祖疑其虛，乃取死罪囚試之，皆驗。云中國諸名山，皆有此草。乃使人受其術而厚遇之。是歲，再遣使朝貢，求與官軍東西齊契討蠕蠕。世祖嘉其意，命中外諸軍戒嚴，以淮南王他為前鋒，襲蠕蠕。仍詔有司：以其鼓舞之節，施於樂府。自是每使貢獻。案漢世西北諸國，大者曰康居，曰大宛，曰烏孫，曰奄蔡。《後漢書》無康居傳。《晉書》有之，云：在大宛西北，可二千里。與粟弋、伊列鄰接。其王居蘇薤城。泰始中，其王那鼻遣使上封事，並獻方物。蘇薤城乃史國之都，為康居小王故地，洪氏鈞謂「是昭武之分王，非康居之統主，蘇薤在大宛西不及二千里，《晉

書》但引《史記》，而不知與己說刺繆，」（《元史譯文證補・西北古地考康居奄蔡》。）其說良是。然則康居舊國已亡。大宛，《晉書・傳》云：其國「有大小七十餘城。太康六年（西元 285 年），武帝遣使楊顥拜其王藍廋為大宛王。卒，其子摩之立，遣使貢汗血馬。」似尚為泱泱大風。然自此而後，亦無聞焉。烏孫唯《魏書》有傳，云：「其國數為蠕蠕所侵，西徙蔥嶺山中，無城郭，隨畜牧，逐水草，」則更微不足數矣。悅般之地，自龜茲之北至烏孫西北，蓋苞巴勒哈什湖而抵咸海。自此以西北，亦更無強部。故或謂「《後書》無康居傳者，其地已入悅般也。《後書》有粟弋國，又有嚴國，在奄蔡北，奄蔡，改名阿蘭聊國，皆云屬康居，即屬於匈奴矣。」（《三國・魏志・四裔傳注》引《魏略》：烏孫、康居，本國無增損也。北烏伊別國，在康居北。又有柳國；又有嚴國；又有奄蔡國，一名阿蘭；皆與康居同俗。西與大秦，東南與康居接。故時羈屬康居，今不屬也。）說亦可通。《魏書》：「粟特國，在蔥嶺之西，古之奄蔡，一名溫那沙，居於大澤，在康居西北，先是匈奴殺其王而有其國，至王忽倪已，三世矣。」此亦一匈奴戰勝攻取之跡。然若是者甚寥寥，何也？今案匈奴是時，兵鋒蓋深入歐洲，故在亞洲，其可見之戰功甚少也。洪氏鈞又云：《魏書》以粟特即奄蔡。《後漢書》分粟弋、奄蔡為二，曰慄弋國屬康居。《通典》以粟弋即粟特，而亦與奄蔡分為二國。且曰粟弋附庸小國，四百餘城。似非一國。《元史類編・西域傳》引《十三州志》云：奄蔡、粟特，各有君長，而魏收以為一國，誤矣。《漢書・陳湯傳》：郅支單于遣使責闔蘇、大宛諸國歲遺。師古曰：胡廣云：康居北可一千里，有國名奄蔡，一名闔蘇，然則闔蘇即奄蔡也。《史記正義》引《漢書解詁》曰：奄蔡即闔蘇也。名稱互岐，諸說不一，折衷考異，爰採西書。當商、周時，古希臘國人已至黑海，行舟互市，築室建城。秦、漢之時，羅馬繼之。故亞洲西境部族，播遷歐洲者，唯希臘、羅馬古史，具載梗概。今譯其書，謂裏海以西，黑海以北，

先有辛卑爾族居之，蓋東方種類，城郭而兼游牧者。厥後有粟特族，越裏海北濱，自東而西，奪辛卑爾地。辛卑爾人四散。大半竄於今之德、法、丹、日等地。有眾入羅馬，為羅馬擊殺無遺。東漢時，有郭特族人，亦自東來。其王日亥耳曼。粟特族人敗潰不復振。晉時，匈奴西徙。其王日阿提拉。用兵如神，所向無敵。亥耳曼自殺。其子威尼達爾，率郭特人西竄，召集流亡，別立基業。阿提拉復引而西。戰勝攻取，威震歐洲。羅馬亦憚之。立國於今馬加之地。希臘、羅馬、郭特之人，多為其所撫用。與西國使命往來，壇坫稱盛。有詩同歌詠，皆古時匈奴文字。羅馬史稱阿提拉仁民愛物，信賞必罰。在軍中，與士卒同甘苦。子女玉帛，一不自私。鄰國貢物分頒其下。筵宴使臣以金器皿，而自奉儉約，樽簋以木。將士被服飾金，而己則唯衣皮革。是以遐邇咸服，人樂為用。宋文帝元嘉二十八年（西元451年），阿提拉西侵佛郎克部。羅馬大將峨都思，率郭特、佛郎克等眾御之。戰於沙隆之野，兩軍死者五十萬人。阿提拉敗歸。南侵羅馬，毀數城而去。尋卒，諸子爭立，國內亂，遂為羅馬所滅。當郭特之末侵粟特也，有部落日耶仄亦，居禮海西，高喀斯山北，亦東來族類，而屬於粟特。厥後郭特、匈奴，相繼攘逐，獨耶仄亦部河山四塞，恃險久存。後稱阿蘭，亦日阿蘭尼；又日阿思，亦日阿蘭阿思；皆見東羅馬書。今案耶仄亦即漢奄蔡，元阿速。昔時俄羅斯人稱阿速日耶細，為耶仄亦變音。阿速於明後始為俄羅斯所並，享國之久，可謂罕見。奄蔡一國，粟特一國，一為大部，一為附庸，《後漢書》、《通典》、《十三州志》說合。其日粟弋者？僅一粟字，嫌切音未足，因增弋字，當作粟弋特而刪特字也。其日闔蘇者？闔字為啟口時語助之音，西方文字，往往而有。戰國時希臘人海洛犢特之書，其言粟特，音如闔蘇，故知是也。郭特之名，華書無徵，《魏書・粟特傳》：「匈奴殺其王而有其國，傳至王忽倪已三世，稽其時序，似即郭特王亥耳曼自戕之事，而不合者多，難於論定。」案近哥倫比亞大

學教授夏德氏 Hirth，考定忽倪已即 Hernae，實阿提拉少子繼為芬王者。忽倪已以文成時通好於魏，文成在位，當西曆四百五十二年至四百五十六年，忽倪已之即位，則在四百五十二年也。然則匈奴雖深入歐洲，其於亞洲西北，固未嘗不陸讋而水慄矣。特以大體言之，則是時之匈奴，已稍為西胡所同化，非復好鬥嗜殺之民族矣。然亞洲西北，固猶為其所羈制。此等情形，蓋歷晉、南北朝之世，未之有改，直至其末葉突厥興而始一變也。

西域諸國，見於《魏書》者，除前所述外，尚有且末、（都且末城，今且末縣。後役屬鄯善。）蒲山、（故皮山。居皮城，今皮山縣。後役屬于闐。）悉居半、（故西夜國，一名子合。治呼犍谷，在今葉城縣南。）權於摩、（故烏秅。居烏秅城，今巴達克山。）渠沙、（居故莎車城，今莎車縣。）且彌、（都天山東於大谷。此漢之西且彌，在今呼圖壁河至瑪納斯河間。本役屬車師。）姑默、（居南城，即姑墨，見上。役屬龜茲。）溫宿、（居溫宿城，見上。役屬龜茲。）尉頭、（居尉頭城，見上。役屬龜茲。）者至拔、（都者至拔城，在疏勒西。）迷密、（都迷密城，在者至拔西。）悉萬斤、（都悉萬斤城，見上。）忸密、（都忸密城，在悉萬斤西，見上。）洛那、（即破洛那，見上。）伏盧尼、（都伏盧尼城，在波斯北。）色知顯、（都色知顯城，在悉萬斤西北。）伽色尼、（都伽色尼城，在悉萬斤南。）薄知、（都薄知城，在伽色尼南。）牟知、（都牟知城，在忸密西南。）阿弗大汗、（都阿弗大汗城，在忸密西。）呼似密、（都呼似密城，在阿弗大汗西。案此國即唐之火尋，見上。）諸色波羅、（都波羅城，在忸密南。案此國即唐之那色波，亦曰小史，在伐沙西百五十里。）早伽至、（都早伽至城，在忸密西。）伽不單、（都伽不單城，在悉萬斤西北。）者舌、（見上。）阿鉤羌、（在莎車西南。）波路、（見上。）罽賓，（都善見城，見上。）吐呼羅、（沙畹云：在巴達克山。見所著《大月氏都城考》，在《史地叢考》

中。）副貨、（東至阿副使且國，西至沒誰國，中間相去一千里。南有連山，不知名。北至奇沙國，相去一千五百里。其所在並所接之國均未詳。或云：奇沙即佉沙。）波知、（在缽和西南。）缽盧勒。（在賒彌東。）或通朝貢，或否。其國名多與都城同，蓋本一城之主，盛時則能自通中國，衰即隸屬於人矣。大秦，《晉書》、《魏書》皆有傳。《晉書》云：武帝太康中，其王遣使貢獻，《魏書》僅襲前史之文，無事跡，蓋自太康後無往還。是時安息微而波斯之薩山朝興。《魏書》云：神龜中，（梁武帝天監十七（西元 518 年）、十八年（西元 519 年）。）遣使上書貢物，自此每使貢獻。而安息之名亦仍存，（在蔥嶺西，都尉搜城。北與康居，西與波斯相接。在大月氏西北。丁謙《魏書·西域傳考證》云：「巴而特亡後，尚有一小國，在裏海南山中。大食先滅波斯，後滅此國。據此，安息國即《唐書》所謂陀拔斯單。安息本在月氏西南，此國濱近裏海，故云在月氏西北。尉搜城，當是今薩里城。」）周天和二年（西元 567 年），（陳廢帝光大元年（西元 567 年）。）嘗遣使來獻。蓋陸路之交通，至亞洲西境而極。印度陸路之交通，《魏書》所載，有南天竺國。世宗時，（齊東昏侯永元二年（西元 500 年）至梁武帝天監十四年（西元 515 年）。）其國王婆羅化遣使獻駿馬、金銀，自此每使朝獻。南天竺去代三萬一千里，次南天竺之下者為疊伏羅，去代三萬一千里，其國當亦在印度。世宗時，其國主伏陁末多嘗遣使獻方物。次疊伏羅之下者為拔豆，去代五萬一千里，其相去似大遠，豈五萬為三萬之訛，其國亦在印度歟？在賒彌南之烏萇，即《西域記》之烏仗那，其國在北印，《魏書》不言其有所交通。其西之乾陁，即健陁羅，則為嚈噠所羈制矣。

中國東南面海，西北連陸，北方多游牧民族，唯事侵略，西方則不然，其國多系文明之國，我之文明，能裨益彼者誠不少，彼之文明，能裨益我者亦孔多也。近年英、俄、法、德考古家，在新疆發見古書，有與印

度歐羅巴語類者，以其得之之地，名之曰焉耆語、龜茲語，焉耆語行於天山之北，龜茲語行於天山之南，予疑龜茲語為塞種語，焉耆語為烏孫等游牧民族語，已見《秦漢史》第五章第四節。烈維《龜茲語考》云：據邁埃 Meillet 研究，其語特近義大利色特 ItaloCeltes、斯拉夫 slaves、希臘 Héllénes 諸語，實難納諸一類語言。與印度伊蘭語，又不相類。中國初譯佛經，在二世紀時，其語，有非印度元文所能對照，必用龜茲語，始能解其音譯者，（此文亦在《史地叢考》中。）此可見西域諸國自有其文化，非盡受之於人，而其有裨於我者為至大也。當時西域諸國文明富厚之情形，讀前文所述龜茲、焉耆之事，已可概見。王國維《西胡考》曰：魏、晉以來，草木之名，冠以胡字者，其實皆西域物。予謂不僅此。《續漢書·五行志》曰：「靈帝好胡服、胡帳、胡床、胡坐、胡飯、胡箜篌、胡笛、胡舞，京都貴戚，皆競為之，此服妖也。」凡一種文明，由貴族傳入者，在當時恆為侈靡之事，久之，流衍於民間，則為全群之樂利矣。此等器物、技藝，有益於我者，實亦甚深，參觀以下各章可見。西域諸國人入中國者亦甚多。胡本匈奴之名，久之，中國人乃以稱北方諸民族。在匈奴之東者曰東胡，烏丸、鮮卑之先是也。在匈奴之西者曰西胡，亦曰西域胡。匈奴亦黃種，容貌與中國人同，一同化即不可復別，西胡則為深目高鼻之族，文化雖已交融，容貌不能驟變，魏、晉而後，胡名遂稍為所專。既唯稱此種人為胡，則東西之名，可以不立。此說詳見予所撰《胡考》。（在《燕石札記》中，商務印書館本。）知此，則知西域人入中國者之多，亦知中國與西域關係之密矣。又不特中國，北方之游牧民族，與西胡關係亦深，此事須統觀隋、唐以後史實，方能明之，然觀第八章第三節及下節，亦可見其端倪也。

柔然突厥興亡

　　魏初與柔然、高車之交涉，已見第八章第三節。《魏書‧蠕蠕傳》曰：
和平五年（西元 464 年），（宋孝武帝大明八年。）吐魯真死，子予成立，
號受羅步真可汗，魏言惠也。自稱永康元年（西元 464 年）。率部侵塞，北
鎮遊軍，大破其眾。（北鎮，見第八章第三節。）皇興四年（西元 470 年），
（宋明帝泰始六年。）予成犯塞。車駕北討。諸將會車駕於女水之濱。（丁
謙《魏書‧外國傳補考證》云：女水，今坤都倫河。）虜眾奔潰。改女水曰
武川。延興五年（西元 475 年），（宋廢帝元徽三年。）予成求通婚聘。大
和時，復以為請。高祖誅之。予成雖歲貢不絕，而款約不著，婚事亦停。
九年（西元 479 年），（齊武帝永明三年。）予成死，子豆侖立，號伏古敦
可汗，魏言恆也。自稱太平元年（西元 485 年）。

　　柔然實倚鐵勒以為強，故至豆侖之世，鐵勒叛而柔然遂中衰。《魏
書‧高車傳》曰：先是副伏羅部為蠕蠕所役屬。豆侖之世，蠕蠕亂離，國
部分散。副伏羅阿伏至羅與從弟窮奇，俱統高車之眾十餘萬落。太和十一
年（西元 487 年），（齊永明五年。）豆侖犯塞，阿伏至羅固諫，不從。
怒，率所部西叛。至前部西北，自立為王。（車師前部，見上節。）國人
號之曰侯婁匐勒，猶魏言大天子也。窮奇號候倍，猶魏言儲主也。二人和
穆，分部而立。阿伏至羅居北，窮奇在南。豆侖追討之，頻為阿伏至羅所
敗，乃引眾東徙。十四年（西元 490 年），（齊永明八年。）阿伏至羅遣商
胡越者至京師，以二箭奉貢。云：「蠕蠕為天子之賊，臣諫之不從，遂叛
來至此，而自豎立，當為天子討除蠕蠕。」高祖未之信也，遣使者於提觀
虛實。阿伏至羅與窮奇遣使者簿頡隨於提來朝。詔員外散騎侍郎可足渾長
生復與於提往使。〈蠕蠕傳〉曰：豆侖性殘暴好殺。其臣侯醫垔石洛候數
以忠言諫之，又勸與國通和，勿侵中國。豆侖怒，誣石洛候謀反，殺之，
夷其三族。十六年（西元 492 年），（齊永明十年。）八月，高祖遣陽平王

269

頤、左僕射陸叡並為都督，領軍斛律恆等十二將七萬騎討豆崙。部內高車阿伏至羅率眾十餘萬落西走，自立為王。豆崙與叔父那蓋為二道追之。豆崙出自浚稽山北而西，（漢太初二年（西元 105 年），趙破奴出朔方二千餘里至浚稽山。漢朔方郡，在今綏遠臨河縣境。）那蓋出自金山。（見上節。）豆崙頻為阿伏至羅所敗，那蓋累有勝捷。國人咸以那蓋為天所助，欲推為主。那蓋不從。眾乃殺豆崙母子，以尸示那蓋。那蓋乃襲位。那蓋號候其伏代庫者可汗，魏言悅樂也。自稱太安元年（西元 492 年）。是時蓋魏與高車協謀，以犄蠕蠕也。《梁書・芮芮傳》云：永明中，為丁零所破，更為小國，而南移其居，當在此時。其移居何地，則不可考矣。《魏書》又云：那蓋死，子伏圖立，號他汗可汗，魏言緒也。自稱始平元年（西元 506 年）。正始三年（西元 504 年），（梁武帝天監三年。）伏圖遣使紇奚勿六跋朝獻，請求通和。世宗不報其使。詔有司敕勿六跋曰：「蠕蠕遠祖社崙，是大魏叛臣，往者包容，暫時通使，今蠕蠕衰微，有損疇日，大魏之德，方隆周、漢，通和之事，未容相許。若修藩禮，款誠昭著者，當不孤爾也。」永平元年（西元 508 年），（梁天監七年。）伏圖又遣勿六跋奉函書一封，并獻貂裘。世宗不納，依前喻遣。觀此，知魏與柔然，迄用鄰敵之禮來往，此時乘其衰弱，乃欲脅以稱臣也。然高車旋復為柔然所破。

〈高車傳〉云：窮奇後為嚈噠所殺，虜其子彌俄突等。其眾分散，或來奔附，或投蠕蠕。阿伏至羅長子蒸阿伏至羅餘妻，謀害阿伏至羅。阿伏至羅殺之。阿伏至羅又殘暴，大失眾心。眾共殺之，立其宗人跋利延為主。歲餘，嚈噠伐高車將納彌俄突。國人殺跋利延迎之。彌俄突既立，復遣使朝貢。世祖詔之曰：「蠕蠕、嚈噠、吐谷渾所以交通者，皆路由高昌，犄角相接。今高昌內附，遣使迎引，蠕蠕往來路絕」云云。觀此，知魏與高車協謀柔然，柔然又與嚈噠協謀高車也。〈高車傳〉又曰：彌俄突尋與蠕蠕主伏圖戰於蒲類海北，（今巴爾庫勒泊，在新疆鎮西縣西北。）為伏圖

所敗。西走三百餘里。伏圖次於伊吾北山。（伊吾，見第六章第六節。）先是高昌王麴嘉，表求內徙，世宗遣孟威迎之，至伊吾。蠕蠕見威軍，怖而遁走。彌俄突聞其離駭，追擊，大破之，殺伏圖於蒲類海北，割其髮，送於孟威。彌俄突此戰，可謂幸勝耳。〈蠕蠕傳〉云：伏圖死，子醜奴立，號豆羅伏跋豆伐可汗，魏言彰制也。自稱建昌元年（西元 555 年）熙平元年，（梁天監十五年（西元 516 年）。）西征高車，大破之。禽彌俄突，殺之。盡並叛者。國遂強盛。（〈高車傳〉云：肅宗初，彌俄突與蠕蠕主醜奴戰敗被擒，醜奴系其兩腳於駑馬之上，頓曳殺之，漆其頭為飲器。）《梁書》云：天監中，始破丁零，復其舊土，在此時也。然醜奴實非撥亂之主，故不久而內難復作。

〈蠕蠕傳〉云：豆崙之死也，伏圖納其妻候呂陵氏，生醜奴、阿那瓌等六人。醜奴立後，忽亡一子，字祖惠。求募不得。副升牟妻是豆渾地萬，年二十許，為醫巫，假託神鬼，先嘗為醜奴所信，出入去來。乃言此兒今在天上，我能呼得。醜奴母子欣悅。後歲中秋，在大澤中施帳屋，齋潔七日，祈請天神。經一宿，祖惠忽在帳中。自云恆在天上。醜奴母子抱之悲喜。大會國人，號地萬為聖女。納為可賀敦。授夫副升牟爵位，賜牛、馬、羊三千頭。地萬既挾左道，亦有姿色，醜奴甚加重愛，信用其言，亂其國政。如是積歲。祖惠年長，其母問之。祖惠言「我恆在地萬家，不曾上天，上天者，地萬教也。」其母具以狀告醜奴。醜奴言「地萬縣鑒遠事，不可不信，勿用讒言也。」既而地萬恐懼，譖祖惠於醜奴，醜奴陰殺之。正光初，（梁武帝普通元年（西元 520 年）。）醜奴母遣莫何去汾李具列等絞殺地萬。醜奴怒，欲誅具列等。又阿至羅侵醜奴，醜奴擊之，軍敗。還，為母與其大臣所殺。立醜奴弟阿那瓌。立經十日。其族兄俟力發示發率眾數萬以伐阿那瓌。阿那瓌戰敗，將弟乞居伐輕騎南走歸國。阿那瓌母候呂陵氏及其二弟，尋為示發所殺。案豆崙之死，國人亦並殺其母，

則似柔然之母可賀敦，習於干政，蓋淺演之國，法制不立使然。候呂陵氏蓋謀立其少子而行弒逆也。《宋書》言芮芮僭稱大號，歲時遣使詣京師，與中國抗禮。（《宋書·芮芮傳》附〈索虜傳〉後。）觀其自予成以後，每主皆建年號，知其言之不誣。至此，乃以內難故入臣於魏矣。

　　阿那瓌既至，魏封為朔方郡公、蠕蠕主。阿那瓌乞求兵馬，還向本國。詔議之。時朝臣意有同異，或言聽還，或言不可。領軍元叉為宰相，阿那瓌私以金百斤貨之，遂歸北。阿那瓌東奔之後，其從父兄俟力發婆羅門率數萬人入討示發，破之。示發奔地豆干，為其下所殺。推婆羅門為主，號彌偶可社句可汗，魏言安靜也。二年（西元 521 年），（梁普通二年。）二月，肅宗詔舊經蠕蠕使者牒云具仁往喻婆羅門迎阿那瓌之意。婆羅門殊自驕慢，無遜讓之心。責具仁禮敬。具仁執節不屈。婆羅門遣大官莫何去汾、俟斤丘升頭六人將兵一千，隨具仁迎阿那瓌。五月，具仁還鎮，論彼事勢。阿那瓌慮不敢入，表求還京。會婆羅門為高車所逐，（見下。）率十部落詣涼州歸降。於是蠕蠕數萬，相率迎阿那瓌。七月，阿那瓌啟云：「投化蠕蠕二人到鎮，云國土大亂，往往別住，迭相抄掠。乞依前恩，賜給精兵一萬，還令督率，送臣磧北，撫定荒人。」九月，蠕蠕後主俟匿伐來奔懷朔鎮。（見第十二章第三節。）阿那瓌兄也。列稱規望乞軍，並請阿那瓌。十月，錄尚書事高陽王雍等奏阿那瓌宜置吐若奚泉，（在懷朔鎮北。）婆羅門宜置西海郡。（在敦煌北。）魏時蓋未能定阿那瓌，故與婆羅門俱就境內安置之也。婆羅門尋與部眾謀叛投嚈噠，（嚈噠三妻，皆婆羅門妹。）州軍討禽之。四年（西元 523 年），（梁普通四年。）阿那瓌眾大饑，入塞寇鈔。肅宗詔尚書左丞元孚兼行臺尚書持節喻之。為其所執。以孚自隨，驅掠良口二千，公、私驛馬、牛、羊數十萬北遁。謝孚放還。詔李崇等率騎十萬討之。出塞三千餘里，至瀚海，不及而還。是時之阿那瓌，安能遠引；此非崇等規避，即魏史之誇辭也。破六韓拔陵

反,諸鎮相應,孝昌元年(西元 525 年),(梁普通六年。)春,阿那瓌率眾討之,從武川西向沃野,(武川、沃野,皆見第十二章第三節。)頻戰克捷。阿那瓌部落既和,士馬稍盛,乃號敕連頭兵豆伐可汗,魏言把攬也。初彌俄突之死也,其部眾悉入嚈噠。經數年,嚈噠聽彌俄突弟伊匐還國。伊匐復大破蠕蠕。蠕蠕主婆羅門走投涼州。伊匐後與蠕蠕戰,敗歸。其弟越居殺伊匐自立。天平中,(梁中大通六年(西元 534 年)至大同三年(西元 537 年)。)越居復為蠕蠕所破。伊匐子比適,復殺越居而自立。興和中,(梁大同五年(西元 539 年)至八年(西元 542 年))比適又為蠕蠕所破。自是高車復衰,柔然獨雄於漠南北矣。魏氏既亂,所以待柔然者,復異於前。建義初,(梁武帝大通二年(西元 528 年)。)孝莊詔阿那瓌贊拜不言名,上書不稱臣。東西既分,彼此競結姻好,柔然浸驕,事已見前。然柔然是時,實已不振,遂為新興之突厥所滅。

突厥緣起,凡有數說:《周書》云:突厥者,蓋匈奴之別種,姓阿史那氏,別為部落。後為鄰國所破,盡滅其族。有一兒,年且十歲,兵人見其小,不忍殺之,乃刖其足,棄草澤中。有牝狼,以肉飼之。及長,與狼合,遂有孕焉。彼王聞此兒尚在,重遣殺之。使者見狼在側,並欲殺狼。狼遂逃於高昌國之北山。山有洞穴,穴內有平壤茂草,周圍數百里,四面俱山。狼匿其中,遂生十男。十男長,外託妻孕,其後各有一姓,阿史那即一也。子孫蕃育,漸至數百家。經數世,相與出穴,臣於茹茹。居金山之陽,為茹茹鐵工。金山形似兜鍪,其俗謂兜鍪為突厥,遂因以為號焉。此一說也。又云:或云:突厥之先,出於索國。在匈奴之北。其部落大人曰阿謗步。兄弟十七人。其一曰伊質泥師都,狼所生也。阿謗步等性並愚痴,國遂被滅。泥師都既別感異氣,能徵召風雨。娶二妻,云是夏神、冬神之女也。一孕而生四男:其一變為白鴻。其一國於阿輔水、劍水之間,號為契骨。(契骨,即漢之堅昆,唐之黠戛斯。劍水,《唐書》作劍河,即

《元史》之謙河，在唐努烏梁海境內，見《元史譯文證補・地理志・西北地附錄釋地下吉利吉思撼合納謙州益蘭州等處》條。）其一國於處折水。其一居踐斯處折施山，即其大兒也。山上仍有阿謗步種類，並多寒露，大兒為出火溫養之，咸得全濟，遂共奉大兒為主，號為突厥，即訥都六設也。訥都六有十妻，所生子皆以母族為姓，阿史那是其小妻之子也。訥都六死，十母子內欲擇立一人，乃相率於大樹下共為約，曰：「向樹跳躍，能最高者即推立之。」阿史那子年幼，而跳最高，諸子遂奉以為主，號阿賢設。此又一說也。《隋書》則云：突厥之先，平涼雜胡也。（平涼，符秦郡，見第六章第三節。後魏徙治鶉陰，在今平涼縣西南。後周廢。隋復置，治平高，今甘肅固原縣。）姓阿史那氏。後魏大武滅沮渠氏，阿史那以五百家奔茹茹。世居金山，工於鐵作。金山狀如兜鍪，俗呼兜鍪為突厥，因以為號。下乃敘其先為鄰國所滅，唯餘一男，與狼交而生十子，後出穴臣於蠕蠕之事，與《周書》略同。唯云其先國於西海之上，不云為匈奴別種，則《周書》之第一說析為二，而以出穴者為阿賢設，則轉與《周書》之第二說相溝通矣。《北史》略同《隋書》，又列《周書》之第二說，是共得三說也。今案諸說雖異，亦有可相溝通者。大約突厥之先，嘗處於一海子之上；其海在高昌之西；其國為鄰國所破遁居高昌北山中；出山之後，轉徙而至平涼；沮渠氏亡，再奔茹茹；茹茹處之金山；其人工於鐵作，故為茹茹所倚重。其國凡有十姓，子遺一兒，與狼交而生十子之說，為其族之神話；逮居金山，鄰近本有契骨諸族，亦自有其神話，二者稍相糅合，於是阿賢設之前，更有所謂訥都六設，而其故國，亦自無名號變而有索國之稱矣。以涼州附塞之族，播遷於漠北荒瘠之區，其能撫用其眾，稍致盛強，固其所也。

《周書》云：其後曰土門，（其後之其字，當指阿賢設言。《隋書》云：有阿賢設者，率部落出於穴中，世臣茹茹。至大葉護，種類漸強。當後魏

之末，有伊利可汗云云。《唐書·西突厥傳》云：其先訥都陸之孫吐務，號大葉護。長子曰土門伊利可汗。次子曰室點密，一曰瑟帝米。瑟帝米之子曰達頭可汗，亦曰步迦可汗，始與東突厥分烏孫故地有之。）部落稍盛，始至塞上市繒絮，願通中國。大統十一年（西元 544 年），（梁武帝大同十年。）太祖遣酒泉胡安諾槃陁使焉。其國皆相慶，曰：「今大國使至，我國將興也。」十二年（西元 545 年），（梁中大同元年。）土門遂遣使貢方物。時鐵勒將伐茹茹，土門率所部邀擊，破之，盡降其眾五萬餘落。恃其強盛，乃求婚於茹茹。茹茹主阿那瓌大怒，使人罵辱之曰：「爾是我鍛奴，何敢發是言也？」土門亦怒，殺其使者。遂與絕，而求婚於我。太祖許之。十七年（西元 550 年），（梁簡文帝大寶二年。）六月，以魏長樂公主妻之。魏廢帝元年（西元 551 年），（梁元帝承聖元年。）正月，土門發兵擊茹茹，大破之於懷荒北。（懷荒，見第十二章第二節。）阿那瓌自殺。其子庵羅辰奔齊。餘眾復立阿那瓌叔父鄧叔子為主。土門遂自號伊利可汗。土門死，子科羅立，號乙息記可汗。又破叔子於沃野北木賴山。科羅死，弟俟斤立，號木汗可汗。（《隋書》云：伊利可汗卒，弟逸可汗立。又破茹茹。病且卒，舍其子攝圖，立其弟俟斗，稱為木桿可汗。案俟斗當作俟斤，突厥官號也。《北史》云：乙息記可汗舍其子攝圖，立其弟俟斤，是為木桿可汗。乙息記與逸可汗，當即一人。案他缽死後，攝圖繼立，以其子雍虞閭性懦，遺令立其弟處羅侯，雍虞閭使迎之，處羅侯曰：「我突厥自木桿可汗以來，多以弟代兄，以庶奪嫡，失先祖之法，不相敬畏，汝當嗣位，我不憚拜汝也，」則弟兄相及，似始木桿，乙息記似以從《周書》作土門子為是。）俟斤，一名燕都，性剛暴，務於征伐。乃率兵擊鄧叔子，滅之。叔子以其餘燼來奔。俟斤又西破嚈噠，東走契丹，北並契骨，威服塞外諸國。其地：東自遼海以西，西至西海，萬里；南自沙摸以北，北至北海，五六千里，皆屬焉。俟斤部眾既盛，乃遣使請誅鄧叔子等。太祖許

之，收叔子以下三千人，付其使者，殺之於青門外。此事據《北史・蠕蠕傳》，在西魏恭帝二年（西元 555 年），齊文宣之天保六年也。（梁敬帝紹泰元年（西元 555 年）。）《北史》又云：天保三年（西元 552 年），阿那瓌為突厥所破，自殺。其太子庵羅辰，及瓌從弟登注俟利，登注子庫提，並擁眾奔齊。其餘眾立注次子鐵伐為主。四年（西元 553 年），齊文宣送登注及子庫提還北。鐵伐尋為契丹所殺。其國人仍立登注為主。又為大人阿富提等所殺。其國人復立庫提為主。是歲，復為突厥所攻，舉國奔齊。文宣乃北討突厥，迎納蠕蠕，廢庫提，立庵羅辰為主。致之馬邑川。親追突厥於朔方。突厥請降，許之而還。於是蠕蠕貢獻不絕。五年（西元 554 年），三月，庵羅辰叛，文宣親討，大破之。庵羅辰父子北遁。四月，寇肆州，帝自晉陽討之，至恆州黃瓜堆，虜散走。五月，帝又北討。六月，蠕蠕帥部眾東徙，將南侵，帝帥輕騎邀擊。蠕蠕聞而遠遁。六年（西元 555 年），又親討蠕蠕，至沃野。是後遂無記事，其時恰與鄧叔子之死同年，蓋柔然自是遂亡矣。其國運，亦可謂與後魏相終始也。（齊文宣與柔然之交涉，可參看第十四章第二節。）是時周人之計，蓋欲助突厥以傾柔然，齊人則與之相反，欲輔柔然以拒突厥。然柔然卒不可輔，於是突厥強而周、齊二國，復不得不傾心以奉之矣。《周書》云：時與齊人交爭，戎車歲動，故每連結之以為外援。初魏恭帝世，俟斤許進女於太祖，契未定而太祖崩。尋而俟斤又以他女許高祖。未及結納，齊人亦遣求婚。俟斤貪其幣厚，將悔之。詔遣涼州刺史楊薦、武伯王慶等往結之。慶等至，諭以信義。俟斤遂絕齊使而定婚焉。仍請舉國東伐。其事已見第十四章第六節。楊忠言於高祖曰：「突厥甲兵惡，爵賞輕，首領多而無法令，何謂難制馭？正由比者使人，妄道其強盛，欲令國家厚其使者，身往重取其報。以臣觀之，前後使人，皆可斬也。」高祖不納。周朝是時之畏葸，亦可云甚矣。保定五年（西元 565 年），（陳文帝天嘉六年。）詔陳公純等往逆女。天和二年（西

元 567 年），（陳廢帝光大元年。）陳公純等至，俟斤復貳於齊。會有風雷變，乃許純等以後歸。俟斤死，弟他缽可汗立。自俟斤以來，其國富強，有陵轢中夏志。朝廷既與和親，歲給繒、絮、錦綵十萬段。突厥在京師者，又待以優禮，衣錦食肉者，常以千數。齊人懼其寇掠，亦傾府藏以給之。他缽彌復驕傲，至乃率其徒屬曰：「但使我在南兩個兒孝順，何憂無物邪？」齊滅，他缽立高紹義，已見第十四章第八節。周武帝欲討之，會死，見第十五章第一節。直至隋文帝出，乃加以懲創焉。

東北諸國

鮮卑之眾，當五胡擾亂時，幾盡相率而入中國，然仍有遺留於今熱河境內者，時曰奚、契丹。《魏書》曰：庫莫奚之先，東部宇文之別種也。初為慕容元真所破，遺落者竄匿松漠之間。（今熱河境內，古有一大松林。白鳥庫吉云：此松林以巴林部為中心，東北及阿爾沁部、札魯特部，西南及克什克騰部。案巴林旗為今林西、林東二縣地，阿爾沁為天山設治局地，札魯特為開魯縣及魯北設治局地，克什克騰為經棚縣地。白鳥氏說，見所著《地豆干及溜考》，在《東胡民族考》中，方壯猷譯，商務印書館本。）又云：契丹，在庫莫奚東，異種同類，俱竄於松漠之間。登國中，大破之。遂逃迸，與奚分背。經數十年，稍滋蔓，有部落於和龍之北數百里。（和龍，見第五章第二節。）奚：高宗、顯祖世，歲致名馬、文皮。高祖初，遣使朝貢。大和四年（西元 480 年），（齊高帝建元二年。）輒入塞內，辭以畏地豆干鈔掠。詔書切責之。二十二年（西元 498 年），（齊明帝永泰元年。）入寇安州，（見第十二章第二節。營、見第十一章第四節。燕、幽皆見第十二章第一節。）三州兵擊走之。後復款附。每求入塞交易。詔曰：「庫莫奚去大和二十一年（西元 497 年）以前，與安、營

二州邊民參居，交易往來，並無疑貳。至二十二年（西元498年）叛逆以來，遂爾遠竄。今雖款附，猶在塞表。不容依先任其交易，事宜限節。交市之日，州遣上佐監之。」自是已後，歲常朝獻，至於武定末（梁武帝太清三年（西元549年）。）不絕。《周書》云：其眾分為五部：一曰辱紇主，二曰莫賀弗，三曰契箇，四曰木昆，五曰室得。每部置俟斤一人。有阿會氏，最為豪帥，五部皆受其節度。役屬於突厥，而數與契丹相攻。大統五年（西元539年），（梁武帝大同五年。）遣使獻其方物。契丹：《魏書》云：多為寇盜。真君以來，（真君元年（西元440年），宋文帝元嘉十七年（西元440年）。）歲貢名馬。顯祖時，使莫弗紇何辰奉獻，得班饗於諸國之末。於是悉萬丹部、何大何部、伏弗鬱部、羽陵部、日連部、匹絜部、黎部、吐六於部等，各以其名馬、文皮，入獻天府。遂求為常。皆得交市於和龍、密雲之間。（密雲，後魏縣，並置郡，今河北密雲縣。）貢獻不絕。太和三年（西元479年），（齊高帝建元元年。）高句麗竊與蠕蠕謀，欲取地豆干以分之，契丹懼其侵軼，其莫弗賀勿幹率其部落車三千乘、萬餘口，驅徙雜畜，求入內附。止於白狼水東。（白狼水，今大凌河。）自此歲常朝貢。後告饑，高祖矜之，聽其入關市糴。及世宗、肅宗時，恆遣使貢方物。至齊受禪常不絕。齊文宣征之，已見第十四章第二節。案奚、契丹之處境，頗似漢世之烏丸，故能漸次開化，至唐末遂為名部也。

　　自奚、契丹而東北，以失韋及勿吉為大宗。《魏書》云：失韋國，（《北史》作室韋，云室或作失，《隋》、《唐書》皆作室韋。）在勿吉北千里。路出和龍。北千餘里，入契丹國。又北行十日至啜水。又北行三日，有蓋水。（《北史》作善水。）又北行三日，有犢了山。其山高大，周迴三百餘里。又北行三日，有大水，名屈利。又北行三日，至刃水。又北行五日，到其國。有大水從北而來，廣四里餘，名捺水。（捺水，舊以嫩江釋之。白鳥庫吉《失韋考》云：啜水，今綽爾河。屈利水，今嫩江。捺

水，今黑龍江。失韋在和龍北千餘里，又二十七日程，假日行百里，則在今朝陽北三千七百餘里，當在今愛琿、海蘭泡境。案《魏書》所述，全程皆北行，如是說則變為東行，古人鄉方，縱不審諦，不應大誤至此。且此荒漠之境，必不能日行百里。此捒水，即勿吉使者至中國乘船溯難河西上之難河，見下。勿吉使者自難河入大泝河，大泝河今洮兒河，難河明為今嫩江，失韋之地，不過在今黑龍江南境耳。白鳥氏之作，亦在《東胡民族考》中。）語與庫莫奚、契丹、豆莫婁國同。頗有粟、麥及穄。唯食豬、魚，養牛、馬。俗又無羊。夏則城居，冬逐水草。武定二年（西元 544 年），（梁大同十年。）始遣使獻其方物。迄武定末，貢使相尋。及齊受禪，亦歲時朝聘。地豆干，在室韋西千餘里。（白鳥氏《地豆干及溜考》云：此國即唐時之溜，與鐵勒十五部之白霫有別。其地北以洮兒河與烏洛侯接；南以西喇木倫連奚契丹；東隔沙陀，與高句麗屬地夫餘鄰；西以興安嶺與柔然接壤。）多牛、羊，出名馬。無五穀，唯食肉酪。延興二年（西元 472 年），（宋明帝泰豫元年。）八月，遣使朝貢。至於太和六年（西元 482 年），（齊高帝建元四年。）貢使不絕。十四年（西元 490 年），（齊武帝永明八年。）頻來犯塞，詔陽平王頤擊走之。自後時朝京師。迄武定末，貢使不絕。（《魏書》本傳。）及齊受禪，亦來朝貢。（《北史》本傳。）烏洛侯國，在地豆干之北。其國西北有完水，東北流，合於難水。其地小水，皆注於難，東入於海。又西北二十日行，有於己尼大水，所謂北海也。（完水、於已尼大水，皆見第三章第八節。）世祖真君四年（西元 443 年），（宋元嘉二十年。）來朝，稱其國西北有國家先世舊墟，已見第三章第八節。其土下溼，多霧氣而寒。冬則穿地為室，夏則隨原阜畜牧。多豕。有穀、麥。無大君長。部落莫弗，皆世為之。民尚勇，不為奸竊，好獵射。（《魏書》本傳。）此今吉、黑二省西境之情形也。

　　《晉書》云：肅慎氏，一名挹婁。在不咸山北。去夫餘可六十日行。

東濱大海，西接寇漫汗國，（未詳。）北極弱水。（今松花江。）其土界廣袤數千里。居深山窮谷。其路險阻，車馬不通。夏則巢居，冬則穴處。父子世為君長。無文墨，以言語為約。有馬不乘，但以為財產而已。無牛、羊，多畜豬，食其肉，衣其皮，績毛以為布。無井、灶，作瓦鬲受四五升以食。坐則箕踞。以足挾肉而啖之。得凍肉，坐其上，令暖。土無鹽、鐵。燒木作灰，灌取汁而食之。俗皆編髮。以布作襜，徑尺餘，以蔽前後。貴壯而賤老，性凶悍，以無憂哀相尚。父母死，男子不哭，哭者謂之不壯。相盜竊，無多少皆殺之，（案此蓋謂異部之間。）故雖野處而不相犯。有石砮、皮骨之甲。檀弓三尺五寸，楛矢長尺有咫。其國東北有山出石，其利入鐵。將取之，必先祈神。周武王時，獻其楛矢、石砮。逮於周公輔成王，復遣使入貢。爾後千餘年，雖秦、漢之盛，莫之致也。及文帝作相，魏景元末，來貢楛矢、石砮、弓、甲、貂皮之屬。魏帝詔歸於相府。賜其王傉雞錦、罽、絲、帛。至武帝元康初，復來貢獻。元帝中興，又詣江左，貢其石砮。至成帝時，通貢於石季龍。（事亦見第五章第五節。）《宋書·高句麗傳》曰：大明三年（西元 459 年），獻肅慎氏楛矢、石砮。《魏書·勿吉傳》曰：舊肅慎國也。邑落自有君長，不相統一。其人勁悍，於東夷最強。言語獨異。常輕豆莫婁等國，諸國亦患之。自和龍北二百餘里，有善玉山。山北行十三日，至祁黎山。又北行七日，至如洛瓌水。水廣里餘。（見第八章第三節。）又北行十五日，至大魯水。（即大泲河。）又東北行十八日，到其國。國有大水，闊三里餘，名速末水。（今松花江。）其地下溼。築城穴居。屋形似塚，開口於上，以梯出入。其國無牛，有車馬。（案此較諸晉時之有馬而不乘，已有進矣。）佃則耦耕。車則步推。有粟及麥、穄。俗以人溺洗手面。頭插虎、豹尾。善射獵。弓長三尺。箭長尺二寸，以石為鏃。常七八月造毒藥傳箭鏃，射禽獸，中者便死。煮藥毒氣，亦能殺人。延興中，（宋明帝泰始七年（西元 271 年）

至廢帝元徽三年（西元 475 年）。）遣使乙力支朝獻。大和初，（大和元年（西元 477 年），宋順帝升明元年。）又貢馬五百匹。乙力支稱初發其國，乘船溯難河西上。至大㳽河，沉船於水，南出陸行。渡洛孤水。（即如洛瓌水。）從契丹西界達和龍。自云：其國先破高句麗十落，密共百濟謀從水道併力取高句麗，遣乙力支奉使大國，請其可否。詔敕三國同是藩附，宜共和順，勿相侵擾。乙力支乃還。從其來道，取得本船，泛達其國。九年，（齊武帝永明三年（西元 485 年）。）復遣使侯尼支朝獻。明年，復入貢。其旁有大莫盧國、覆鐘國、莫多回國、庫婁國、素和國、具弗伏國、匹黎爾國、拔大何國、鬱羽陵國、庫伏真國、魯婁國、羽真侯國，前後各遣使朝獻。大和十二年（西元 588 年），（齊永明六年。）勿吉復遣使貢楛矢、方物於京師。迄於正光，（梁武帝普通元年（西元 520 年）至五年（西元 524 年）。）貢使相尋。爾後中國紛擾，頗或不至。興和二年（西元 540 年），（梁武帝大同六年。）六月，遣使石久雲等貢方物。至於武定（梁大同九年（西元 543 年）至簡文帝大寶二年（西元 551 年）。）不絕。（《北史》云：以至於齊，朝貢不絕。）案勿吉，《隋書》作靺鞨，云：其渠帥曰大莫弗瞞咄，靺鞨二字，疑仍瞞咄之異譯。明世，滿洲人自稱其酋長曰滿住，明人誤為部族之稱，滿人亦即以為國名，而改其字為滿洲，說見日本稻葉君山《清朝全史》及孟森《心史史料》。滿住亦即瞞咄，白鳥氏《室韋考》云：乃蒙古語 Baghatur（義為勇士，勇猛。）之轉音，突厥語 Batur 之對音。至其民族之名，則自為肅慎，即後世所謂女真。秦、漢之盛莫之致，蓋為夫餘所隔？故晉世夫餘亡而肅慎復通矣。此今吉林省東境之情形也。

《晉書》又云：裨離國，在肅慎西北，馬行可二百日。領戶二萬。養雲國，去裨離馬行又五十日。領戶二萬。寇莫汗國，去養雲國又百日行。領戶五萬餘。一群國，去莫汗又百五十日。計去肅慎五萬餘里。其風俗、土壤並未詳。泰始三年（西元 267 年），各遣小部獻其方物。述此等國之里

程，自不免於恢佟，然其國必當在今西伯利亞境內也。又云：至大熙初，復有牟奴國帥逸芝、唯離模盧國帥沙支臣芝、於離末利國帥加牟臣芝、蒲都國帥因末、繩餘國帥馬路、沙婁國帥鈊加，各遣正副使詣東夷校尉何龕歸化。此等國並不能知其所在，然其相距當較近也。（《三國‧魏志‧韓傳》：弁辰亦十二國，又有諸小別邑，各有渠帥，大者名臣智，臣芝疑與臣智一語；又句麗五族：曰涓奴部、絕奴部、順奴部、灌奴部、桂婁部，亦與牟奴、沙婁之名相似；則此諸國或麗、韓族類。）

兩晉南北朝史——梁陳興亡至晉南北朝四裔情形

作　　者：呂思勉

發 行 人：黃振庭

出 版 者：複刻文化事業有限公司

發 行 者：複刻文化事業有限公司

E-mail：sonbookservice@gmail.com

粉 絲 頁：https://www.facebook.com/
　　　　　sonbookss/

網　　址：https://sonbook.net/

地　　址：台北市中正區重慶南路一段六十一號八
　　　　　樓 815 室

Rm. 815, 8F., No.61, Sec. 1, Chongqing S. Rd.,
Zhongzheng Dist., Taipei City 100, Taiwan

電　　話：(02)2370-3310

傳　　真：(02)2388-1990

印　　刷：京峯數位服務有限公司

律師顧問：廣華律師事務所 張珮琦律師

定　　價：375 元

發行日期：2024 年 05 月第一版

◎本書以 POD 印製

國家圖書館出版品預行編目資料

兩晉南北朝史——梁陳興亡至晉南
北朝四裔情形 / 呂思勉 著 . -- 第一
版 . -- 臺北市：複刻文化事業有限
公司 , 2024.05
面；　公分
POD 版
ISBN 978-626-7426-75-3(平裝)
1.CST: 魏晉南北朝史
623　　　113006114

電子書購買

臉書

爽讀 APP